# 中国史前玉器

车永抗 —— 著
方向明 —— 整理

浙江古籍出版社

嵊州小黄山驻地观摩陶片（2005-7-5）

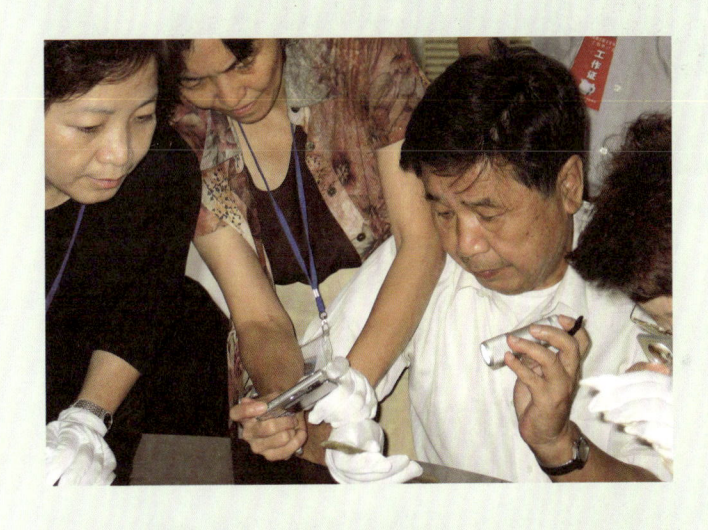

第五届中国玉文化玉学江阴研讨会期间观摩祈头山遗址出土玉器（背后黄翠梅）（2005-9-22）

湖州钱业会馆（原湖州市博物馆办公室）整理毘山遗址期间观摩出土石犁（一侧闵泉）（2005-10-11）

在嵊州小黄山遗址（左黄宣佩、中严文明）（2005-12-20）

在良渚古城遗址葡萄畈（从左向右：赵晔、芮国耀、刘斌、蒋卫东）（2007-5-9）

诸暨博物馆观摩尖山湾遗址出土标本（左王海明、芮国耀，右蒋乐平、刘斌）（2007-7-5）

陪徐小虎逛河坊街（2008-11-4）

浙江省鉴定委员会临平博物馆讨论木器（背后吕芹、王宁远）（2009-3-19）

在桐庐方家洲遗址（右刘志方、芮国耀）（2011-5-5）

在龙游荷花山遗址（2012-9-29）

庆祝牟永抗先生从事考古工作50周年（右李小宁）（2012-10-8）

浙江省文物考古研究所春游龙游（右妻子斯秋钟）（2013-4-3）

《大众考古》上的题词（2013-9-25）

浙江省文物考古研究所职工体检后茶叙（左孙国平）（2014-5-4）

接受央视采访（2016-7-23）

纪念良渚遗址发现80周年学术研讨会期间与严文明先生握手言欢（身旁武欣）（2016-11-25）

纪念良渚遗址发现80周年（左起：张敏、中村慎一、牟永抗、王明达、刘斌、杨楠、赵晔）（2016-11-25）

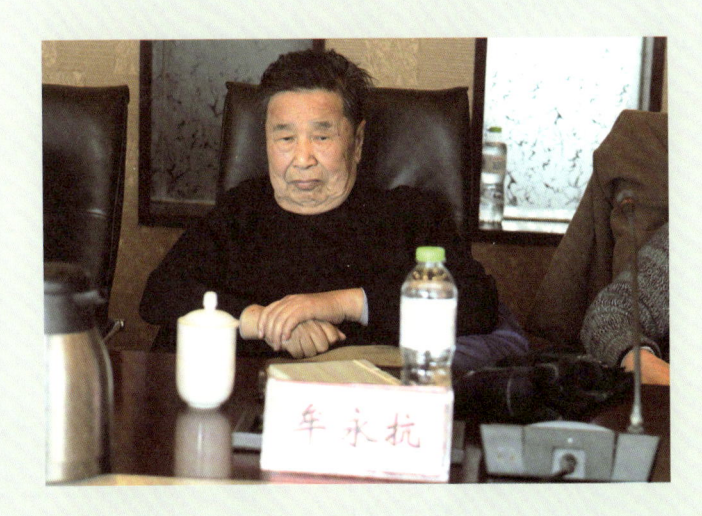

在纪念南宋官窑郊坛下窑址发掘工作60周年恳谈会上（2016-12-6）

# 目录

有奋斗、有目标才是学科——牟永抗自传 ······ 1

**中国史前古玉概论** / 牟永抗 ······ 25

 一、前言 ······ 27

 二、史前玉器的六个地区 ······ 43

 三、史前琢玉工艺三类六项：线切割、片切割、钻孔，以及研磨和雕刻 ······ 114

 四、史前玉器分期和晚期玉器组配状况：组装件、穿缀件、镶嵌件 ······ 126

 五、成组玉礼器的出现：以神的名义建立起自己的世俗统治 ······ 136

 六、玉器时代：中国文明时代产生的一个重要标志 ······ 143

**注释** / 方向明 ································································· 149

**东方摇篮中的奇葩**——中华史前古玉研究再思考 / 牟永抗 ················ 201
　一、东亚古玉是探索东方观念形态的重要载体 ························· 203
　二、古玉在中华文明化进程中的贡献和作用 ···························· 206
　三、以古玉为出发点去观察各该区、系 ································· 211
　四、思维活动是人类最本质的特征 ······································ 226

**怀念牟永抗先生**——中国考古玉学研究的上下求索 / 邓聪 ················ 231

**后记** / 方向明 ································································· 263

# 有奋斗、有目标才是学科

——牟永抗自传

按：2013年《二十世纪中国知名科学家学术成就概览》（考古学分册）组稿，所里安排我配合牟永抗先生撰写学术成就概览，这是牟先生撰写的自传，我整理后未校勘的稿子，后来以"有奋斗、有目标才是学科——牟永抗先生访谈录"为题刊登在《南方文物》2013年第2期，周广明先生在编者按中特地加了韦伯《学术作为一种志业》中的一段演讲："一旦你们认定了这个实践立场，你们就是取这个神来服侍，同时也得罪了其他的神。因为你们只要忠于自己，你们必然地要得出这样一个在主观意义上的终极结论。……这也是作为专门学问的哲学以及其他学科中在本质上涉及原则的哲学讨论，所试图达成的。"

"有奋斗、有目标才是学科"，是2009年《牟永抗考古学文集》出版后，牟先生给我的赠言。

——浙江省文物考古研究所　方向明

台州是浙江中部括苍山脉东麓地形相对封闭的滨海地区，时至今日当地家庭的称谓中，仍然普遍地将母亲（娘）排列在第一位。黄岩是台州略微富裕的县，茅畬在黄岩的西南，是邻近乐清县的偏远山区小镇。牟氏是镇上的大姓，为了鼓励后代读书，祖上设有"书田"，有一定学历的子孙可轮流执掌。祖父牟艮庭是清朝秀才，终生在家乡教书。辛亥革命胜利，他在上海《申报》刊登广告表示祝贺。1934年到1938年茅畬小学曾是中共地下党机关所在，祖父将我及两个弟妹分别取名永抗、永团和树华，就是他受地下党影响的结果。父亲牟企平，母亲潘佩琴原本随祖父读书，后以同等学力考入北京朝阳大学法律系，所以1933年我出生在北京协和医院。1939年因日寇入侵，父亲失去了原来在司法部门的工作，只好带全家回故乡安置，再自己外出求职，我才第一次见到尊敬的老祖父。我在读小学期间，他从《孟子》《荀子》《古文观止》和《曾文正公家书》中选出文章，单独教我，但所授课程必须在第二天当面背出，不然就要戒尺打手心，为我一生的为人与治学开启了一扇明亮的窗户。几年的乡间经历，上山下地的一般劳作，已成为日常生活。只有为了全家吃饱，在米饭中掺入已经发苦的大量番薯丝，留在负面的记忆中。1942年父亲重新找回在司法部门的工作，又带全家离开故乡。每到一个新的地点，在房前屋后开垦种菜自给，是全家的事。父亲的最高职务是金华高等法院民庭推事、庭长，为荐任级法官。在当时茅畬外出人员中，可能是职务较高者之一。同时还在英士大学法学院和金华中学兼职教书，挣多些工资。母亲一生除了曾担任几个月黄岩地方检察院书记官后，就一直操持家务，抚育我们六个子女。1949年4月解放前夕，父亲匆匆携全家离开金华，将我们安排在黄岩城里后，一人随伯父去舟山教书。

因父亲工作调动，我读了六所中学。初中二、三年级是一所教会学校，英语老师是美国人。我喜欢数学和物理，被同学戏称"几何大王"。大多数同学不信教，而且对"东亚病夫""一盘散沙"等言论很反感。考入金华中学高中后，从全国各地学生运动及《大公报》等媒体上传来许多国民党政府腐败无能的讯息。1949年4月回黄岩途中更亲眼目睹了国民党溃军败退时的狼狈相。1949年下半年入读黄岩中学高中部不久，便被尚处于地下活动的新民主主义青年团发展为成员，很快便被选为团支部副书记，同时还担任四五项其他职务，似乎已经忘记自己的学生身份。在幼稚淳朴的脑海里，对解放、革命等词语的内涵充满天真又无知的憧憬，自认为入团就是入党，革命的人生从此开始。1950年初听从团县委领导的交代，写信动员父亲回大陆。舟山解放后父亲立即返回，我自然很高兴地陪父亲去团县委报到，然后再回茅畲老家。学期结束时，团县委要我们去华东团校学习，学习回来后就当不用读书的学生干部。但我们到团省委转介绍信时被告知，"华东团校名额已满，改去浙江干校四期学土改"。服从组织是神圣的使命，学习结束后分配回台州地委土改队，先后去黄岩路桥和临海林桥参加"土改"，并担任团支部书记。1950年11月中旬父亲在家乡被捕，我即被调出土改队回华东革大浙江分校（即原浙江干校）六期学习，后留校任教育干事。事后得知家庭成分划为地主，父亲也得到悲剧的下场。为了不辱使命，我和许多教育干事一样，每个星期天挤上学校的卡车，站到湖滨的新华书店去啃马列主义著作，自认为比较有收获的是社会发展史和实践论、矛盾论。

1953年5月，华东革大浙江分校缩编，5月5日我们四名干事被调往以老先生为主的浙江省文物管理委员会（简称省文管会）。在此之前，"考古学"三个字确实没有听到过。尽管当时的考古学概念中已经标明"马克思列宁主义指导"，这次调动对我等原来纯真的革命理念及人生道路，不能不是一个重大的拐点。调查组是当年省文管会唯一的对外部门，除了组长沙孟海这位老书法家，我是唯一一名干事。这一年浙江大学玉泉新校区U字楼开始建设，这里是比良渚遗址发掘早一年试掘过的老和山遗址（原称"古荡"）所在地，这项由华东文物工作队组织并主持现场抢救性的文物保护工作，让我迈开了考古生涯的第一步。当年参加安阳发掘的王文林老技师是我第一位入门老师，他不但教我认识从新石器时代到汉、唐、宋的各类文物，还教我辨识生土和熟土，只有在熟土堆积里，才会找到文物，以及如何从陶片拼接修复过程中把握器形演变的特征部位，却没有在这许多汉代土坑墓中寻找或剥剔过墓坑的边壁。老和山工作结束之后，又在浙江南部的衢县门前山、温州江北山背和浙江北部崇德洲泉北道桥、嘉兴双桥调查发现了遗址和石器，所以第二年当我到第三期考古训练班报到时，确实自我感觉良好。但是，就在裴文中先生的第一堂课中的一句话，"老和山只是捡东西，不是考古发掘"，让我猛然警醒。我们第三小组曾经进行激烈的现场争论。第三期考古班刚结束，即奉命随华东队支援郑州。有幸又与王文林一起参加二里岗C9区的发掘。正是这片黄土堆积成的田野，王文林等前辈充分展现了考古作业的独特技艺。在这里王文林教我从什么是"鸡屎尾巴"土开始，到掌握认土、划线、找边和剥面一系列野外操作技能。此后又让我独立发掘了岗杜战国墓群和铭功路商代窑址，并写成简报和书面记录。近一年的郑州岁月，不但极大地加强了考古班的学习成果，同时也带回为什么在浙江被定为汉代的印纹陶会逆向出现在郑州二里岗的商代地层中的这样一个学术性的歧义。郑州回来指示着人生拐点的完成，当时也不敢设想促成这个拐点的客体力量，今后将会怎样演变，摆在自己面前的只有在这条狭窄崎岖的小路上攀爬前进。

返浙后的第一项工作是协助朱伯谦整理《绍兴漓渚的汉墓》，这是第二年代表浙江参加1956年第一次全国考古会议的学术成果，虽然我不曾参与漓渚现场发掘，但还是将以印纹陶、原始瓷为主和以高温釉陶为主的墓葬分为两类。尽管对前者的年代写上了"浙江印纹陶的年代问题，实有重新商榷的必要"和"其年代可能早到战国"等字样，但在总体上仍然纳入"汉墓"的框架之内，与1954年浙江省博物馆浙江历史陈列总说明，将浙江新石器时代下限定在吴王寿梦元年一致，似可认作在近代考古学前辈在钱山漾发现和良渚发掘近二十年后，浙江学界对近代考古学认知的一个标志。

配合萧甬铁路宁波火车站建设工程是1956年下半年工作的重点，大家推举我主持，尽管起初曾有四位考古训练班同志参与，仍然未能识别土坑墓的边壁。只好再度邀请王文林老技师驻守现场多日，终于教会我们如何在黏湿的沉积土中辨认和剥剔边壁。这项工程发现和清理了125座以汉代为主的古墓葬，这是浙江境内第一次在考古野外作业中确立以软材料（泥土）为表征的固定迹象——墓坑这一考古学单元。这次发掘虽然没有发现以印纹陶、原始瓷为组合的早期墓葬，但已找到并确立起高温釉陶出现之前以泥质灰陶鼎、豆、壶组合的战国墓。经过初步整理，按照高温釉陶组合与形态的演变以及纹饰的简化、釉层的消失，将汉墓分为五期，并已选定若干典型墓例和标准器。良好的自我感觉，认为已经学会墓葬发掘，可以迈向发掘遗址的康庄大道。可惜1956年夏季，借用的暂存库房遭12号强台风袭击倒塌。无论如何，这是我欠下宁波人民一笔永远无法偿还的债务。

1956年3月初到4月中旬的第一次吴兴钱山漾遗址发掘，发掘面积近四百平方米。在浙六位考古训练班同仁参与了这次发掘，当时没有推举主持人，各人各看一坑，遇事大家商量，总算在以黑陶为主体的文化层中划分出上下两层，土色灰黑呈胶泥状的下层没有发现印纹陶。1957年初，由省文管会直属的新安江水库考古队成立，专业人员增至14人。6月4日开始淳安高祭台遗址发掘，考古队长让我实际主持，在八条探沟中都可以分出上、下两层，但两层的包含物大体相同。虽有一定数量的黑陶和夹砂灰陶，但都有印纹陶，且残铜器或铜渣伴出。1957年11月开始吴兴邱城遗址发掘，事先试掘得知，这种以红陶为主的堆积在浙江尚属首见。这次由我主持的发掘，省文管会绝大多数专业人员参加。孙永乐同志是第一位到省文管会的党员领导，他工作认真，讲政策，重视知识分子。他不但自己三次亲临邱城现场，还分别陪同沙孟海、郦承铨两位老先生到工地住了两夜，极大地鼓舞了发掘人的热情和勇气。这次发掘首先在剖面上确立早于印纹陶和黑陶的第三文化层。堆积丰富的第三层再由三层夹砂硬土面隔开。最上层硬土面发现了八个分两排并列的长方形柱坑。坑内残存木柱和垫"栿"。屋外还发现一段用块石垒砌可能用作炊煮的火烧沟。同时在T3下层发现了由红陶豆、玉玦和两件黑陶小罐组合随葬的M6。另外在T3乙和T6还清理了叠压在第一文化层下打破第三文化层的八座墓葬和两座灰坑。清理这批墓葬是当年最费神又最愉悦的事情。虽然两年前在宁波已经成功地剥剔出汉代土坑墓，但在灰色的文化层中仍然束手无策。只好在器物露头后，通宵值班看守。应该说邱城遗址这九座在浙江第一次发现的新石器时代墓葬，都是在接近墓底时，才勉强辨认出墓圹，墓壁的剥剔水平也就可想而知了。按照事后的读识，当年同属中层的墓葬和灰坑的陶器年代有明显区别。前者相当于崧泽文化，后者才属于良渚文化。原本三层的叠压，应该读为四层。其实野外发掘结束时，建设项目尚未动工，完全可以向北扩方，至少能与T3乙拉直，将这座房基找全。这些都客观地反映出主持人学术视野的局限性。邱城野外发掘的激情，自然会波及第二年钱山漾发掘主持人汪济英，当提前将包括近600件编号标本在内、总体量近百立方米的22个大竹箩装成的发掘品运回杭州之后，我们离开邱城时已是除夕，并在正月十五这一天全体赶到钱山漾。稻米、绢片、麻布和丝线等一连串珍贵遗物连同当时委托鉴定欠确的"芝麻、花生、蚕豆"等标本，共同筑成钱山漾第二次发掘的新亮点。确实每一重要标本出土时，主持人均立即聚集相关人士仔细辨认现场，排除各种扰乱的可能性，这就使得古遗址发掘成为浙江考古事业的一项重要成果。也在这一年，省文管会来了一位级别更高的党员加强领导，并实施"厚今薄古"方针。在夏天同时整理邱城和钱山漾发掘资料时，号召"发扬大跃进精神，以一滴水看到整个太阳的精神对待考古资料"，曾经两度重大修改后的邱城报告，均以红线不突出为由不准发表，本应保留在档案资料室的两份正稿,至今下落不明。幸亏严文明教授在北大1964年新石器时代考古教材中,对邱城发掘成果有正确的表述。而且夏鼐先生1964年4月12日日记中记有"阅张云鹏……及牟永抗的吴兴丘城发掘报告(稿本)",那时夏先生应正在准备原拟即将召开的考古学成立大会相关事务,或许这就是"苍天有眼"。

1959年春,奉命只身赴温州,以瓯江水库文物工作组名义,进行拟建瓯江水库淹没区内的发掘和保护工作,并要求边发掘边整理,发掘完报告定。我的主要工作是独立主持发掘了吕步坑和保定原陈万里先生定为明代的两处窑址。前者最晚年代为唐初,后者发现众多八思巴文铭刻,应属元代产品。同时还清理了四座纪年宋墓。鉴于1956、1957年分别对龙泉南区、东区窑址进行过的系统调查,从1960年元旦开始,在参与由朱伯谦亲自主持的大窑甲区发掘后,留在大窑村过春节,并独自主持大窑乙区及金村窑址的发掘工作。综合两地窑床与堆积层打破、叠压关系,结合丽水纪年宋墓标本,在为宋代早、中、晚三期龙泉窑提供确凿的断代依据的基础上,初步建立起龙泉青瓷的框架谱系。同年10月下放四明山劳动,1962年患肝炎入住疗养所。1962年9月,省文管会与浙江博物馆合署办公,除了各位老先生担任挂名职务外,考古人员只剩下朱伯谦一人。

1963年出院后,以编外人员身份主持了余杭安溪苏家村遗址和德清城关汉墓的发掘,在良渚文化层中发现一件半残的玉琮。是年,为迎接拟议次年中国考古学会成立(时获得团体会员与出席代表资格),受命以单位名义及由别人出席会议的条件下,针对当时通行的观点,撰写《试谈浙江北部新石器时代遗址》一文,后因学会未能如期成立,筹委会决定将论文改由

《考古》全文发表。最后因拒绝《考古》要求全面修改结论和删除资料以外全部讨论性文字，遭受退稿处理。在"文化大革命"前一年的8月，主持吴越国钱元瓘墓发掘时，现场突发脊髓炎，经抢救苏醒后仍下肢麻木行动不便，从此中止了考古学的野外作业。漫长的"文革"岁月，幸未受到明显的冲击和灾难，行动不便也为冷静思考和反省以往的野外收获提供了充裕的时间，进一步坚定了原先选定的专业道路。

1971年夏政治风波稍缓，有幸在放下拐杖后不久，到余杭长命桑树头村，在农民闻运才发现2件大玉璧和17件石钺共存的现场剖面上隐约辨认出墓坑痕迹，同时顺路调查了全部由熟土堆积，"山下"水沟侧面有良渚文化陶片的小土墩——反山。当时推测这里可能是一处与良渚文化有关的遗存，当即请余杭的同志注意保护，最好在当地物色一个文保员。从此开始的新一轮浙江考古作业，仍然从汉、六朝墓葬发掘起步。虽然在"文化大革命"前已有两位考古专业的大学生分配到省博，但他们基本上或完全没有参加过野外工作，所以专业人员稀缺仍然是当时主要矛盾。从诸暨牌头蚕桑学校、吴兴杨家埠钢厂、海宁长安镇汉画像石墓之后，1972年，在上虞百官汉墓发掘现场召集以相关县市文物干部为成员的短训班。在讲授新石器时代时曾讲到，"全省各地区大体都发现有新石器时代遗址，唯独宁波地区迄今未见一处"，惊动了相关同志。第二年6月底接到余姚文化馆许金跃同志电话，"姚江边上河姆渡头水利工地发现石器和陶片"。因为1958年曾几次看过姚江边的若干地点，觉得在那里发现遗址的可能性很小。当7月2日下午看到带来的陶片时确实产生了一种前所未有的新奇感，第六感官提示自己，这将是一项重大发现的先兆。第二天当我们借用救火车赶到时，现场到处是陶片和干栏式建筑的构件。但是第一、第二两条试掘探沟都没有找到相关的地层关系，直到第三条探沟才确认这批前所未有的"夹炭陶"的层位，叠压在浙江已知最早在邱城下层发现的红陶地层之下。试掘尚未结束，就匆忙赶到绍兴，向正在那里开会的国家文物局局长沈竹及顾问谢辰生同志汇报，并决定当年冬季进行第一期发掘。此前经多方努力总算将"文化大革命"期间北大考古专业毕业分配来浙江的五位同志中的三位，调回本专业。11月4日由刘军同志（他是当时专业人员中行政职位最高者）亲任队长开始第一期发掘，无论发掘人员的数量和学术素质以及发掘的组织和规模，都超过浙江境内以往任何一次发掘。虽然一开始就在T4—T11诸探方扑了空，还不时听到"最早也只能到庙底沟二期"等等负面传闻，有幸苍天不负有心人，在大家的共同努力下，取得一系列重要的成果。1974年清明节后，我和胡继根处理完第一期发掘现场回到省博时，迎面贴有此前未有见过针对我的大字报。接着的"批林批孔"运动不能不对发掘的整理工作有所影响。1975年由队长率领部分发掘成员带着标本到北京及北方各省进行汇报请教，队长的看法是，"北京之行并未有个明确的结论"。这就有了1976年4月在杭州召开"河姆渡遗址第一期发掘工作座谈"，以及我和吴玉贤、魏正瑾、梅福根四人受命为这次会议在整理第一期发掘资料的基础上起草供领导在会上宣读的《河姆渡遗址第一期发掘的主要收获》，并在此基础上写成《河姆渡遗址第一期发掘报告》。只是以后在《考古学报》1978年第1期刊印的定稿本，我和吴玉贤、魏正瑾三人事先均未见过一字。会上多数专家建议进行第二期发掘，在浙江省文化局没有及时上报第二次发掘申请前，中央的1977年第二期发掘的补助专款已经下拨。

不能排除"制石、陶作坊，公共墓地"是第二期发掘队长心目中的发掘目标。"开挖面积2000平方米，试图弄清房子的布局及其结构"应是多数与会学长及第一期发掘诸同仁的主流意见。所以，"遗憾的是挖了这么大面积，仍未达到预期的目的"，"由于河姆渡木构建筑遗迹错综复杂，研究成果并不丰富"，应是主持人的自我认知。当我陪苏秉琦先生到现场时，发掘进程已到第三层，时间上已经失去独立看坑的机遇。但有幸入住发掘现场最近的"工地库房"，协助处理出土遗物及野外操作事宜，获得既能目睹整体发掘现场，又能观察此前发现诸标本的优厚待遇。为了保护发掘现场，建议各坑每天收工前必须铲平刮光发掘面，却意外地辨识出业已消失的木质实体的"柱痕"。1978年以后又有两次看管"工地库房"的机遇，暂时抚平了第六感官初见时产生的惊奇，并写成《试论河姆渡文化》，递交"中国考古学学会成立大会"。连同1977年将当时遭退稿处置的《试论浙江北部新石器时代遗址》一文，改写为《马家浜文化和良渚文化——太湖流域原始文化的分期问题》，递交给"长江下游新石器时代文化学术讨论会"，初步完成了浙江境内史前文化类型、系列与分期，以及在中华大地诸原始文化中的地位与作用的第一阶段的探索和研究。

1978年春，主持海宁千金角和徐步桥良渚文化墓地的发掘，成功地吸取河姆渡当晚铲平刮光，第二天清晨出现"柱痕"的经验，在文化层中显露墓口，并培训出一批熟练技工，为解决自1957年邱城发掘以来在文化层中辨认墓坑的难题，做好技术准备。如何将墓口、墓边等遗迹的认知，转化成物质层面的手感，并非易事。或许这也是构成考古野外作业实行领队制的要素之一。同年冬季开始，主持江山南区古遗址及土墩调查试掘中，在半裸露的状态下以现场采集的器物组合为读识单元，大体建立以良渚文化晚期到越建国时段考古学文化的初步序列。1979年夏省考古所成立，终于在浙江有了独立的考古学专业单位。在第二年主持平湖平邱墩遗址发掘时，在文化层中剥剔出26座良渚文化小墓。1982年成功地组织了在距离良渚不远由王明达同志主持的吴家埠遗址发掘，又一次在文化层中剥剔出良渚文化墓葬和玉器。1982年5月北大考古转系期间，有幸回母校为同学就长江下游南岸史前文化相关问题作了六次讲座，历时近两个月，至今记忆犹新。

1986年是良渚遗址发掘五十周年，除了组织撰写相关论文之外，反山墓地的发掘就成为当年的重中之重。第二年又组织了瑶山祭坛及墓地的发掘。22座显贵大墓中发现的玉器无论数量、品种、规格还是纹样，哪一方面都超过了以往良渚文化玉器发现的总和，将良渚文化及其玉器的研究推向了一个崭新的高潮。同年下半年配合104国道取直的前期工程，确认并核实莫角山这座长670米、宽450米，正方向的长方形土台是一处良渚文化时期超大型的营建工程，这一发现又从聚落形态层面上开拓了新视野。此前，局、所两级领导委托我和三位副领队组建一支高质量的考古力量，就在最后谈判的时候，由于某种因素的驱动，迫使对方现场决断终止改道计划。这就是最后终止了我一生向往的野外生涯。反思当初令我难受的那一刻，实际上正是真正原状保护这处重要遗址难得的历史机遇。或许这就是否定之否定的认知，也是策划者不曾想到的结果。主持"良渚文化与中华文明起源"这一被列入国家社会科学基金资助项目和省社科联重点课题，就成为退休前的唯一任务。起初自然打算整理反山、瑶山发掘报告，并草拟过一份计划草案，在征集各方信息后只能搁置。《论良渚》似可认作这项研究的前言，《良渚玉器三题》和《良渚玉器上神崇拜的探索》则是表述良渚玉器研究起步阶段的思路与探索方向的脉络。《良渚文化玉器·前言》《中国史前艺术的瑰宝》和《中国史前古玉概论》只是相关图录的前言，顺便介绍古玉研究已经取得的成果。《试论中国古玉的考古学研究》大体记录了这一时段的研究过程和成果，琢玉工艺是这项研究的核心内容。在打破唯砣方能琢玉这一传统观念的基础上，提出以砂的间接和直接运动为标志的六项琢玉工艺。其中以柔性线状物带动砂粒的线切割，以硬性片状物带动砂粒的片切割，以硬性棒状或块状物带动砂粒的推蹭或打洼，以及实心的桯钻、空心的管钻，这四项以砂粒的间接运动为特征的工艺最为常见，并具有代表性。它们的共同特征是不惜无数倍地增加劳动量，来减少加工对象（玉）的损耗，生动地表现当时人们对这种特殊加工对象（玉）的重视和珍惜，从而划清史前时期玉和石两种不同制作工艺的分界线，同时还建立起玉雕工艺史上前砣琢玉阶段模型。因此，玉的定义应在现代宝石学的矿物学属性之外，还要具备社会学和工艺学的标准。同时，根据发掘现场的组合状况，将良渚玉器除琮、璧等特殊器种外，分为组装件、串缀件和镶嵌件三大类，再次验证了古人对玉料的价值观。数量上又以贯穿方式表现的管、珠最多，又从侧面提示在这项观念中，这种长向线状物（光）占有相当重要的位置。再按照社会功能为主线，将中国古玉分为神秘化、神圣化（史前到夏、商、西周），礼仪化、人格化（春秋、战国、汉、六朝）和人间化、世俗化（唐以后）三个大阶段，重新提出"玉器时代"这一概念，是针对将生产工具与生产力甚至社会经济形态简单地等同起来，将这些对马克思主义的曲解，当作教条加以信奉和崇拜的讨论。希望相关研究者能从这种以曲解为基础的教条主义中解脱出来，恢复古玉在东亚大地上应有的地位。1993年5月在北京大学召开的"迎接二十一世纪的中国考古学"国际学术讨论会是一场高等级的集会。怀着能从观念形态层面探索古玉的心态，草拟了《东方史前时期太阳崇拜的考古学观察》，提出丝、玉、漆、瓷是我们祖先在物质文化层面对人类的最早贡献，在它们以光、光泽或光芒为表象的背后，隐藏着对太阳或太阳神的敬仰和崇拜，良渚玉器上的神人兽面图像是从人格化向人型化演化中的东方太阳神。按照会议事先的通知，将论文提纲提请会议组织者审核，全文也在会前递交并列入分组讨论，会后却收到了退稿函。连同随后《再论玉器时代》遭受相同的待遇，明白地表示出这些论点在当时考古界至少在某些人的心目中的处境。

1983年经评审获副研究员职称，1988年又经评审后获研究员职称，1989年当选中国考古学会第三届理事会理事，最终于1995年10月以被解脱的愉悦心情婉拒返聘后，开始享受退休。

1995年11月，应美中学术交流委员会邀请以访问学者身份赴美进行为期一年的考察访问。到美国后，得知美中学术交流委员会是美国中情局的下属部门，此项访问名单绝大多数由派遣方确定。这次由美方提名的邀请，美方不仅当年要少派两人去中国，还要支付我的相关费用。这是张光直先生从中促成的，也是他帮助取得美方的签证，使得老伴能陪我访美。此前我与张先生只见过一面，几次书信往返更是纯属学术层面的交流。在哈佛东亚学系的两个月时间里，第一次感受到学术成果被社会认知以后从另一层面表现出的能量。遗憾的是距离访问结束还有四分之一时间的时候，接到原单位一位领导的电报，要我结束访问立即返回。此事虽与张光直先生电话沟通,但却无法向邀请方递交那份访问结束的书面报告,不仅无法向美方报销返程机票,只能自掏腰包外,很有可能还在中情局档案里留下一笔负面的记录。按照当代西方崇尚的人生价值观念,这可不是一桩可以掉以轻心的小事。直到次年3月,应旧金山亚洲美术馆之邀第二次访美成功才了却了这桩心事。此后又顺利地实现了多次访问港、台,一次访日,连同退休前的两次出访,都由对方邀请,对方承担相关费用,从未享受过一次公派。正是这些外访活动大大地增加知识、开拓视野的同时,再次为反思以往作业提供了一个机会。自然境外也有不肖之徒,除了预有思想准备及应对措施之外,最后只能选择勇敢面对的办法。在总体的感受中,无论正规的接待或一般新老朋友之间的交流聚会,直到陌生人群的偶然接触中,包括古代中国在内的未知世界的探索和向往,都抱有真情的期望,求真务实正在成为全人类前进方向中一个重要的组成部分。正是这种感受,对当初确定在考古学道路上攀登的内心世界带来了充实和宽松的双重享受。正是这些多方面因素的综合作用下,在领取退休金的日子里,写了二十多篇相关的文字,约占据已发表篇目的三分之一。其中比较重要的是《河姆渡》报告出版后,在书面征求报告执笔人和当年发掘伙伴的意见后再定稿寄发《再论河姆渡文化》和《河姆渡干栏建筑的思考和探索》二文,完成了作为当年发掘人应尽的义务和责任。四篇关于瓷器的文章中,除了在《越窑瓷器学习琐记》中提出汉代高温釉陶在原始瓷向青瓷转化过程中的作用外,也都回顾和交代了以往的作业。《秕和穗——野生稻与栽培稻的考古学读识》提出在野生稻向栽培稻驯化、演进过程中考古学读识的一个标志外,其他需要探索的内涵尚未提及。

最后在诸位年轻朋友的鼓励和帮助下，将退休后写成史前古玉与中华文明起源相关的十三篇文章加以综合，写成《东方摇篮中的奇葩——中华史前古玉研究再思考》。指出在喜马拉雅山、帕米尔高原为界的东亚和西亚，简单地以两组流向不同的双子河，形成两支独立起源的文化谱系，在各自进入文明社会之前形成了各有所源的思维领域和价值观念。从海城小孤山出土的蚌饰及传说时代留下诸多与光有关的尊号推测，在古人穿越白令海峡以前的东亚大地上，曾出现过多处以太阳或光为主体的原始信仰。玉、丝、漆、瓷是我们祖先在物质文化层面上对人类的四大贡献，证明这里已形成以光、光泽或特殊光芒为特征的观念形态。玉、丝、漆出现在史前时期，三者物质形态相去甚远，却让人们共同感受到以柔润淡雅的光为特征的愉悦和享受。瓷和铜礼器是继玉、丝、漆之后第二代产品，遗留在东亚大地上的史前古玉，就成为探索东方观念形态的重要载体。如果以玉为主体去观察中华大地上史前文化的区、系、类型，它们各自存在着既相似、相近但又不完全相同的以柔润淡雅为特征的光崇拜，表现出由崇拜对象人格化向人型化演进，与"天人合一""人神交往"有关的思维概念也逐渐明朗起来，并在以吸收、凝聚为特征的交流与交往中得以发展、完善、壮大和巩固。或许这就是东亚大地上出现连续性文明的原因之一。这就将东亚史前玉器比作一枝奇葩插入东方文明的摇篮之中。

此后，又撰写了《光的旋转——良渚玉器工与艺的展续研究》和《也谈C形龙》二文，尚未刊印。

原本以为文集印行后，相关作业就会了结，可能是惯性的作用，有些课题仍不时出现在脑海里。例如在南方水稻的上限起源推向万年以前的时候，从多年生到一年生野生稻的繁衍走向，及野生到栽培稻小穗轴的改变启示我们，很可能在栽培稻出现后的较长时间里保持着火耕水耨的种植模式，不一定像旱地那样用刀耕、锄耕，再发展成犁耕模式，用工具去改变土壤的团粒结构。据北大王迅教授告知，当年他在内蒙古河套地区，就用牛踩的免耕法种植水稻。那里的生态地貌，也紧临湿地。那么火耕在农田里留下类似泥炭样的沉积和夹炭陶只出现在南方是否有内在的联系？另外还有从砍伐的斧中分化出以锄式运作为特征的木作专用工具——锛，从而开始水上交通工具——船，意味着包括南岛语系这条岛链在内面向蓝色海洋的进军和开拓。如果河姆渡发现前后发展演变序列基本清楚的干栏式建筑，是一种与水稻栽培相适应的生态条件下的聚落营建模式，那么从桐庐方家洲遗址先用卵石填筑再行铺贴和莫角山分为以湿胶泥与砂逐层堆筑的超大面积的营建基址，连同莫角山四周以山料块石垫底再堆筑泥土和彭公附近发现的以淤泥堆筑的大型"水坝"，极大地丰富了以水为背景的沼泽型湿地聚落营建的内涵和规模。这里不能不令人联想到美人地遗址的发现。以如此众多加工平整、方正的条木铺垫并整齐布列的基础上，再进行大量的土方填筑，这种以土、木两种材料共同组合的墩台式营建程式，在沼泽湿地中很具有代表性。它至少在崧泽文化时期已经出现，并盛行于良渚文化时期。但有机质的条木却很难得保存下来。河姆渡第二层和良渚的木构水井，或可作为此类聚落营建程式存在的侧面旁证。这样看来，在黄河、长江这对双子河流域，六大区、系、类型中，可以组合出以沼泽湿地为主的稻作农业和以黄土旱地为背景的以粟类作物为主的两大区块。前者以水资源的调控管制为主要手段，表现出以建筑材料增加为特征的聚落形态；后者以水资源的灌溉利用为主，以建筑材料的削减为表现的聚落形态。按照现有的考古资料，可能在长江中下游地区，存在着年代比马家浜、河姆渡要早得多的新石器时代早期文化，在它们身上将会寻觅到东亚文明更多的原生态因素。

再例如，硅酸盐材料是地球表层最丰富的物质，所以世界各地都出现以硅酸盐为原料创造出的陶器，并成为进入新石器时代的重要标志。最近公布江西万年仙人洞陶片的年代，它至少是东亚大地上最早的硅酸盐制品。大概在经历了夹炭陶表现出与稻作有关地区局限性以后，进入泥质、夹砂或红陶、黑陶时段，大体上都采用经过河流搬运的沉积土为原料（当时不可能出现淘洗来获取细泥），表现出这项人类最早制造的新物质，已经在东亚大地上广泛传播和应用。在定居和农业这两项重大因素的局限和制约下，这种破碎后无法再利用的陶器，在成型、装饰和烧造工艺上出现了十分明显的地方性特征。印纹陶的出现，似可认作制陶业开始选用当地原料。这种就地风化成的红泥，二氧化铝的含量较高，但可塑性较低。在成型上不得不选用较古老的泥条盘筑法。烧成的温度也较高，而产品的抗折强度远远高于以往或当时各地的陶器，这就大大提高了产品的使用价值。连同在渗炭黑陶之后出现的着黑陶（泥釉）和燃料中碱性氧化物的灰尘在高温条件下降落在器表出现爆汗状粗细不匀的透明颗粒。此后不久便在这一地区出现了以高温釉为特征的原始瓷，应是当地族群从各不相干的着黑陶和爆汗两种现象中不断地探索、寻找、试验的结果。由于它们的胎料及吸水率仍与瓷器有一定的差距，故名之为原始瓷。这些以器表涂布方式施釉的原始瓷，可分为南北两类，南方的阵容较大，并可分为四期。第二期釉层最厚、釉色最深，随后各期明显减薄变淡，并在秦汉之际完全消失。形象地说明人们为实现信仰中的果实，仍然在釉料配伍与烧成工艺多方面不断地改换和革新，并很快在当地就冒出另一种性状的高温带釉制品。它的胎料远比原始瓷粗松，均为轮制成型，无釉处器表显露二次氧化的暗红色。釉层一律凝聚在制品的向上部位，釉色偏冷，似为还原焰所致。釉层透影性甚高，但釉面不匀，厚釉处常见流釉。全身有釉部位始终找不到任何人工涂布的痕迹，故只能解读为喷淋或类似盐釉那样的技法施釉。它的衰退时间，大体与上虞或各地纪年墓所见的青瓷紧密连接。鉴于此类制品在胎料与工艺上与原始瓷和青瓷都存在着十分明显的差异，故称之为高温釉陶。至少从二十世纪五十年代开始，这种高温釉陶在浙江境内普遍地出现在西汉到东汉早期的墓葬中，几乎成为每墓不可或缺的随葬品。尽管器形完全仿照当时的铜器，却因常见而失去对它应有的重视。省内也发现过几处烧造晚期高温釉陶的窑址。高温釉在省外汉墓中发现概率较低，也常见诸报道。最近得到的讯息，在江苏和陕西发掘的两座王侯级的汉墓中，也用高温釉陶作为随葬品。当时在外省人的眼光中，高温釉陶是一项珍贵的物品。青瓷诞生后，身价地位随之飙升，从邢瓷被称为假玉，可见瓷的地位已与玉齐平。南宋官窑被誉为中国青瓷的顶峰的根底是胎料中瓷石加紫金土的二元配合和釉烧前多次素烧两大工艺领域的成就。元代以后的制瓷业，恰恰从另一层面继承这两项传统。用耐高温的高岭土取代不耐高温的紫金土，将釉烧前的素烧改釉烧后的烘彩，从而开创了薄胎彩色瓷的新天地。这就是瓷器在中国的历史。大家都知道高级的航天器械外表耐高温的特种陶瓷也是硅酸盐制品。众多以单晶硅基础的设备和措施更将我们的社会推向讯息化时代。它们也是人类在自己居住的土地上，对硅酸盐这项很常见的自然资源不断解读、探索和创造的结果。如果将瓷器的出现视为硅酸盐制作工艺的一项突破，那么瓷器的创造者及其后人，对于可以切割的特种陶瓷或单晶硅的提取，及其相关产品的问世曾有哪些作为呢？因而联想到在考古学领域对汉代高温釉陶相关讯息被搁置的情形。任何学科的前进发展，都不可能局限在渐进模式中，只有勇敢面对、正确解读这些突变的内在因素，才能获得真正的胜利果实。

中国考古学为什么要从西方引进？这是踏进考古学门槛后一直盘旋的问题。无论年代久远的古器物学、金石学或稍后涌现的考据学，它们的终极目标全都落在历史学的范围之内，何况收集、保存古器物的爱好，更可以前推到吴、越建国之初。说明当时不少部族对业已消失的遥远往事的遥想和期许，已经成为群体性的情结。所以最先看到苏秉琦先生1950年在《进步日报》发表的文章，将考古学与金石学分开很不理解，还误以为是当时知识分子思想改造运动中提出要批判的"崇洋迷外"思想的表现。自1977年重逢后的实际交往中发现，苏先生并不是这样的人。在纯客观的物质形态上，用作收藏的古董和借以研究的考古学标本之间，确实不存在明确的分界线。这就难免会在社会上萌发出将所有与"古"字有关的事物归纳成泛称的"考古"概念。如若从价值观念的取向上稍作解读，就会发现两者之间几乎毫无共同之处。单凭考古学必须以科学手段获取研究标本这一条，就可以将两者彻底区别开。正如在退休后的出访期间，开始接触到犹太人和吉普赛人两者之间对国家概念演化的常识那样，即使"国家"这样尊贵的概念，有时在某些民族的心目中也可以一文不值。近些年才联想到，自进入文明社会之后，中华大地上出现过无数具有杰出天才的英雄和领袖人物。当他们掌握最高权力的第一件事，往往就是大规模地迫害和屠杀知识分子。从焚书坑儒、罢黜百家、独尊儒术到文字狱。这一连串在东亚文明进程中发生的历史事实中，连读书这种普通老百姓最基本的求知要求，都被锁进"学而优则仕"这座美丽的牢狱。那么古器物学、金石学和考据学等与历史（这些英雄人物统治业绩）有关的学科，只能服服帖帖地包裹在"证经补史"这件美丽的袍套之中。从十七世纪中叶"坚船利炮"轰开中华帝国大门，民族面临生死存亡之后，经历戊戌变法、辛亥革命到五四运动才使广大知识分子群体逐渐苏醒过来，觉得需要重省过往，重新建立真实历史的重要性和迫切感，这就是上世纪初，从西方引进考古学的历史背景。当年浙江，最先发现钱山漾遗址的是留美教育家慎微之先生，鼓励支持帮助施昕更先生发掘良渚的是留日生物学家董聿茂先生，最初向我展示红衣陶片的是留法回来的经济学家张天放老先生。至于那位自称在大学时就对古有兴趣，一向热衷于茶楼、坊间寻觅并最后成为那件所谓有"古文字"陶豆盘的拥有者，究竟对当时的考古学产生过怎样的作用，很值得严肃地重新评估。或许正是这类事件，才促成苏秉琦先生1950年《进步日报》发表观点的原因所在。当年受《明报月刊》委托修订对苏先生访谈的两位同行，不一定完全了解《文明曙光》拍摄提纲上苏先生亲笔题写"玉器时代"作为良渚文化的标题，以及要吴汝祚先生和我两人共同撰写有关玉器时代讨论文章的全部情况。所以苏先生在回答时不得不作出"更不必划出一个玉器时代"简要表态之后，在"精于工艺，善于创造"的标题下大篇幅的文字描述，"玉器体现美德是中华民族特有的文化现象，又是史前时期以来一直承袭的传统"。或许这是苏先生钻出两个怪圈之后又遇到一个模拟中的新怪圈。对苏先生的良苦用心，我们要细细地理解才能领悟。每个学科和个人在前进的道路上，都会遇到由主、客观多方面因素组成的困难和阻力。每个人都会犯不止一次的错误，不时地反省自己，发现并认识错误，往往会成为成功的新起点。有些阻力是客观存在，作为个人既无法回避更没法用对抗去突破，但负面的效应也可以转化成从反面激励自己前进的动力。再加上对学科有一个正确的价值取向和坚强的毅力，才能在学科中获得某些细微的成果。近些年中国考古学从二级学科提升为一级学科，是无数先辈学者和同人齐心合力取得的胜利果实。如何在一级学科之下精确地设置二级学科，好像还存在不少的不确定性，是否可以作为中国考古学还没有真正成熟的一项证据呢？

像我这样没有上过大学的人，能跻身考古学已是一种历史的机遇，没想到原本病弱之躯，退休后在老伴的悉心照料和扶持下能延续这么长的岁月。4月22日是八十周岁，5月3日是考古生涯六十年，在这美好的日子里，有机会艰难地咬文嚼字草拟这篇小文更是我此前未敢设想的美好感受。

2013年4月22日上午改定

# 中国史前古玉概论

玉器时代是东亚地区相对的稳定和封闭的地理条件和以集权专制主义、种姓奴隶、农村血缘公社为特征的亚细亚生产方式相适应的特定产物。只有将东方文明社会安置在玉器时代的前提下，才能将它的特殊性表达得更为完整。因此，从一定意义上讲，玉器时代的提出是亚细亚生产方式研究的继续和突破，或可认作亚细亚生产方式的考古学研究。……玉的神化和灵物概念是玉器时代意识形态的核心。被神化了的玉，一开始就将人世间的统治和权力笼罩在神秘的袍套里，相信神的力量，信奉超越自身、超越现实的精神力量，在文明起源时代就在民族心理上、意识上印下了胎记。中华民族形成爱玉的民族心理，也植根于此。

## 一 前言

  浩瀚太平洋的西岸是一块神奇的土地，在这里哺育了我们的中华民族。大约在人类开始出现的时候，喜马拉雅造山运动就在这里逐渐形成了世界的屋脊。至少在最后冰期结束及全新世（距今一万五千年）到来之前，在喜马拉雅山及帕米尔高原以东，已经为亚非旧大陆上相对独立的地理单元。随着全球性气温上升和冰川的退缩，一部分原先生活在这里的部族，追赶着包括驯鹿在内的冰上大型动物向遥远的北方挺进；另外一些部族则在低平的河谷或沼泽地带培育谷类作物，开始了新石器时代。这一地块的北方，有戈壁大沙漠与大小兴安岭连成的屏障，其南缘是横断山脉形成的云贵高原及与之相连的哀牢山。云贵高原既有东流入注太平洋的水系，也有南流入注印度洋的水系，构成了东亚这块旧大陆上相对独立的地理单元的地貌特征。在这块由西北向东南倾斜的扇面形三级阶地上，由西向东贯穿着长江、黄河这一对同源同归的双子河；由于日本列岛阻断了太平洋的暖流，使得地球上最大陆地和最大海洋之间的东亚地区成为地球上夏季最热、冬季最冷、温差最大的地方。伴随着严酷的气候却又带来了太平洋季风，因而产生热水共济的现象，十分有利于谷类作物的生长。正因为存在着相对孤立的地理单元，使

图1-1 世界三大谷物起源地

得这里的主人从禾本科植物中成功地培育了粟和稻，它和西亚、北非、南欧起源的大小麦以及地球上另外一个地理单元——美洲起源的玉米，成为现代人类赖以生存的三大谷物起源地之一（图1-1）。

东亚新石器时代诸文化的土著性特征，大概植根于此。与农业的出现相伴随而来的定居生活，使得各地农人固定在各自不同地区劳动生息，因而发展成新石器时代的区、系和类型。以往我们在区、系、类型关系中看到的特征，往往是物质生活上的差异，并且表现出自成体系各有所源的先后承袭关系。但是不能排除，人们在各地定居之先，由于共同生活在这块相对封闭的地区内，因而形成某种共同观念形态的可能性。二十世纪三十年代发掘的周口店山顶洞内发现在死者身上撒有赤铁矿物粉的埋葬习俗，表明当时已经形成了一定程度的原始崇拜（信仰）。

二十世纪七十年代发掘的辽宁海城小孤山遗址，在地层中发现了刻有光芒状短线的小蚌饰。在这片洁白明净的圆形蚌片上，却将镂刻的短线涂染成红色，这不能不使人联想到模拟太阳的形象（图1-2）[1]。小孤山洞穴堆积的年代距今约四万年，很可能在跨越白令海峡之前的旧石器时代的人群（包括他们仍然留在亚洲的后代）中已经存在着某种与太阳崇拜有关的观念。进入文明时代之后的中华帝国的自称——"中国"这一政治观念中，就包含着中心和优越的意思。可见进入文明社会之前，在这块相对封闭的东亚大陆上，在创造出具有特色的物质文化的同时，也逐渐形成了自己的源于独特的思维方式的观念形态。

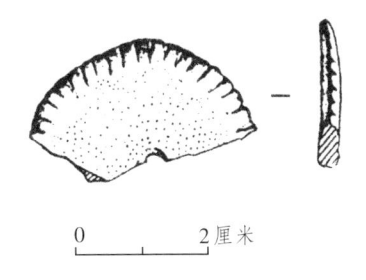

图1-2 辽宁海城小孤山"装饰小圆盘"（decorated discs）

现代宝石学中的玉，包括辉石类和透闪石、阳起石系列的两种非单晶体链状硅酸盐矿物。前者为钠铝硅酸盐［$Na(Al, Fe^{3+})Si_2O_6$］，简称辉玉或硬玉，俗称翡翠，它在中国出现的时间甚晚。后者为铁镁硅酸盐［$Ca(Mg, Fe^{2+})_5Si_8O_{22}(OH)_2$］，简称闪玉或软玉，是中国古代的传统用玉。它是一种具有显微纤维结构的矿物集合体。由于组成纤维的单体——雏晶数量不一，致使每一纤维的粗细相差甚殊。有的在500倍的显微镜下就能观察到，有的则要运用数千倍以上的显微设备。更由于纤维的堆集密度不一、纤维间的结构状况（平行或交错）各异等因素，再加上因含铁量的多寡而形成的色泽深浅，以及成矿时纤维发育程度的差别，微量元素的种类和其他共生矿物等等，致使玉料的面貌及品位出现千差万别。现在知道，纤维的粗细及其堆集密度与玉料的致密程度成正比。也就是说纤维愈细、堆集密度愈大，其致密程度也就愈高，加工后的润泽感越佳，在自然矿

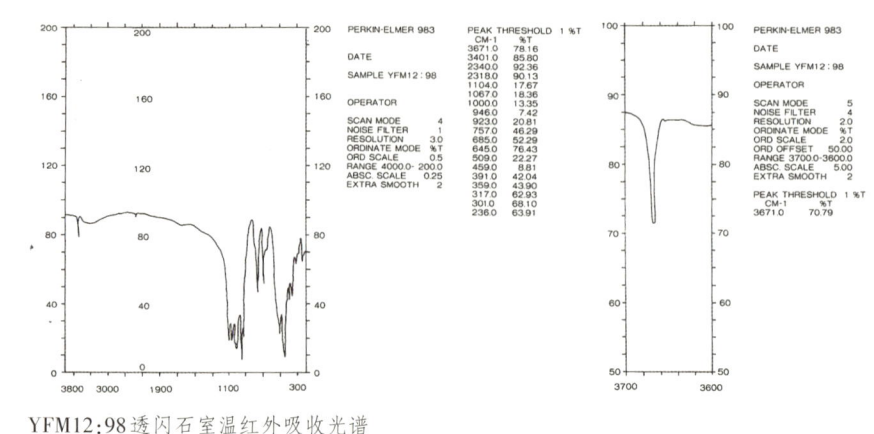

YFM12:98透闪石室温红外吸收光谱

YFM12:98软玉显微结构

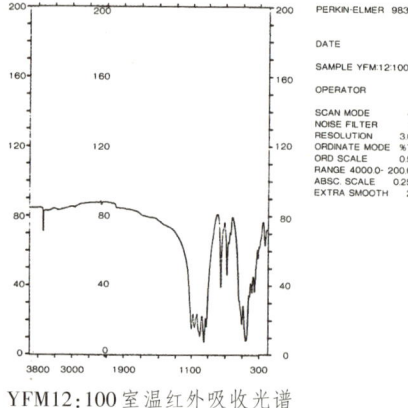

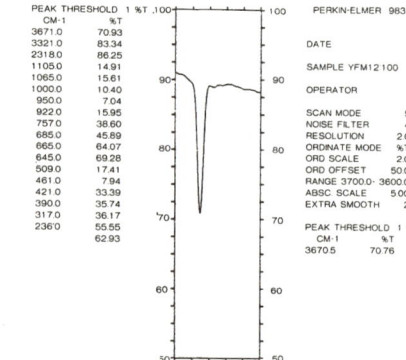

YFM12:100室温红外吸收光谱

YFM12:100显微结构

图1-3　反山M12:98大玉琮、M12:100大玉钺透闪石软玉室温红外吸收光谱（依闻广）

物中，它的韧度仅次于黑金刚石。但是，无法采用某种客观的计量标准来评价或判断其品位或价值，这就是"黄金有价玉无价"的原因所在。生活在东亚的部落史前部族，凭借自己丰富的实践知识，在大自然如此庞杂的岩石中选择透闪石软玉作为自己信奉的宝物，不能不令人钦佩（图1-3）[2]。

古人自然不可能按以上现代矿物学标准来认识或鉴别玉。据《说文》："玉，石之美，有五德。"这是汉代及其以前古代中国人对玉的认识，是对玉料自然属性之外的社会属性在意识形态上的反映

（图1-4）[3]。由此推测古代中国人的祖先——东亚史前诸部族也存在着类似的概念。"德"字一般理解为人们社会行为的崇高品质。前些年，斯维至教授对此作了精辟的论述。他认为德字的本义是生、姓、情之义，包含着此氏族传统的习惯法。他写道："古人所谓德行与今人的观念也不同，他们从生殖启发懂得'同姓则同德，异性则异德，姓（血统）不同，性也不同'，因此认为秉承效法祖先之性行就是人生最高的准则。因而具有'德以柔中国，刑以灭四夷'的功能。"[4] 不同的部族或部族集团，可以有不同的德行，因而被史前诸部族选奉为玉的材料，很可能属于不同种类的矿物。据《山海经》一书记载，当时产玉的地点就有二百多处，比现代已知道透闪石软玉的地点要多得多，也说明当时被认作玉的矿物不止一种，反映出史前时期曾有不同的矿物，分别被不同的部族选奉为玉，将透闪石软玉推奉为真玉是古人长期选择的结果。至于"美"字的含义，我们不妨抛开对美字本义的任何阐释，只要留心一下汉字中从玉的字或与玉相连的词，都具美好、完善、高尚、纯洁、神圣的含义，几乎全部是褒义而绝无贬义。玉人是至美，玉洁是至洁，玉体是至贵，玉成是至爱，玉碎是至坚，就是死亡这样悲哀的字眼，一旦换成玉碎二字表述，就具有英勇、壮烈的崇高意义。《说文》中玉部的字近70个，从侧面反映出玉字在早期汉字中的地位。玉字的含义在汉字系统中始终如此清晰，是中华民族具有爱玉崇玉传统的重要特征，同

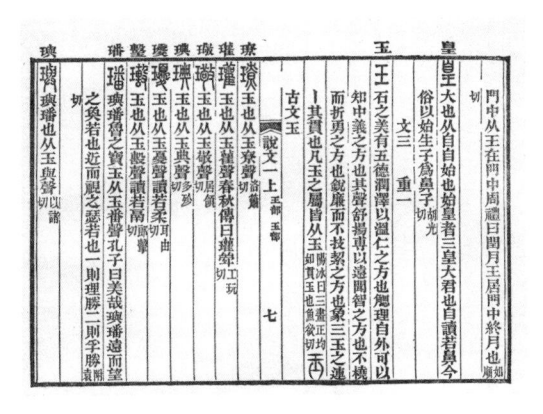

图1-4 许慎《说文解字·玉部》

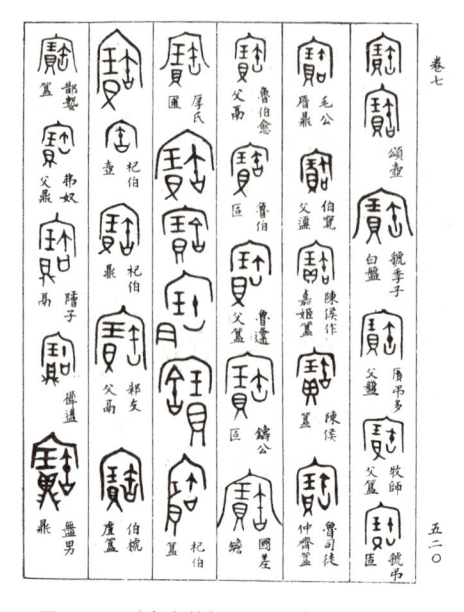

图1-5 《金文编》五二〇中的"宝"字

时也生动地反映出玉及玉制品在汉字形成之初或以前社会生活中所具有的功能和地位。

大家都知道汉字中与财富有关联的字均从金或从贝，只有一个"寳"字将玉和贝构造在一起。除了出现很晚的"金玉满堂"等个别词之外，从玉的字或词，几乎与金钱、财富绝缘，反映了玉字字义的界定时间，大概在以金钱或财富的聚敛或掠夺为特征的文明社会出现之前[5]。这就无怪乎《越绝书》中风胡子答楚王问时，将"玉兵"列在"石兵"与"铜兵"之间，并且特别指出："夫玉，亦神物也。"由此可见，玉是被东亚史前诸部族神化了的物质，从另一个意义上说，也可以认作以原始崇拜为内涵的东方观念形态的物化（图1-5）[6]。

玉是我国最先被研究的几种古物之一，从北宋开始的金石学，就将古玉列为研究对象。瓷、铜、玉、石是我国传统古物学的基本分类。前些年，在辽宁朝阳的一座辽代北塔天宫的石承门外放置着史前的玉斧，此器当在建塔之前已被发现[7]。八十年代中期，在苏州市附近严村发现的吴国玉器窖藏中，竟有良渚文化的玉璧和一件被当作玉料剖开的玉琮，从而将史前玉器的发现时间上溯到公元前四五世纪之前，其时间要比金石学出现早十五个世纪（图1-6）[8]。

由于金石学是以"证史补史"为目的的考据之学，不能不以文字为主要依据，而玉器却缺乏青铜器或碑刻那样多的文字铭刻，故不得不屈居"小宗"的地位。当年吴大澂就有"好古之士，往往详于金石而略于玉，为其无文字可考耶"之感叹（见《古玉图考序》）。虽然金石考据之学无法涉及还没有文献记载的史前玉器，但史前玉器却屡被人们发现。例如，现藏美国首都华盛顿弗利尔美术馆的史前玉器，就是二十世纪初得自上海[9]；在吴大澂编著的《古玉图考》中录有不少史前玉器（图1-7）[10]；分别在北京和台北的故宫博物院都收藏有被乾隆题写过御诗的史前玉器；另外各地还有不少仿制或重刻纹样的史前玉器，设若没有见过同类的史前玉器，是不可能制作出这样相近的器形和纹样的；又如南宋官窑烧造一种形态酷似良渚玉琮的琮式瓶，似可作为南宋建都杭州时期，曾经发现过良渚玉琮的一项证据[11]。经过数百年历史的金石学研究，终于形成了以收藏、赏玩和器物考证为核心的中国古玉研究体系，同时也带动了以交易为目的的古玩

图1-6 苏州严村吴国玉器窖藏中出土的剖开玉琮

图1-7 邓淑苹《古玉图考导读》

业。在它的影响下，从二十世纪初到三十年代末，古玉成为在国际范围内出现的中国古物收藏热潮中的热点之一。例如1939年黄浚的《古玉图录初集》中曾收入一件红山文化的兽形玉玦[12]，在海外不少博物馆常可见到这一时期收藏的中国史前玉器。最近伦敦维多利亚博物馆就在1936年入馆的中国藏品中，拣选出包括有铭刻的璧、琮在内的十件史前玉器。

二十世纪二十年代开始，从西方引进的现代考古学给古玉研究注入了新的动力。殷墟发掘的辉煌成果将青铜器的研究推向新的高峰，同时也将古玉的研究领域扩展到《周礼》以前的商代[13]。由于玉材是一种高硬度的物质，人们总以为在金属工具出现之前是无法加工或利用这类高硬度的材料的，尽管早在二十年代曾在西北地区收集到当时被认为是新石器时代的玉制品，但是三十年代中期，在东南地区的不少地点出土大量的史前玉器却被认作"周代遗物"，所以现代考古学在中国出现以后的相当长的时间里，却没有史前玉器的正式记录。1955年江苏南京北阴阳营的发掘，第一次在众多的史前墓葬中同时记录到玉器（图1-8）[14]。随后又在马家浜、邱城等江南多处史前遗址中被证实。虽然被发现的只有玦、璜、管、珠等小型饰件，它们毕竟是金属器出现以前的玉制品。1959年山东泰安大汶口遗址又在史前墓葬中发掘到玉钺（当时被定为玉铲）等大型玉制品（图1-9）[15]。但由于传统观念形成的习惯作用，有些虽已发现史前玉器，没有很快被认识。五十年代中期，湖北天门罗家柏岭的发现就是实例（图1-10）[16]。又如1963年冬，笔者在发掘余杭安溪苏家村遗址时，明明在良渚文化地层中发现的一件残玉琮，却被误认为西周遗物，并据此怀疑良渚地层的可靠性（图1-11）。

直到1971年，笔者在余杭长命桑树头发现两件大型玉璧与十七件良渚文化石钺共存一墓的时候，仍然没有得出应有的判断。这一

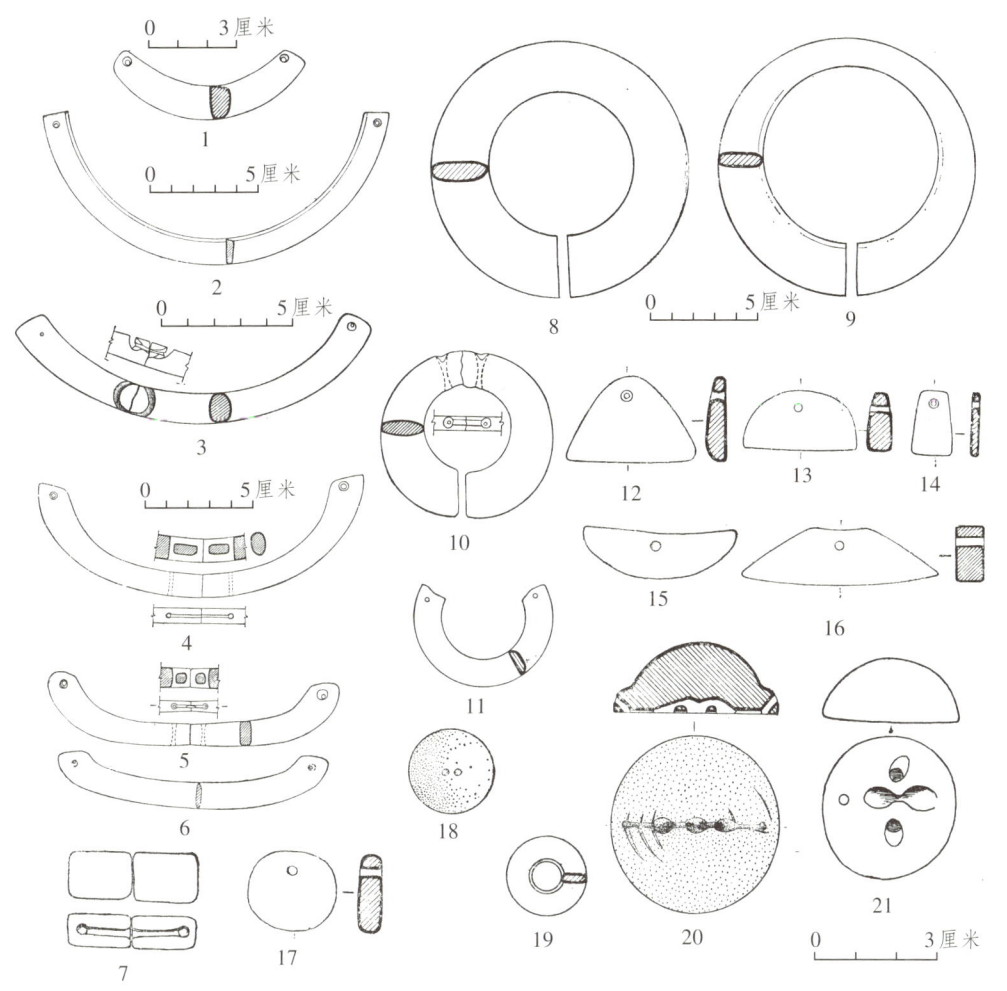

1—6.璜（M280:3、M145:12、M59:3、M191:1、M39:4、M164:1） 7.条形缀饰（M62:8） 8—11.玦（M130:4、M144:1、M46:4、M90:1玦改制） 12—19.坠饰（M62:9、M132:5、M120:2、M179:6、M41:8、M63:1、M81:5） 20、21.隧孔珠（M191:11、13）

图1-8 南京北阴阳营遗址出土的玉器

图1-9 1959年山东泰安大汶口出土玉钺（1.M10:18 2.M117:8）

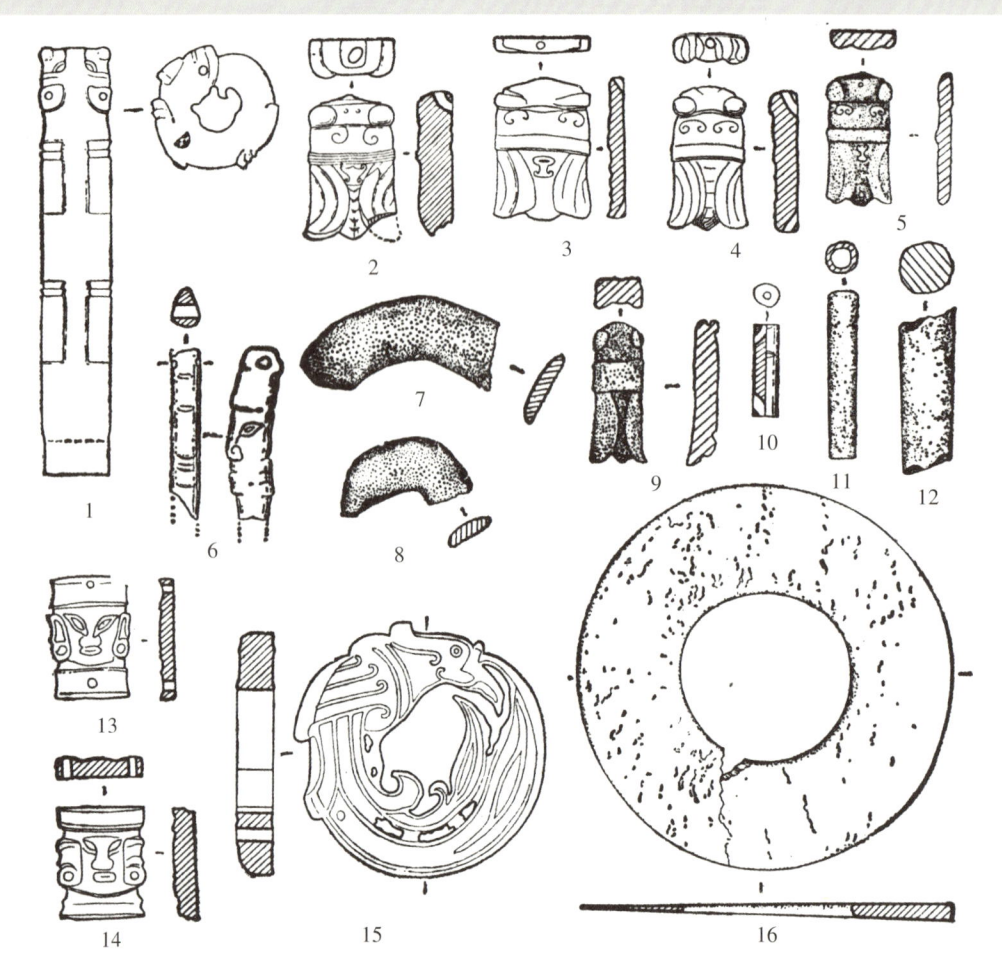

1.龙环(T7①:6) 2、3.Ⅰ式蝉形饰(T7①:4、T14③:1) 4、5、9.Ⅱ式蝉形饰(T7①:7、T27③:4、T14②:4) 6.人头像坠饰(T20③B:16) 7、8.环形饰(T20③B:24、T20③B:19) 10、11.管形饰(T20③B:35、T26③:1) 12.棍形饰(T20③B:7) 13.Ⅰ式人头像牌饰(T20③B:3) 14.Ⅱ式人头像牌饰(T20③B:18) 15.凤形环(T32③A:99) 16.璧(T9③A:104) (16约1/3,余7/10)

图1-10 湖北天门罗家柏岭出土玉器

图1-11 1963年余杭安溪苏家村遗址出土玉琮

图1-12 1971年余杭长命桑树头出土玉璧

图1-13　1973年苏州草鞋山遗址M198

事实除了说明笔者的愚钝之外，似乎也反映出某一成果在突破前夜，在认识上遇到曲折、磨难和困惑之一斑（图1-12）[17]。此后的第三年，南京博物院的考古学家首先在苏州草鞋山遗址确认了史前时期的良渚文化玉器（图1-13）[18]。这一成果被张陵山的发掘证实[19]。以后在1977年冬召开的长江下游新石器时代学术讨论会上公布，并得到与会学者一致认同[20]。

1981年冬，中国考古学会第三届年会在杭州召开，史前玉器自然是讨论江南新石器时代的热门话题之一。向以谨慎著名的老一辈考古学家赵青芳先生，也将玉器列为江南新石器文化的重要内涵[21]。但是如何对待红山文化玉器的讨论，却成为会议组织者们在学术上抉择的棘手问题。1982年冬，由国家文物局主办的第一届全国玉器鉴定训练班上，将长江下游新石器时代玉器和红山文化玉器同时列为正式授讲内容。不知是否可作为史前古玉研究被社会认可的标志或信息。

在东北地区，辽宁省的考古学家从论证三星他拉玉龙的年代开始，经过六年艰苦的追求，终于在阜新胡头沟、喀左东山嘴、凌源

图1-14 辽宁牛河梁第二地点全景鸟瞰

三官甸子和建平牛河梁等地找到了红山文化玉器的地层学依据，通过对积石冢的成功发掘，不仅使大批年代悬而未决的红山文化玉器恢复到原来的历史地位；更为重要的是，形成（祭）坛、（女神）庙、（积石）冢的整体组合，从而极大地丰富和扩展了红山文化玉器研究的学术内涵（图1-14）[22]。

在南方，继江苏、上海同行对武进寺墩和青浦福泉山发掘取得胜利之后[23]，为了纪念良渚遗址发现五十周年，浙江省文物考古研究所集中了一切人力和物力对反山墓地进行了发掘。虽然反山才揭开三分之一的地域，这处发现于1971年的史前墓地，经过十五年观察之后终于显露了真容。经过发掘的11座良渚文化古墓中，发现玉器1700余件组，成为史前古玉的一次空前大发现。次年，我们又发掘了瑶山墓地，并在同年12月揭开了规模巨大的莫角山中心址帷幕的一角。连同八十年代以来国内其他地区的工作成果，在我国形成了以史前古玉为核心的古玉发现新高潮（图1-15-1～4）[24]。

当我们粗略地回顾了古玉研究历程之后，就会发现宋代开始的金石学研究是和中华民族爱玉传统相适应的产物。认真的古玉研究却在二十世纪近代考古学出现之后。所以古玉研究是一门既古老而又年轻的学科。如果说史前古玉的发现要比金石学早十五个世纪，那么真正确认史前古玉的存在，则在中国近代考古学经历了五十个寒暑之后的八十年代。这一现象不妨比作老树新枝上的一颗嫩芽。如何将包括史前古玉在内的中国古玉研究，真正纳入有中国自身特色的考古学研究轨道，并成为这一学科的重要组成部分，目前还只能认作起步阶段。

正因为古玉研究的深入，使得原先混杂于"周、汉"玉件中的史前玉器，得以恢复其本来的历史地位，因而身价百倍。这就带动了国际范围内的中国古玉收藏热潮，史前古玉更是这股热潮中的焦点。如果承认五十年代以前出现过中国青铜器的收藏热，是青铜器

中国史前玉器

图1-15-1　1982年寺墩 M3

图1-15-2　1982年福泉山遗址全景

图1-15-3　1986年反山遗址

图1-15-4　1987年瑶山遗址

在中国历史上特定作用被确认的一种反映,那么青铜制品并非中国特有的物质文化,世界上许多地方都有青铜器,而且年代也不晚于中国。商周青铜器却在中国文明史上起到了无可取代的作用,并被蒙上一层神秘的外衣,成为东方观念形态的一种特殊载体。玉是古代中国特有的物质文化,史前古玉的年代早于商周青铜器,正处于东方观念发展、成熟的前夜。我们应该从中国古玉收藏、研究的热潮中,看到了以中国为主体的东方观念形态从更深的层次上再度引起国际学术界关注的事实。今年7月在伦敦大英博物馆举办的"中国玉器特展"开幕不久召开的大维德中国艺术馆第十八届年会上,中国古玉被列为这届年会的唯一主题。在一百多位西方人士面前,19位学者作了专题演讲,其中12位中国人,6位中国学者被确定为这次年会的重点报告人,就是一个很好的实例。

以中国古玉为专题的出版物大量出现,是古玉研究热的另一侧面。前些年出版发行的《良渚文化玉器》和《中国玉器全集》第一卷都是史前玉器的专著。这次文物出版社和台湾南天书局合作,从更广的地域范围和更深的层次上收集整理中国境内以发掘品为主体的史前古玉基础上,编印这本专集,目的是为广大研究者和爱好者提供更多、更全面的可靠资料,既是对国际古玉研究热潮的献礼,同时也为推动史前古玉研究添砖加瓦。笔者受两出版社之托,在前二书有关论述的基础上,重新对中国的史前古玉加以论述,敬献给广大的读者(图1-16)[25]。

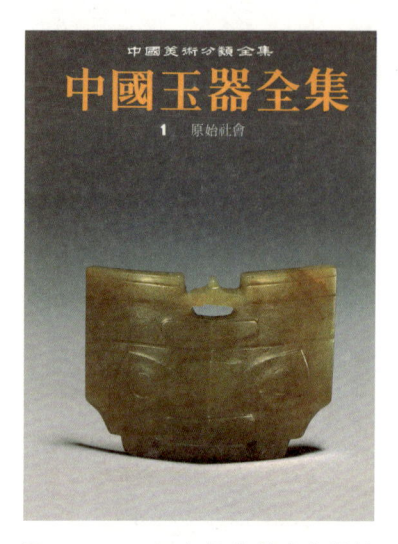

图1-16　1993年河北美术出版社《中国玉器全集·1·原始社会》卷

## 二 史前玉器的六个地区

中国史前玉器是新石器时代原始信仰或某种观念形态发展到特定阶段的产物。四十年的考古实践证明，新石器时代的物质文化具有明显的区域性特征，并在区域内形成各自的谱系，表现为多元并列的结构态势。因此，以文化谱系为基础的区域性研究，仍是当前中国境内新石器时代考古学研究的基本模式。按照目前已知的材料，不同区域文化谱系所包含的史前玉器也存在着极大的不平衡性。这种不平衡固然与工作的不平衡、发现的偶然性以及史前玉器研究刚刚起步的态势有关，但已明显地表现出多元和层次上的差别。下面按三个层次将我国的史前玉器分为六个地区（图2-1）。

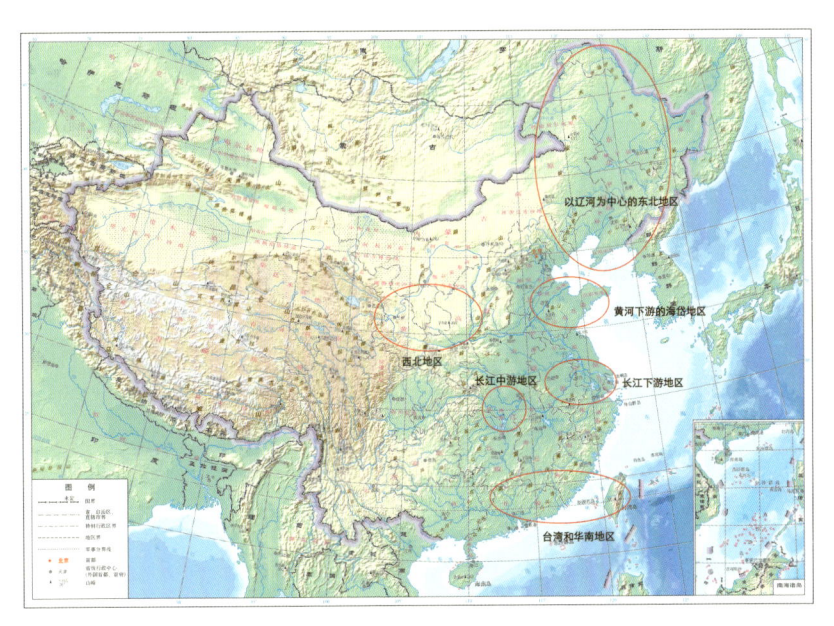

图2-1 中国史前玉器六个地区

## 1. 以辽河为中心的东北地区

这里是我国目前已知最早出现玉器的地区之一。其区域的范围是辽宁的全部、内蒙古东部、吉林和河北的一部，向北还可以伸延到黑龙江（图2-2）[26]，主体部位相当于燕山南北长城内外地区。在古代就有医巫闾山产玉的记载，辽宁境内的宽甸就蕴藏着透闪石软玉的矿床，全国著名的蛇纹石——岫岩玉就出产在这里（图2-3）[27]。

图2-2　黑龙江饶河小南山遗址第二墓地出土玉器（距今约9000年）

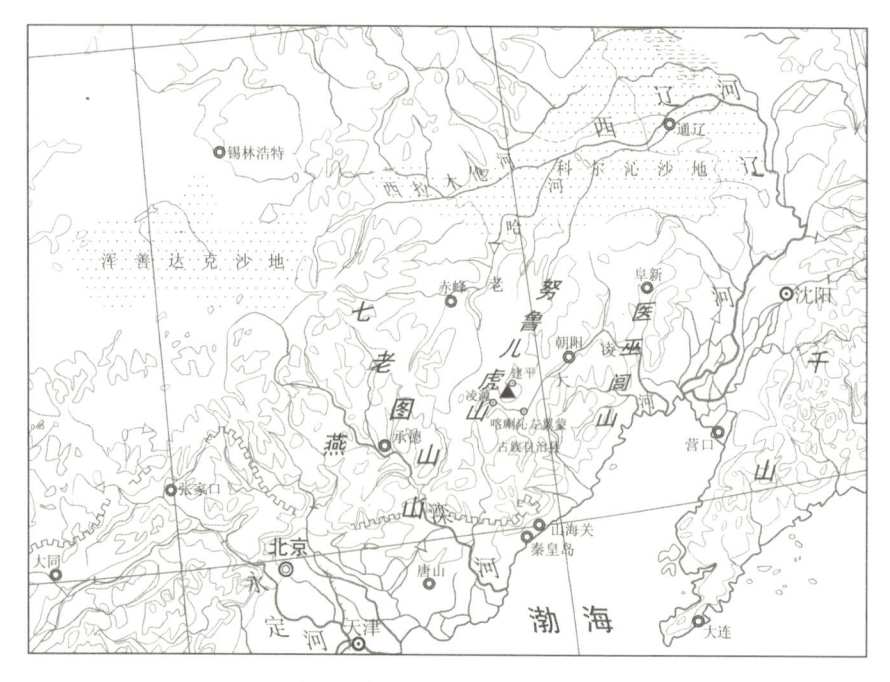

图2-3　牛河梁遗址地理位置示意图上的医巫闾山

中国史前古玉概论

　　这里的史前玉器可以分为前后两段，前段又可分成西东两区。1986年辽宁省的考古工作者在阜新查海遗址先后发掘到玉玦、玉匕、管状珠和玉环等玉制品20件。这些玉器体型较小，其功能主要是装饰。从玉玦的缺口部位的切割工艺判断，当时已采用以砂为介质的间接摩擦为特征的琢玉专门技艺。缺口部位四周平齐光滑，是一种以硬质片状物带动砂粒研磨、我们称之为锯切割留下的遗痕。在平齐的边框之内，呈现波浪形起伏的线条，是以柔软线状物带动砂粒进行切割、我们称之为线切割留下的痕迹。玉匕为长条形，正面有浅槽，一端有穿孔，可以穿系佩戴。6件玉匕同出于一座小孩墓中（图2-3-1~2）[28]。

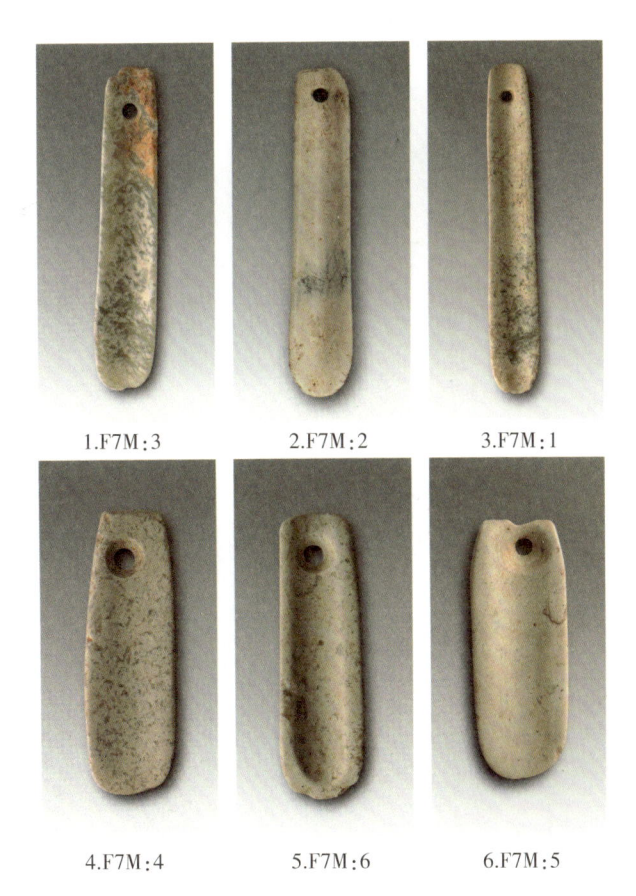

1.F7M:3　　2.F7M:2　　3.F7M:1

4.F7M:4　　5.F7M:6　　6.F7M:5

图2-3-1　辽宁阜新查海F7M居室墓出土的6件玉匕

45

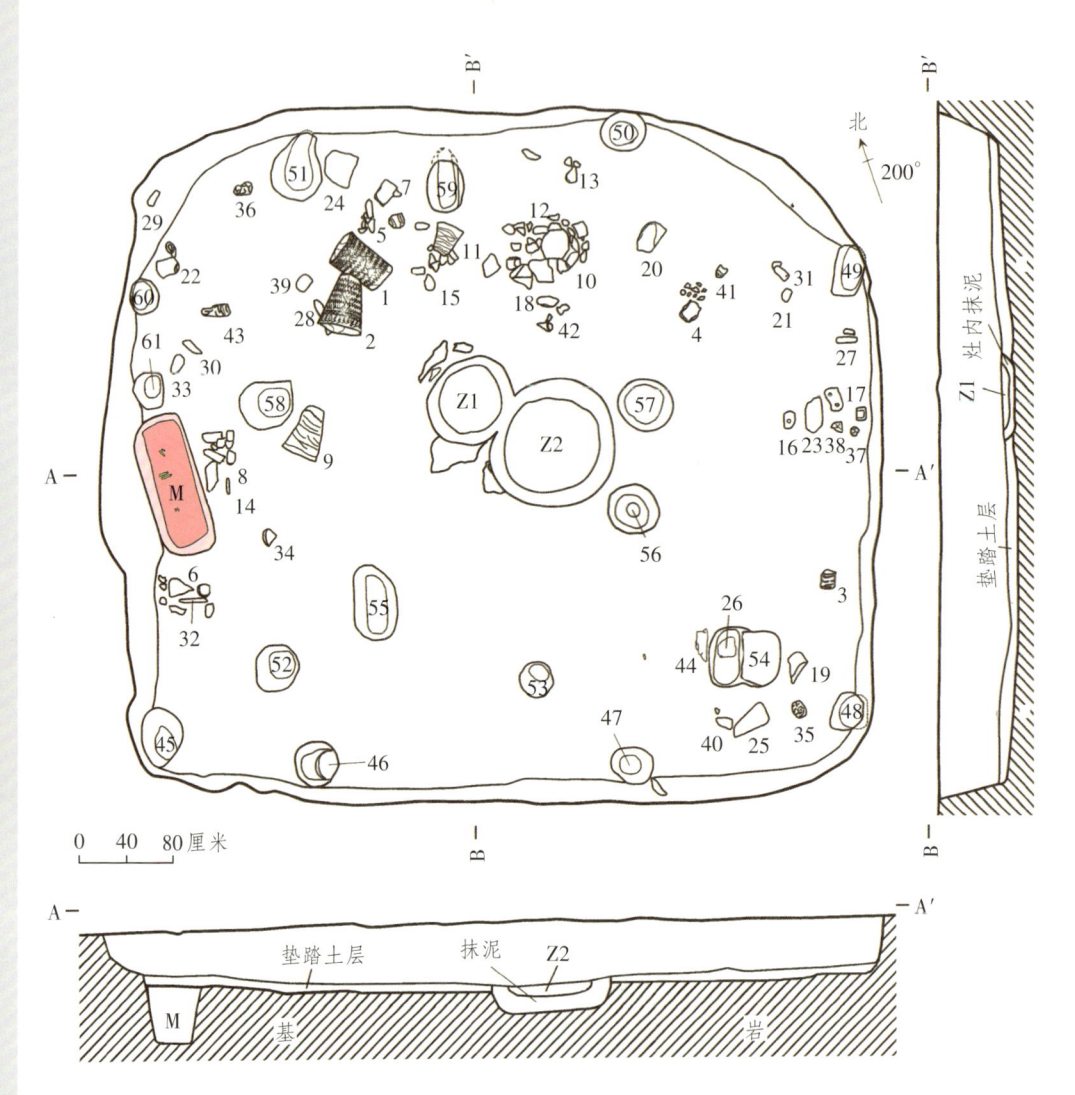

1、2、4、6、8—13、42、43.直腹罐　3.鼓腹罐　7.钵　14、15、21.石斧　16—18.铲形石器　19、20、24、25.磨盘　22、23、26.砺石　27—33.磨棒　34.陶片　35—41.敲砸器　44.石料　45—61.柱洞　Z.灶址　M.居室墓

图 2-3-2　辽宁阜新查海 F7M

图2-4 兴隆洼遗址玉石饰物

查海出土玉器的原料，经地质学家闻广教授鉴定，均为透闪石软玉[29]。

查海遗址属兴隆洼文化，在1992年至1993年对兴隆洼遗址进行第五次和第六次发掘时，又在两座墓中各发现了一对玉玦，进一步验证了查海的发现。兴隆洼文化年代距今七八千年，属新石器时代中期（图2-4）[30]。

所以这两地发现的玉玦和玉匕是目前我国最早的玉器。

另外在内蒙古巴林右旗的巴彦塔拉苏木苏达勒和查干诺尔苏木锡本包楞两处遗址，也发现过与查海玉玦形态相近的玉玦，后一地点同出的还有玉匕，据介绍出土时匕形器上套着玦[31]。天津宝坻县牛道口遗址，也采集到6件玉玦和4件玉匕。可见玉玦和玉匕共存并非孤例[32]。

东区发现的早期玉器，分布在下辽河的沈阳地区的新乐遗址以及辽东半岛南端的小珠山下层和郭家村下层。在新乐遗址中有长条形玉凿和玉斧、圆凿式双刃雕刻器等小型工具[33]，在长海广鹿岛小珠山下层出土的玉斧体形厚重，在旅顺郭家村下层出土玉质斧和锛的数量更多[34]。它们的年代均晚于西区，大约距今六七千年之间。但是这些器物的制造技法却不见西区已出现的那些琢玉专用工艺。在新乐玉制品的外表上可以明显地见到类似细石器那种压制剥片工艺的条状凹痕在辽东半岛的斧、锛上，前者除刃部或前半段磨光之外，周身或后段布满锤击留下的白色斑点；后者器身两侧常见剥片痕迹，而顶端常有白色的锤击痕。这一现象给研究早期玉器带来了困惑[35]。一种可能是琢玉技艺尚处于萌芽状态，这些新工艺还无法加工体型较大的制品。另一种可能是当地出产的这种矿物，在当时还没有被赋予"美和德"的社会功能，仍然用作制造实用工具的原料，所以采用与制造石器相同的技法。或许由于这种原料质地坚硬而有光泽，被用作诸如雕刻等高档次劳动的工具。有一些研究者主张，中国最早的古玉应用从实用的生产工具开始，这就成为此论的重要依据。同时还可以依据海城小孤山洞穴"已有玉质砍砸器出土"，将玉器的起源追溯到旧石器时代。也有研究者根据在旧石器时代用作制造工具的原料中，有一种中文译名为碧玉[36]的实物，来论证古玉的起源。其实在矿物学上这一材料完全与玉无关。

东北地区史前玉器的后段，即红山文化玉器自1985年正式公布以后，立即引起了国内外研究者的一致称誉。

红山文化玉器质料品位较精，除少数呈深绿色或黄褐色外，大多数呈色较浅，透明度较高的淡青、淡黄色，经鉴定主要有透闪石软玉和属于蛇纹石的岫岩玉。红山文化玉器未曾受沁或受沁程度较浅，保持着玉料原有的光泽，使见者（特别是华人）有一种温馨的亲切感。先后在辽宁阜新胡头沟，内蒙古巴林右旗羊场、巴彦汉那斯大队，辽宁凌源三官甸子、城子山、喀左东山嘴、建平牛河梁等地的积石冢发掘或采集所得大批玉器，使我国史前玉器群大放光彩。器类有马蹄形箍形器、圆角方形"璧"、兽形玦、兽面丫形器、葫芦形玉兽、勾云形佩、窄条形镯、双联或三联的璧以及燕、鸮、蝉、鱼等小型玉件，这是一组全新的器型。唯独不见前段的西区的玦和匕，在功能上也不属东区斧、锛、凿等生产工具（图2-5-1～7）[37]。

这一群玉器给予研究者第一个印象是丰富、精湛的动物造型。可分为写实和非写实两类。前者多小型的玉件。其中的鸮都明确地表现出了喙和腹部的爪，在着意刻画此种猛禽器官特征的同时，采

图2-5-1　牛河梁遗址N2Z1M21　　图2-5-2　牛河梁遗址N5Z1M1

0 ____ 5厘米

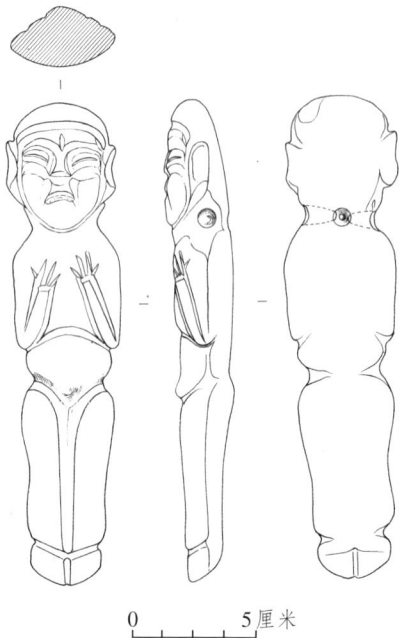

N16M4随葬玉人（N16M4:4）

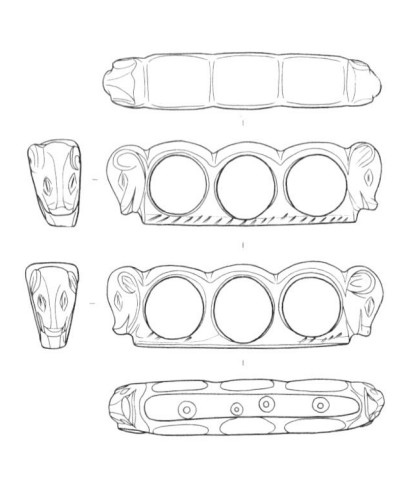

0 __ 2.5厘米

N16-79M1出土双兽首三孔玉梳背饰（79M1:4）

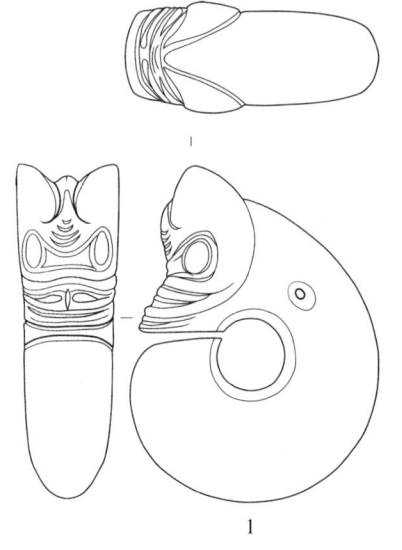

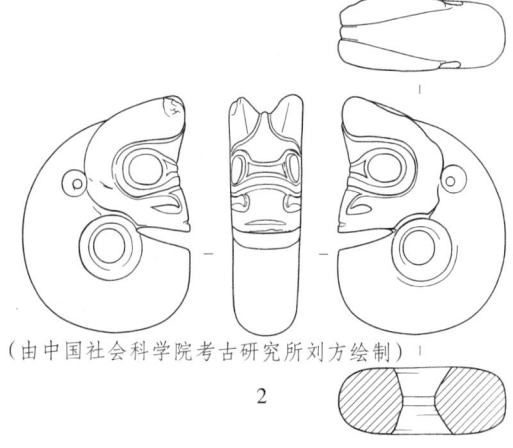

（由中国社会科学院考古研究所刘方绘制）

0 __ 2厘米

N2Z1M4随葬玉龙
1、2.N2Z1M4:2、3

图2-5-3　牛河梁遗址主要出土玉器

凤首(N2Z1:C8)
0　2厘米

N16M4随葬玉凤(N16M4:1)
0　2厘米

N2Z1M21随葬玉兽面牌饰(N2Z1M21:14)
0　2厘米

双兽（鸮）首饰(N2Z1M26:2)
0　2厘米

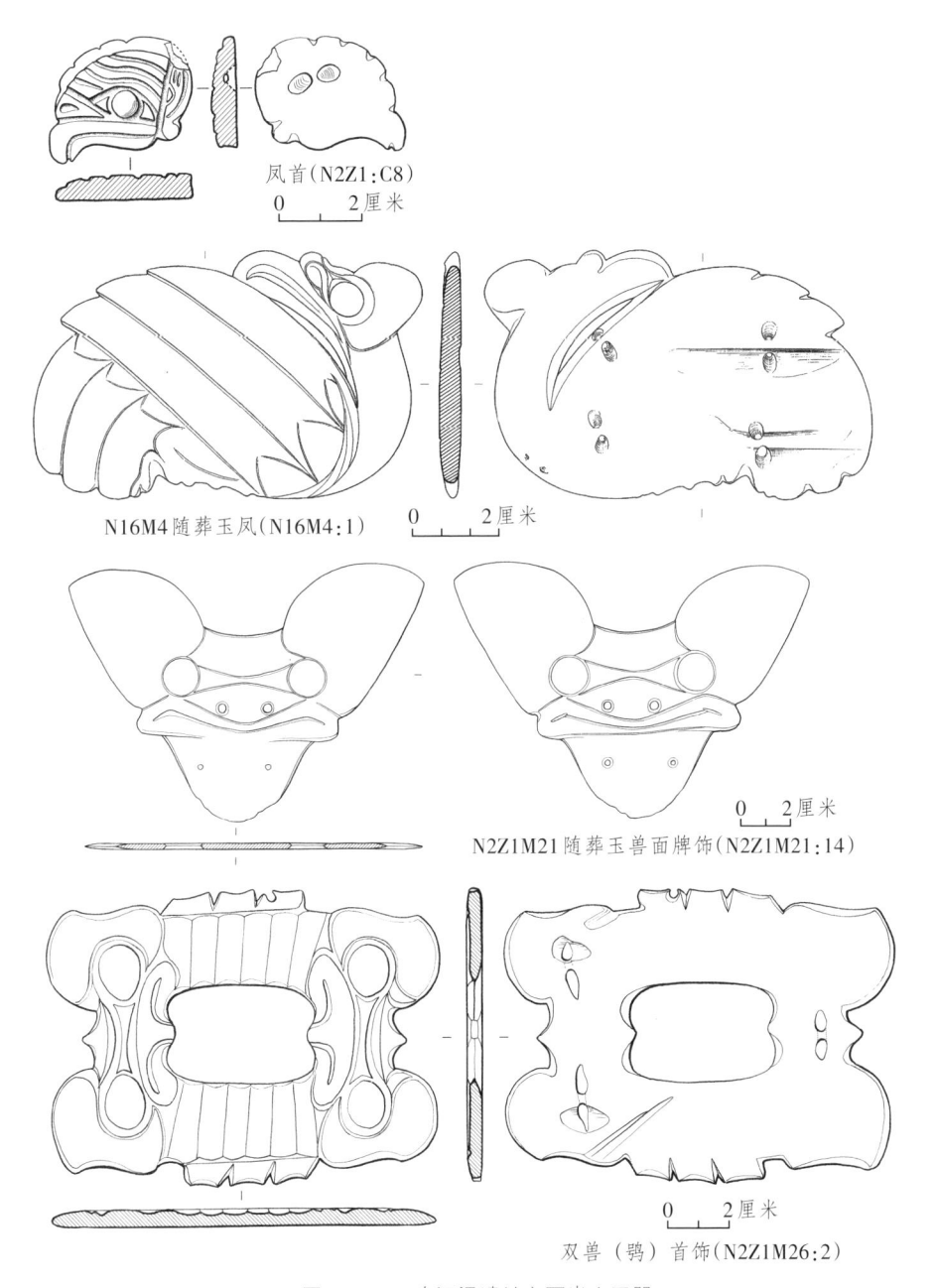

图2-5-4　牛河梁遗址主要出土玉器

N2Z1M23 随葬龙凤玉佩
（N2Z1M23:3）

0　2厘米

N5Z1M1 随葬玉鳖
1. N5Z1M1:6　2. N5Z1M1:7

0　2厘米

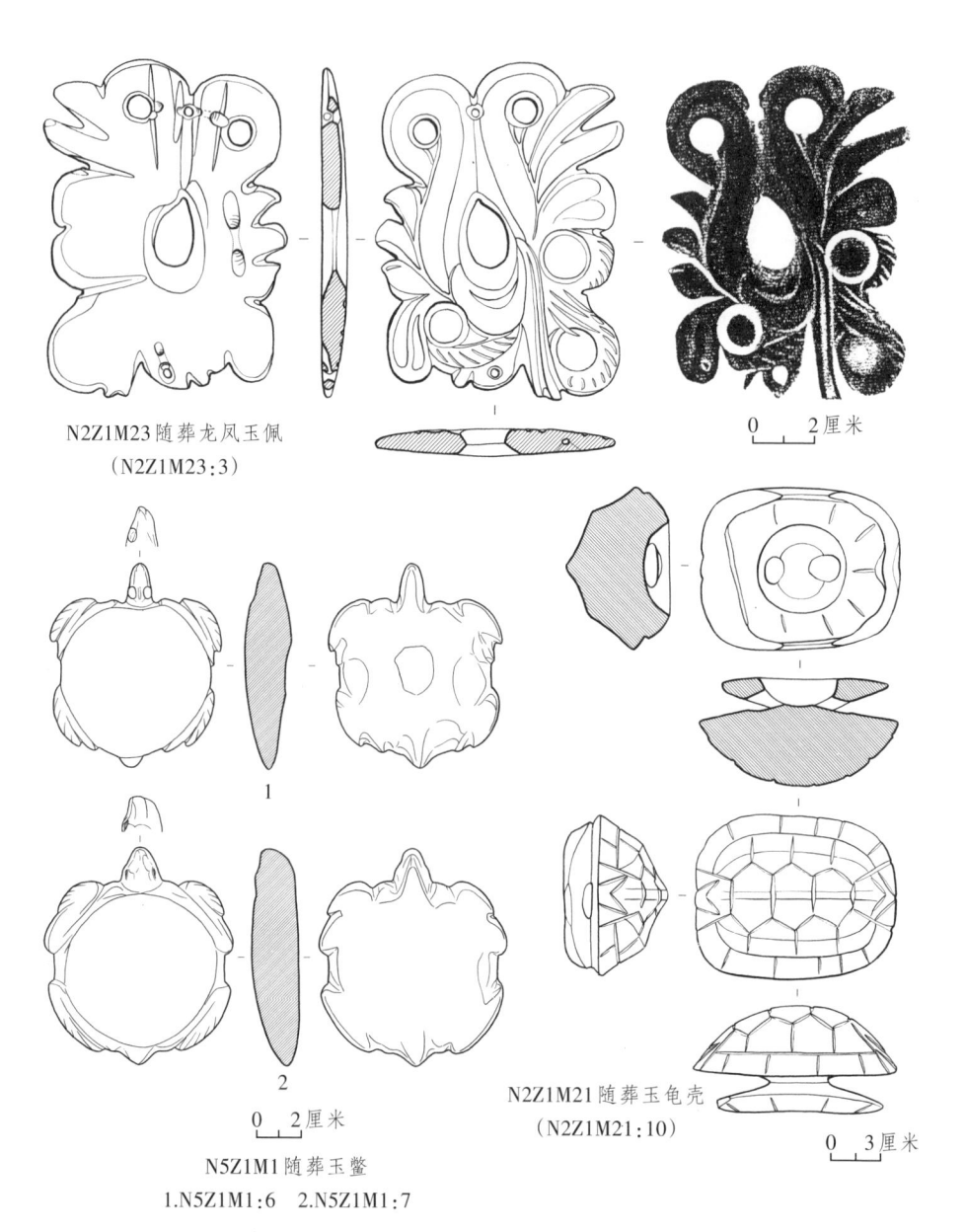

N2Z1M21 随葬玉龟壳
（N2Z1M21:10）

0　3厘米

图 2-5-5　牛河梁遗址主要出土玉器

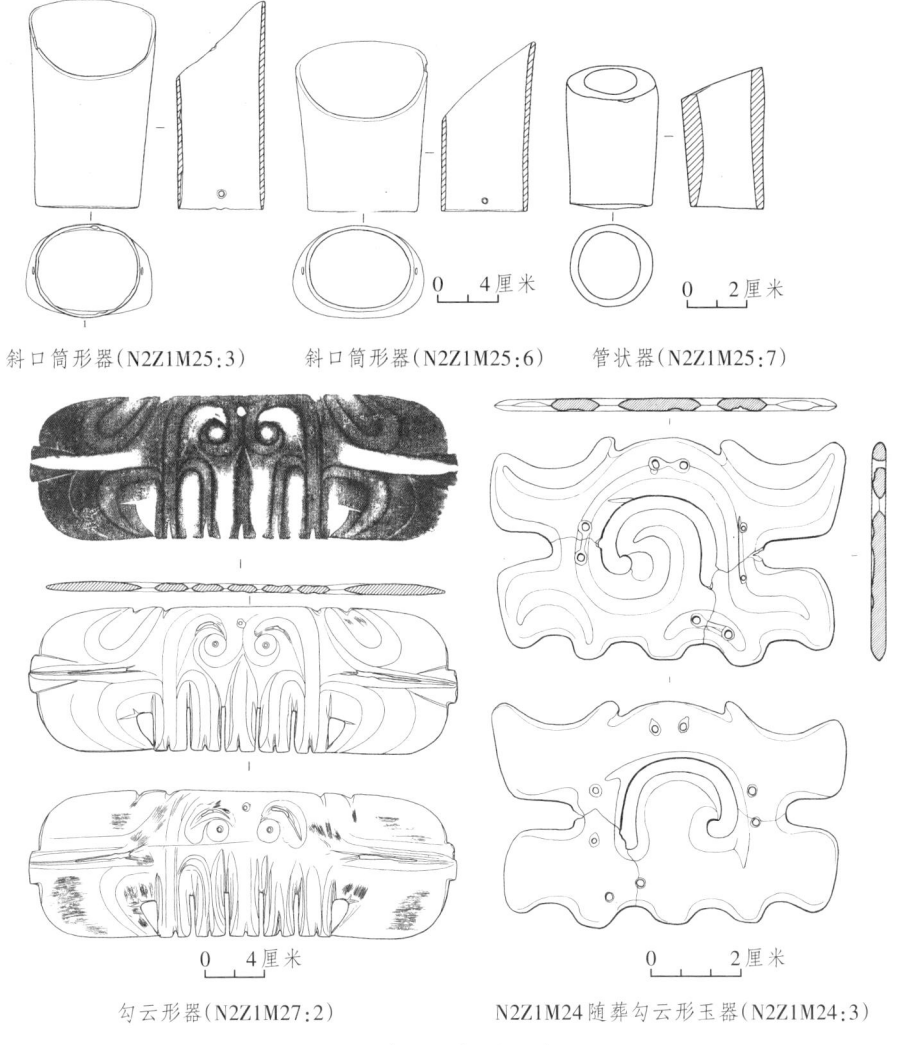

斜口筒形器（N2Z1M25:3）　　斜口筒形器（N2Z1M25:6）　　管状器（N2Z1M25:7）

勾云形器（N2Z1M27:2）　　　　N2Z1M24随葬勾云形玉器（N2Z1M24:3）

图2-5-6　牛河梁遗址主要出土玉器

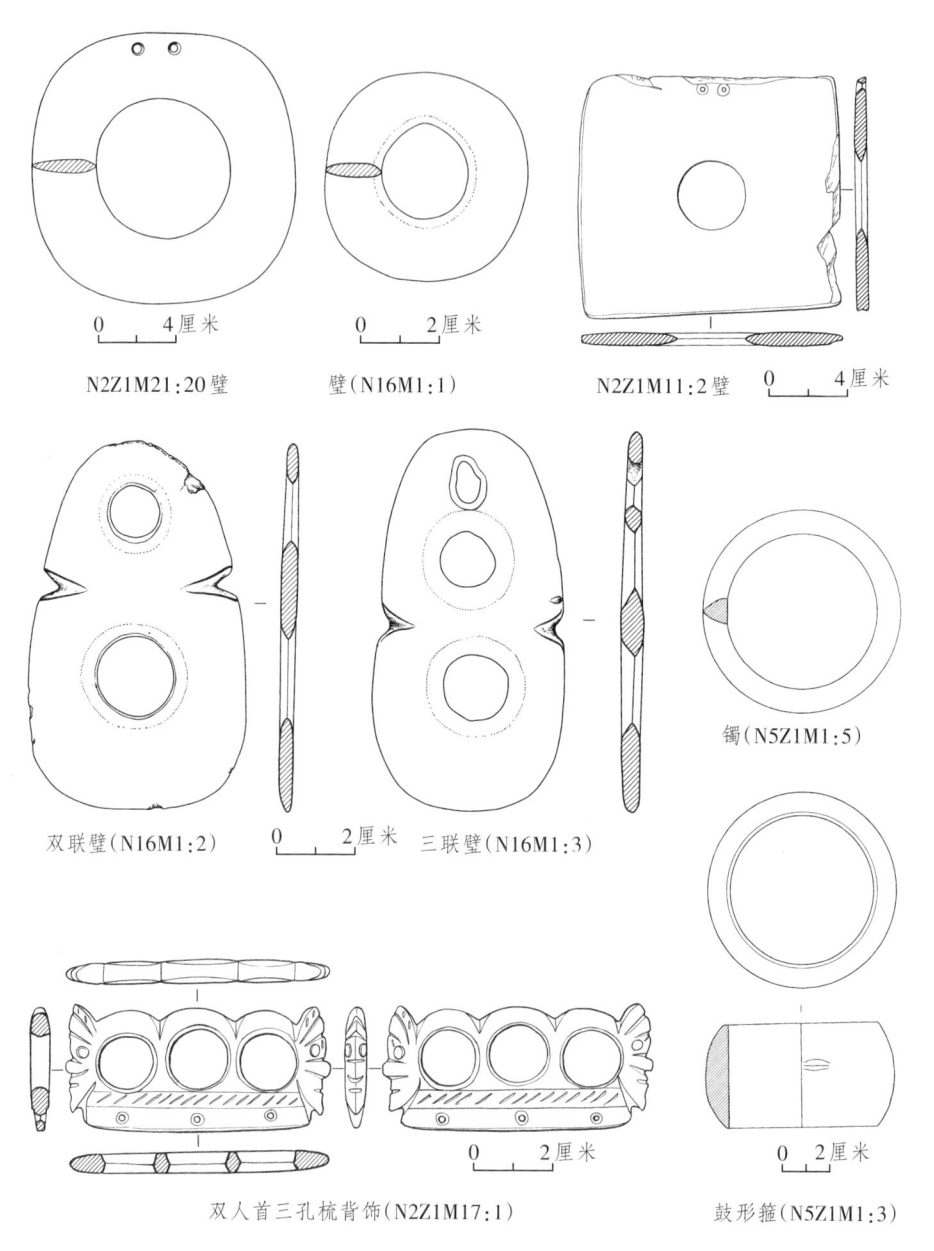

N2Z1M21:20 璧　　璧(N16M1:1)　　N2Z1M11:2 璧

双联璧(N16M1:2)　　三联璧(N16M1:3)　　镯(N5Z1M1:5)

双人首三孔梳背饰(N2Z1M17:1)　　鼓形箍(N5Z1M1:3)

图 2-5-7　牛河梁遗址主要出土玉器

喀左东山嘴绿松石鸮（高2.5厘米）　　阜新胡头沟M1玉鸮（高3.1厘米）

图2-6　红山文化绿松石鸮和玉鸮

用仰视的角度来表现翱翔于天际的神采（图2-6）。特别需要指出的是不止一件属于蝉或蚕的幼虫期和成虫期之间的作品。在中国一直用读音相近的蚕、蝉来称呼这两种作茧吐丝或饮而不食的昆虫。它们在生命周期中动、静及飞翔的变化，显然对古代中国人包括人生、天命等概念在内的观念形态产生过深刻的影响（图2-7）[38]。在良渚文化或石家河文化的玉器中也有不少的玉蝉，说明当时必须以玉来表现的是一些远远高于现实物质生活需要之上的属于观念形态的事物。非写实的动物有的研究者称为摹拟幻想中的神灵，实质上它们是一些古人观念形态中的神禽珍兽，不妨称作"文化动物"或"观念动物"更贴切[39]。有的较多地保留着动物的具象，有的则要抽象得多，如勾云形佩和兽面丫形器等，只能隐约地显露某种动物的影子。这两种动物题材的制品在

图2-7　辽宁凌源田家沟墓地第三地点M8:2玉蚕

图2-8 内蒙古巴林右旗巴彦塔拉苏木苏达勒勾云形玉器

图2-9 辽宁建平县征集的高15厘米玉雕龙（2021年4月18日笔者摄于中国国家博物馆"玉出红山——红山文化考古成就展"）

红山文化玉器群中占据着重要的地位（图2-8）[40]。

各地出土的兽形玦（猪龙）已有20余件。虽然各地所见稍有变化，但从整体造型到细部处理手法都已基本定型，说明这种观念在当时已相当成熟。在原始信仰阶段，往往存在着多种崇拜，可以作氏族祖先的图腾只能是一种，因而将被崇拜的诸多神灵都归结为图腾的说法似乎欠妥（图2-9）[41]。

马蹄形箍形器（斜口筒形器）和圆角方形璧也是红山文化玉器中的两种重器。前者在墓内曾垫于头下或置于胸前，应是束发的专用器。伦敦大英博物馆展出一件长度不及红山文化一半的同类器，外表琢有近似青铜器上的花纹，可能是商周遗物，形态更似发饰（图2-10）[42]。从雕琢工艺角度考察，马蹄形箍形器是红山文化玉器中工艺要求最高的器种，可见当时人们对冠饰之重视[43]。

圆角方形璧的特征是外缘较薄如刃，一侧有两个穿透的小孔，墓内出土位置常在头部的一侧或两侧，使人们产生与耳饰有关的印

中国史前古玉概论

图 2-10　虢国墓地虢仲墓出土的改制斜口筒形器

象（图 2-11）。在西南太平洋的波利尼西亚也有一种形态相似的玉制品，两个穿透的小孔被用来安装握持的器柄，其功能是象征权力的玉钺，不少出版物发表过这种安柄钺的图片（图 2-12）[44]。笔者曾在海南岛当代黎族的实用品中，看到不少实用器侧的一对小孔有效地进行捆扎安柄的实例。可见古代也可以利用小孔进行安柄，当有机质的柄棍腐朽之后，这种玉质制品的部位也大体和耳际相当。设若此说有理，那么似可称"圆角方形钺"，它将是红山文化之后夏家店下层文化出现的那种玉钺的前身，只是形体稍有变化而已。

关于红山文化玉器的雕琢工艺，则是研究者瞩目的又一热点。它以整体造型取胜，就技巧而言，已经成功地采用了整体圆雕，局部浮雕、透雕、双面雕等多种手法。总体形态以宽扁的片状体为主，通体均经仔细修磨，基本上没有保存开料剖切的痕迹。器物的四周常修磨较薄如刃状，其外缘除马蹄形箍形器下端之外，绝少见到一

牛河梁N5Z1M1:1玉璧，最大外径12厘米

牛河梁N5Z1M1:2玉璧，最大外径12.9厘米

图2-11 牛河梁N5Z1M1位于墓主头部下方两侧的一对圆角方形璧

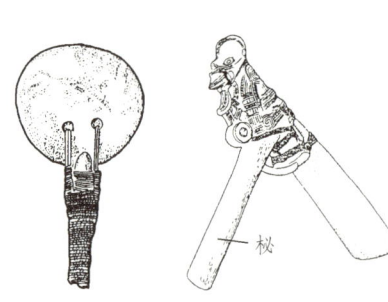

| 毛利人安秘玉斧 | 美拉尼西亚用硬玉制作的"仪式用锛" | 印第安人安秘玉斧 | 爱斯基摩人安秘玉斧 |

图2-12 毛利人等豪华安秘玉斧

中国史前古玉概论

条平直的线。器表除少量用以表示獠牙或表示鸟头、羽翅部位的线条外，绝无其他纹饰，但常常出现稍稍凸起的弦纹以及大量优美的浅凹槽，和谐地组成了柔和流畅曲线组成的统一体，所以红山文化玉器外表很难见到一个真正平直的面。只要稍加留意，就会发现这些浅槽往往呈现一端宽深一端尖浅，或两端尖浅而中段深宽、

图2-13　牛河梁N2Z1M26∶2玉双兽（鸮）首饰（2021年4月18日笔者摄于中国国家博物馆"玉出红山——红山文化考古成就展"）

凹槽两侧的斜杀面既不对称且又缓陡多变。各种形态的透雕镂空，大体上就是这些凹槽的深化和扩充直到器壁穿透，因此透雕孔槽的外廓也绝少呈现平直的线段（图2-13）。多数器物的剖面呈现两端尖锐、中段稍厚的杏核形。兽形玦（猪龙）等少数体形较厚重的器物，其剖面则呈现形状不等的扁圆形或椭圆形。但在同一器物的任何不同部位所截取的剖面，很难获得两张完全一样的剖面图。由于多道浅凹槽的存在，使得红山文化温润半透明的玉材，因器壁厚度的起伏变化而折射出层次丰富的明暗光泽。这才是红山文化玉器雕琢工艺的奥妙所在。有人推测这些凹槽由某种钝缘厚体的砣具研磨成，这是一种大胆的设想。在金属器出现之前，虽然已经有了轮制陶器和纺轮，但是制陶的转盘及纺轮是以旋转获得的惯性来带动加工的原料，它们和加工工具的旋转——砣具不能同日而语，前面提及的马蹄形箍形器，虽然通体光素无纹，怎样掏空箍身并碾磨成均匀的箍壁，在史前琢玉工艺中绝非易事。由于孔壁断面呈椭圆形，不可能由管钻或桯钻等方法加工。从不少图片上都能看到内壁时常保留

通长18.6厘米

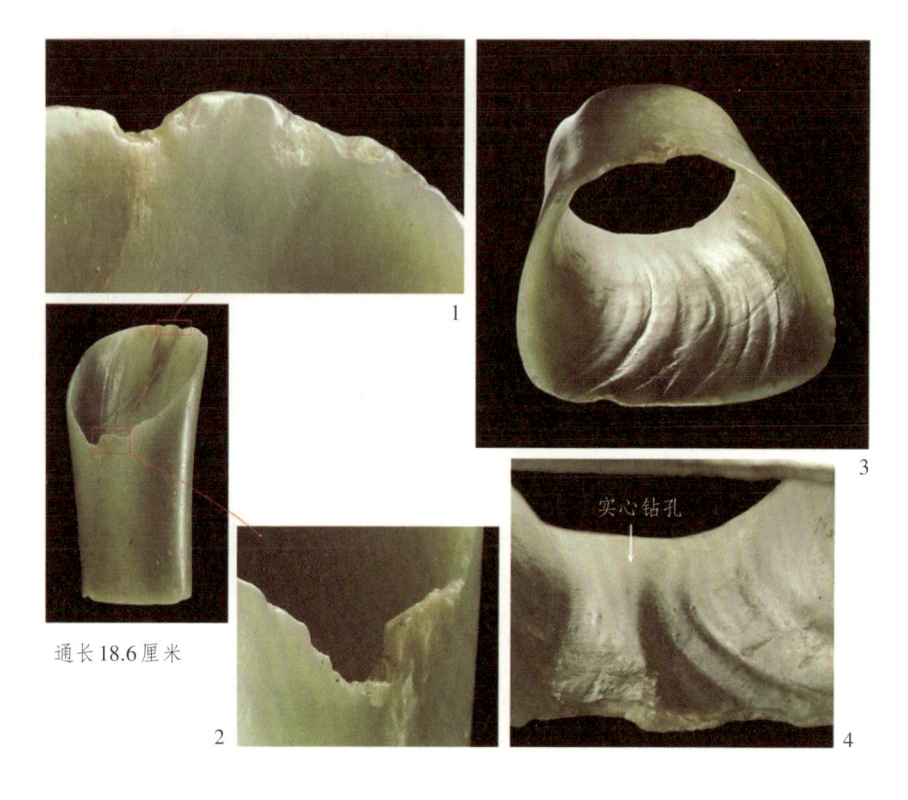

1.口沿明显使用痕　2.口沿破损　3.砂绳切割技术取杯芯后再打磨平滑　4.砂绳切割痕迹，箭头所示中心贯穿实心钻孔

图2-14　牛河梁N2Z1M4:1斜口筒形器内壁的实心钻和线锯痕迹（《牛河梁》图版三四二）

着由大体平行近似同心抛物线组成的切割痕迹。可见中空的器壁最初采用了线切割的方法。在线切割的基础上怎样进一步修磨成均匀光洁的内外壁，其难度绝不低于前期的线切割。我们认为马蹄形箍形器代表了当时琢玉的最高水平（图2-14）。当时线切割技艺已运用得相当娴熟，很可能已成为剖割玉料的主要手段。为了修磨因线切割开料给制品外表造成起伏不平的后果，导致以浅凹槽为特征的器表修饰工艺的大量出现[45]。凡此种种都说明红山文化玉器已经是相当成熟的玉器。有研究者将红山文化兽形玦（猪龙）头部纹样加以展开，获得了一幅与良渚文化玉器上的兽面图像十分接近的画面，并

据此提出两支相距数千里的史前文化存在着联系或影响[46]。一般说来，在史前时期这种联系或影响会较多地表现在物质文化方面，不知是否可以设想，形成这种相似图像是源自当时生活在中华大地上的史前诸部族之间原先在观念形态中已经形成某种相似的共识。东北地区史前时期前后两段的玉器，虽然后段的C字形龙和兽形玦（猪龙）与前段的玉玦的外缘均呈环形，中间仍然存在着明显的缺环[47]。经过发掘的红山文化玉器，以及前段西区的玉玦、玉匕都出自墓葬，但常常缺乏伴出陶器，这就给准确判断年代带来一些困难。

红山文化的玉器曾对随后出现的夏家店下层文化玉器和商代玉器产生过巨大的影响，东北地区是我国史前玉器独立的起源地之一，却是确定无疑的。

## 2. 长江下游地区

这一地区包括江苏、上海、浙江二省一市及安徽、江西两省的一部分，重点是长江以南的太湖地区。按照传统史学观念，这里和东北地区一样，都是开发很晚的边远"荒服"之地，直到本世纪的六十年代，还有学者主张只有进入铁器时代才能开发江南[48]。当代考古学研究的成果表明，这里是现今中国境内六个曾经起到古文化交流凝聚作用的地区之一，玉器是当地新石器时代文化的重要内涵，因而成为我国史前古玉又一个重要起源地。太湖流域的新石器时代文化，可以区分为发展序列比较清楚的马家浜文化、崧泽文化和良渚文化三阶段。钱塘江以南的河姆渡一期文化和二期文化，年代大体和马家浜文化相当；南京的北阴阳营下层墓葬，大约相当于马家浜文化晚期到崧泽文化的早期；长江以北的江浦营盘山和安徽含山凌家滩的发展阶段，约与崧泽文化相似；南京附近的昝庙或苏北新沂花厅墓地[49]的年代，应和良渚文化同期。这地区的史前玉器，也可以依此分为三个阶段。

　　前段玉器出现在距今七千年左右或稍后。原料以硬质的石英、玛瑙（玉髓）[50]为主，有的采用萤石（氟化钙）、蛇纹石、叶蜡石等硬度不高，但经打磨后能呈现光泽的矿物。光泽似乎是当时选材的主要标准。玉器的数量少、种类不多、体型亦较小。玉器在墓葬中出现的频率颇高，但玉器的有无与随葬品的规格没有产生明显的区别。器型主要是玦、管、珠、璜[51]，以玦为主，管形短小，璜较少见，均为一些光素无华的粒状体，显然受到原料个体及采掘技术的制约。其功能是人体胸颈部位的装饰品，虽然玦、璜、管、珠四器各自有孔，很可能还没有形成特定组合关系的单件挂饰。由于个体小，外表又经仔细修磨，器表通常没有留下制作痕迹。只有在玦的缺口部位留有线切割痕迹，其外缘亦留有锯切割遗留的平滑外圈。钻孔技术十分普遍，已经出现隧孔。当时已大体掌握三种以砂为介质的间接碾磨技巧，在工艺上已经能够将玉和石加以区别对待（图2-15）[52]。

1.T234④B:301玉玦，外径1.7—1.8厘米
2.T1④:86玉玦，外径2.1—2.3厘米
3.T18④:62玉玦改制的坠饰，长3.5厘米
4.T242④B:325玉弯条形器，长4.8厘米
5.T1④:95玉弯条形器，长3.8厘米

图2-15　河姆渡遗址第一期玉玦和玉弯条形器

玉玦起初个体虽小，但体形厚重，两面平齐而边廓浑圆；钻孔亦较小，且常常不居中心，形成缺口一侧的玦体较宽厚，而相对的另一侧玦体厚度亦较纤薄。随后玦体与钻孔逐渐增大，孔位居中，玦体渐薄而截面亦演化为椭圆形（图2-16）。

图2-16　河姆渡T216④B:151玉玦细部（邓聪拍摄）

璜的数量较少，体形为细狭长条形。通体宽厚若一，有的两端稍稍减薄，截面呈椭圆形。璜体的圆心角多在180度以下，以120度左右者常见，不能排除由数璜连接成环、镯的可能性（图2-17）[53]。

中段玉器的品种和功能，大体与早段相似。新出现体型较小的环，可能还出现了镯和璧，年代约在距今五六千年之间。最大变化是选用透闪石软玉为原料，而且使用的比例迅速增高。虽然有些制品选用玉料的品位较高，至今仍然保持晶莹润泽的质感，但大多数玉材的品位不高，由于结构中的纤维束较粗，堆集密度较疏散而且不均匀，致使玉质呈现大量光泽不一的色斑，出土时常有不同程度的受沁现象[54]。

图2-17　江阴祁头山遗址马家浜文化晚期玉璜

此时的玉器平面相对增宽，但厚度明显减薄，说明开料技术有很大的进步，使得稍厚的玉料能够剖割成更多的制品。但器表通常遗留起伏不平的开料痕迹，有些器表或外缘还可以出现若干粗疏的装饰性线条，近似红山文化玉器。

随着玉玦数量减少，玉璜的数量明显增加，体形也相应地发生变化。条形璜的两端逐渐减薄并增宽，随后出现了璜体增宽、内缘空间缩减、圆心角明显增大的桥形璜。同时还分化出一些体形较短小、外缘弧曲，通体圆心角均不足60度，往往仅在一端钻孔璜形坠饰。这类坠饰有的还具有模糊的动物形象，十分可爱。最后演化为圆心角接近180度的半璧形璜。此种璜内缘空间（好部）面积甚小，不具备连缀成镯的条件，但常常在下缘饰有象征太阳光芒的繁密凹缺，传递出璜的功能可能与太阳崇拜有关的信息（图2-18）[55]。

图2-18 凌家滩特殊形式玉璜

图2-19 南京北阴阳营缀合璜

北阴阳营墓地出土桥形璜30件，其中28件"系由两段完全相同的部分组合而成的一对"。并且用钻孔与线切割相结合的技艺，在拼接的两端分别锼割成U字形暗槽，对接后两端U形槽就贯通成一个暗藏的圆环，以便将串联缀合的中介物——线完全埋藏在暗环之内[56]。在安徽凌家滩出土的一件大跨度条形璜上，也见到相似的情形。很难设想这许多璜原来都是完整器，又恰好居中断裂成完全相等的两半，然后再行补缀修复的旧物。不妨设想，原先用一块较厚的玉料，先琢成形如半璜的半成品，然后从中一剖为二，最后修磨连缀成器。如果这一推测能够成立，它将是史前琢玉工艺的一次大突破，使玉制品的实际面积不受玉料有限宽度的制约，也就是用人间的技艺来扩展玉材平面空间的成功实践（图2-19）[57]。

前些年安徽含山凌家滩墓地发现三件全身玉雕人像，以及置于两片玉雕龟壳之间铭刻有八角星纹的玉牌饰，则是中段玉雕的杰出代表，具有重大的研究价值（图2-20）[58]。

后段玉器就是著名的良渚文化玉器。此时玉制品的重大变化首先是透闪石、阳起石系列软玉已上升为玉料的主体地位。前些年，根据镁质大理岩在"动力作用下发生了热流交代作用"的软玉成因新看法，终于在江苏省溧阳市小梅岭发现的中生代燕山期花岗岩与二叠纪栖霞组镁质大理岩接触带生成的透闪石标本中，鉴定到具有交织纤维的软玉结构[59]。经过多种手段的检测分析，其矿物学特征均与良渚文化玉器相同，为长江下游地区找到了第一处玉矿，证明

中国史前玉器

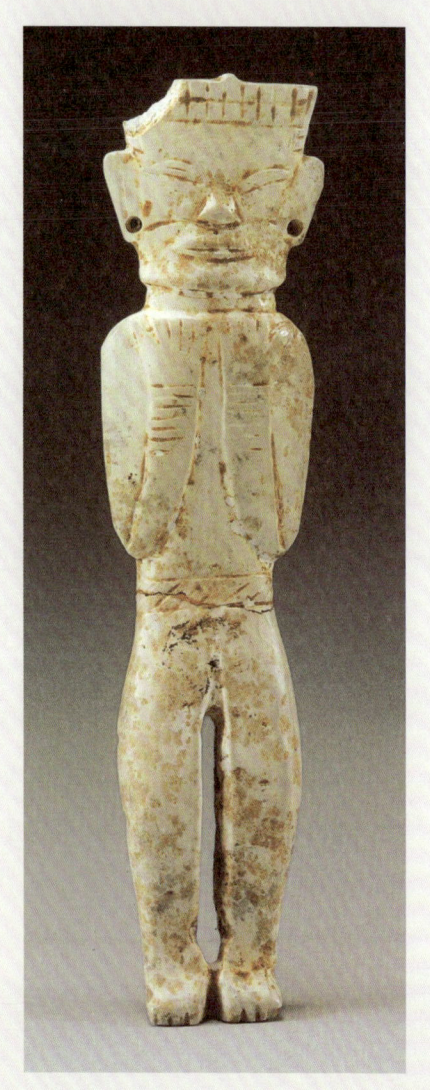

图2-20 凌家滩刻纹玉版、玉龟、玉人

图 2-21　良渚文化玉器简谱：以反山、瑶山出土玉器为例

了长江下游地区的史前玉器也是在当地就近取材的看法[60]。随着玉器种类、数量的急剧增加，玉制品的个体亦明显增大，反映出玉料采掘能力的加强和进步。在开料技艺上随着线切割工艺的日益成熟，器表的起伏高差明显减弱。从有些制品上见到挺直的剖割线判断，锯切割技能亦有很大的提高，可能已具备独立剖割玉料的能力。

此时玉制品外形的最明显变化是出现了方形的块状玉器。虽然仍有许多制品保留着圆或圆弧的外缘，但是往往具有整齐平直的面或边廓，给人留下了规范化的印象。新涌现的器型有琮、冠状器、三叉形器、半圆形额饰、锥形器、柱形器、纺轮、带钩、多种多样的牌饰、形态各异的杖端饰或插件，以及鸟、鱼、蝉、龟等小型圆雕等，加上各式各样的管珠，使玉器群的阵营丰富多彩，琳琅满目，得到空前的大发展（图2-21）[61]。

良渚文化玉器在艺术上的巨大成就，表现为以简单的工具在坚硬的玉器上雕琢出装饰花纹。表现手法除圆雕、半圆雕、浅浮雕、透雕之外，还有细如发丝的繁密阴刻线，见之者无不叹为观止。在构图上着重刻画头部的形象，还特别地突出表现双眼，有时甚至省略了嘴巴。因为人类的双眼是心灵的窗户，明亮的眼神直接地传递着思维活动最微妙的信息，其中也可能包含对光和光芒崇拜敬仰的心情。在画面处理上，将繁密阴线刻划和浮雕技法巧妙地结合在一起，创造出由主体纹、装饰纹和地纹三重组合的装饰手法。商周青铜器上仍然一直保持着这一章法（图2-22）。

刻在反山M12这件大玉琮竖槽中的形象是良渚文化玉器上最典型的装饰主题，近些年研究中国史前玉器的学者对它非常熟悉，其浮雕部分介字形天盖和兽面分为上下两半。天盖的外缘呈横向弯弓形，它的形象在云南纳西族用古老的象形文字书写的东巴文的东巴经中就是"天"字[62]。弯弓内原先曾识作"插羽披茅"的线条，实际上是太阳的光芒（图2-23）[63]。

良渚文化玉器特有的器种——冠状器，就是这种天盖的形象（图2-24）。

天盖的居中部位，用阴刻线条刻划出倒梯形的人脸，眼、鼻、嘴俱全，还特别表现出与獠牙有别的整齐门齿。同时还有阴线刻划了头部戴着风字形的帽子，可见原先将弯弓形天盖识作"羽冠"有误。神人的上肢也用阴线表示，画面还仔细地刻划出指甲和指关节的线条。浮雕的下半部是兽的头部，狰狞中显露出无比的威严。兽的前肢也用阴线表现，还将属于猫科猛兽通常不显露的利爪突出地加以描写，造成若隐若现的神秘感。这副图像原先曾笼统地称为神人兽面像，现在看来应是人形化太阳神骑兽图像。对于这幅图像的内涵，研究者有多种不同的读识，反映了学术界的重视。至于有人

图2-22 反山M12:98大琮和纹样细部

硬性比附"断发文身"之说，似乎连兽也要"文身"，只好一笑而已。这幅图像刻在一件重达6.5千克玉琮的直槽部位，每面两幅共八幅。此画面每幅宽度为3厘米，将虚实有别的太阳神和兽面和谐地布

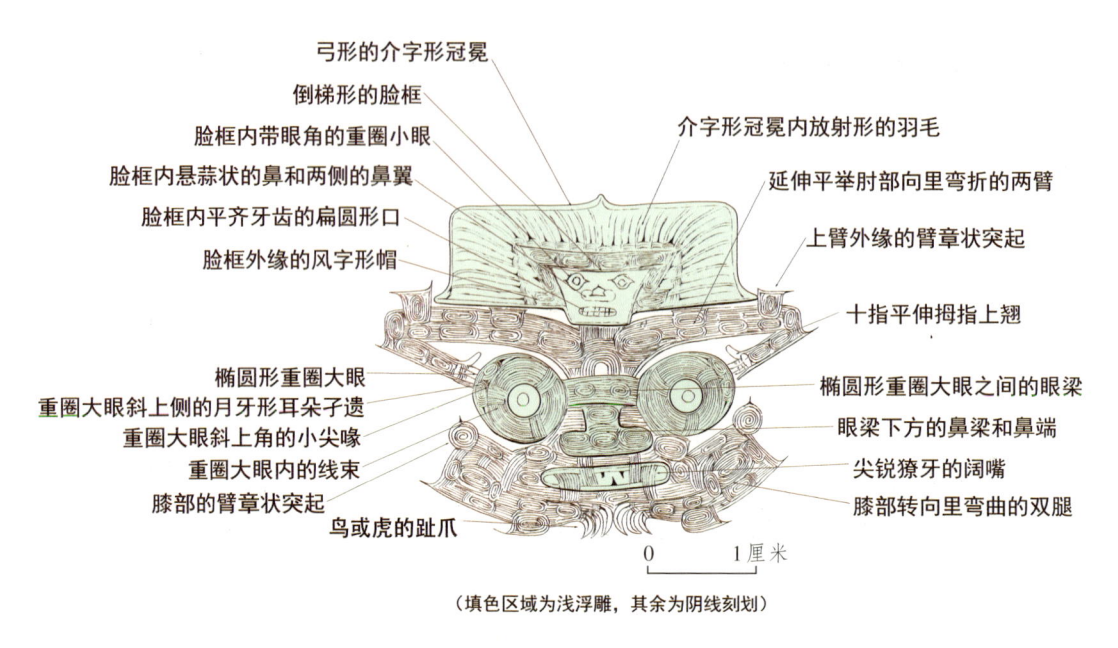

图2-23　反山M12大琮神像图像解析（方向明绘）

置在方寸之内，堪称史前艺术宝库中微雕艺术的瑰宝（图2-25）。

微雕艺术的实际效果，是以画面被极度缩小为表象，在观念上将画面赖以存在的载体——玉料的有限体积加以无限地扩大、夸张，突破视觉有限空间的制约，达到太阳神至高无上无所不在的精神境界，从而使人们产生对太阳神顶礼膜拜的作用。我们可以在良渚文化的玉器上，看到人形化太阳神逐渐完整及不断简化的演变过程。这种图像除了在玉琮上普遍存在之外，还可以在璜、镯、钺、锥形器、冠状器、三叉形器等多种玉器上见到，是良渚文化玉器中覆盖面最广的一种图像（图2-26）[64]。

良渚文化的年代，在距今5300年至4000年之间。发掘所见的良渚文化玉器，大部分来自墓葬，而墓内均有陶器伴出。目前见到良渚文化玉器上器表装饰最辉煌的时期，大约在距今5000年至4800年之间的良渚文化早期[65]。

瑶山 M11:86

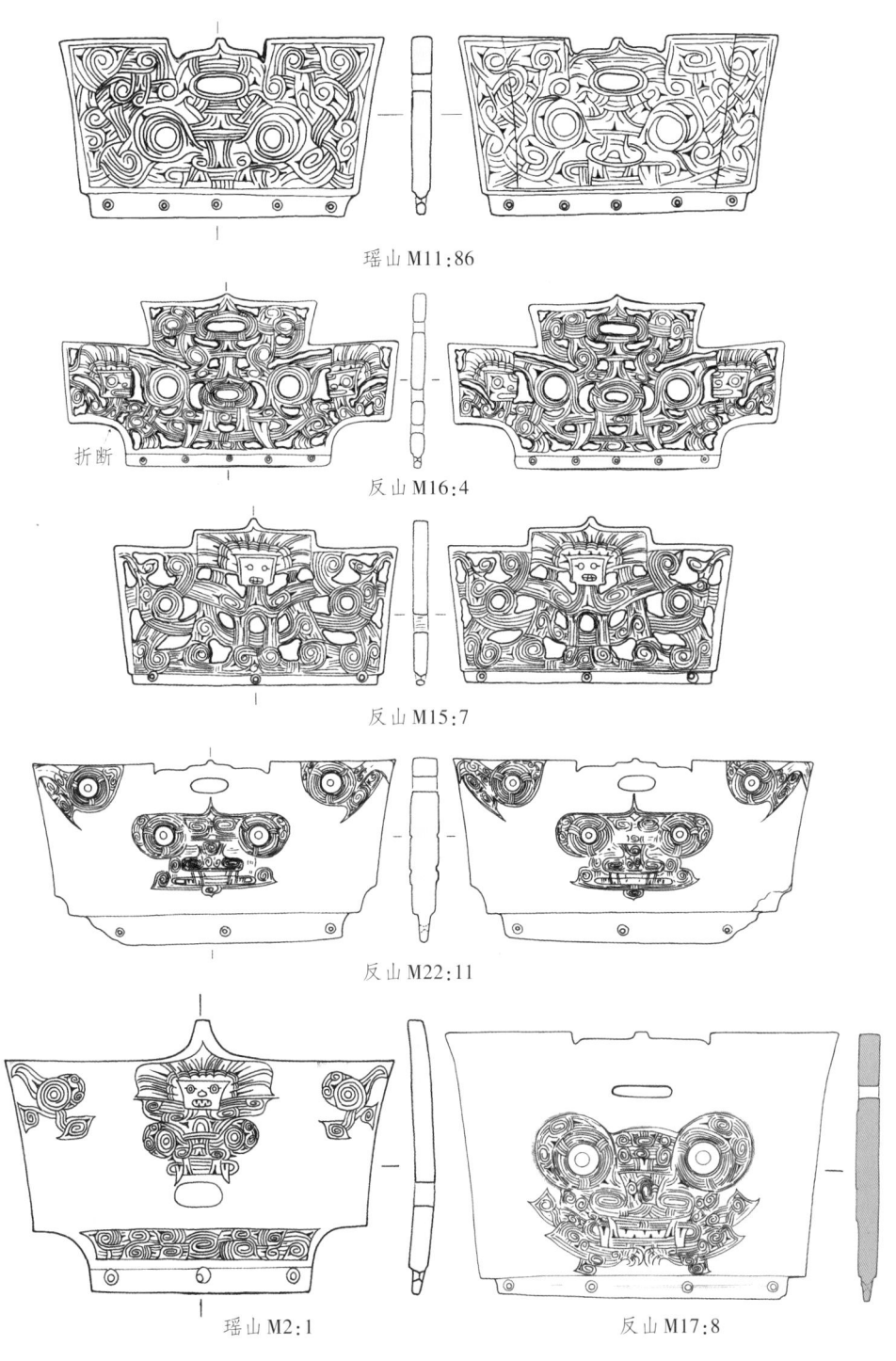

折断

反山 M16:4

反山 M15:7

反山 M22:11

瑶山 M2:1　　　　　　反山 M17:8

图 2-24　反山、瑶山出土的刻纹冠状器

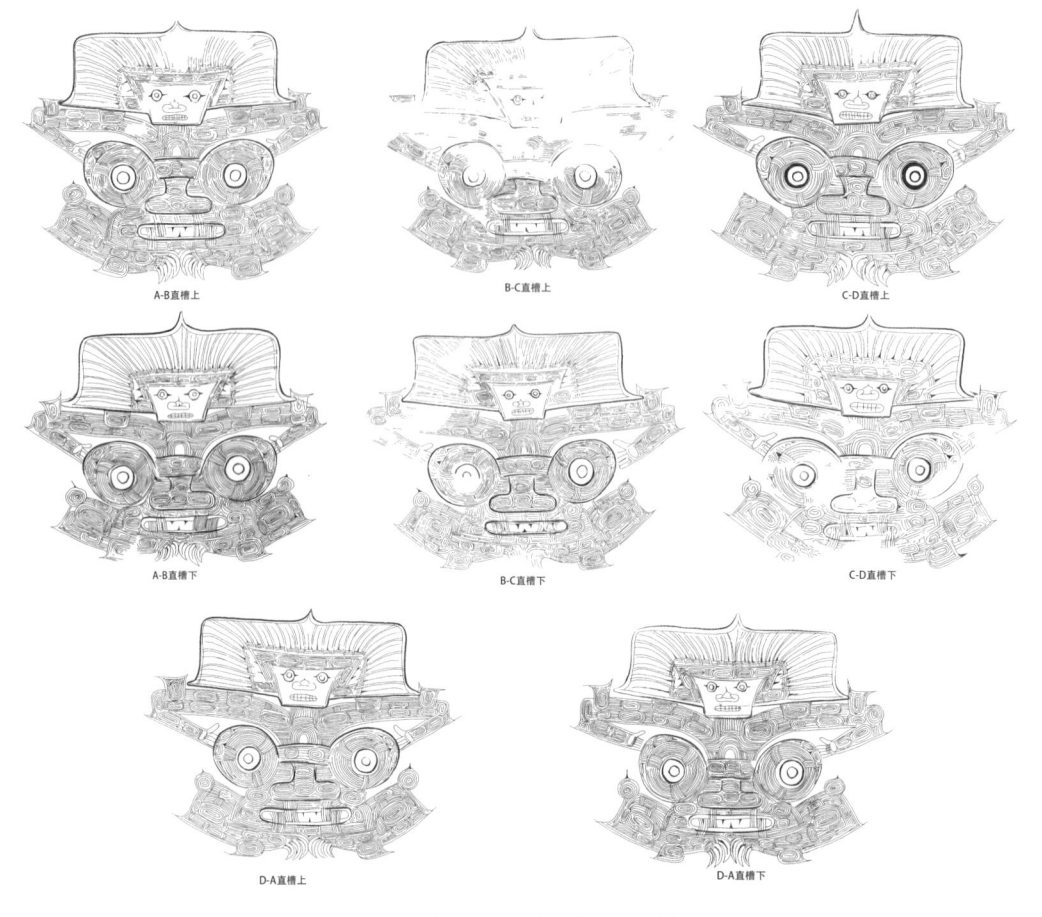

图 2-25　反山 M12 大琮上的八幅完整神像

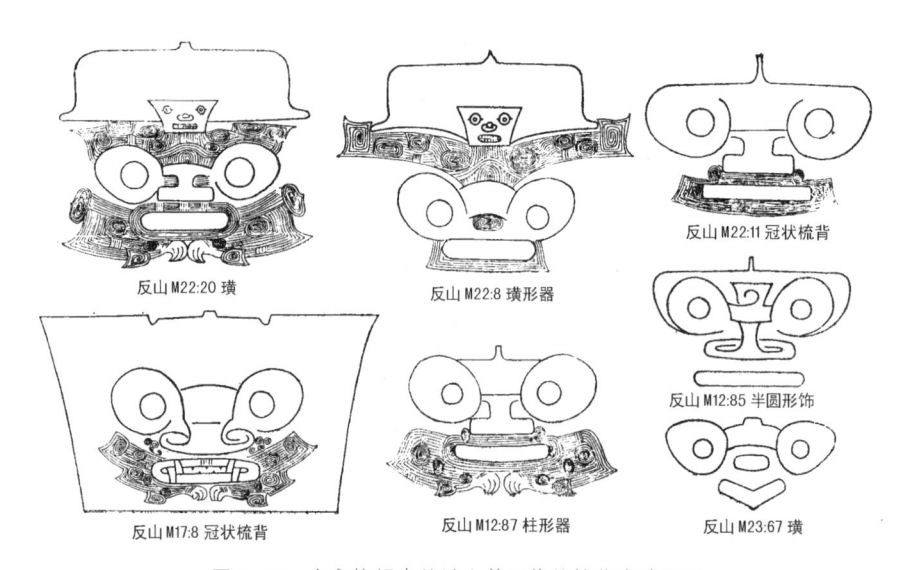

图 2-26　牟永抗提出的神人兽面像的简化省略图形

### 3. 黄河下游的海岱地区

这一地区是指以泰山为中心的山东及其邻近地域。目前还没有发现相当于前两地区早段的史前玉器。已知最早的玉器属大汶口文化中晚期，其年代大体与良渚文化相当。主要器类有：钺（原报告称铲）[66]、锥形器（原报告称镞形器或矛形器）、多联的环、多种形态的环镯，以及在胶县三里河发现的玉璇玑和一只侧面形象的小鸟，不见玦和璜，也没有发掘到琮（图2-27）[67]。

玉料呈墨绿色、翠绿色、淡黄或受沁形成的鸡骨白等，应是就地取材的制品。

多联的环应受红山文化影响（图2-28-1～2）[68]，钺和锥形器与良渚文化的同类器十分相似，但后者在大汶口文化中有蚌、骨或象牙

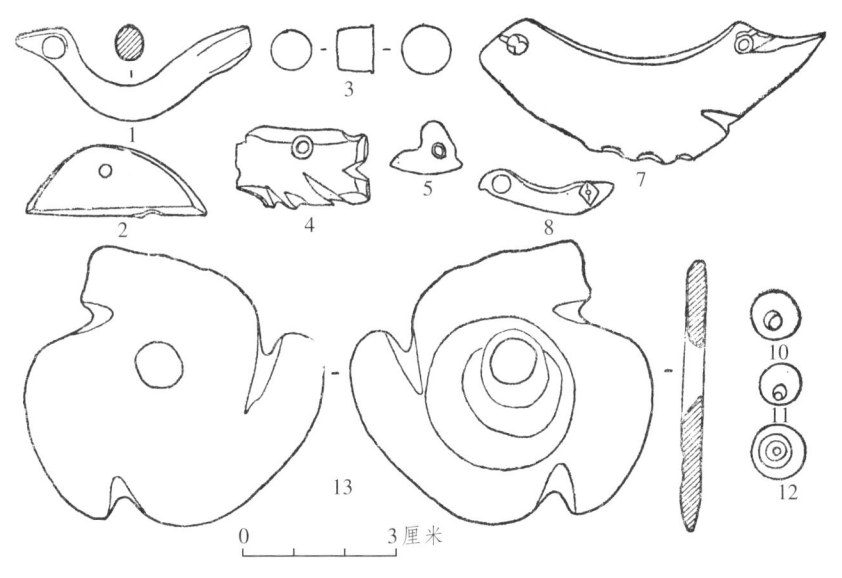

1.鸟形玉饰 M203:11　2.半圆形穿孔玉饰 M203:19　3.玉钻心 M203:8　4.长方形穿孔玉饰 M203:14　5.鸟形玉饰 M203:13　7、8.鸟形玉饰 M203:15、M203:20　10—12.玉珠 M203:17、M203:18、M203:22　13.璇玑形玉环 M203:9

图2-27　胶县三里河龙山文化M203出土玉器

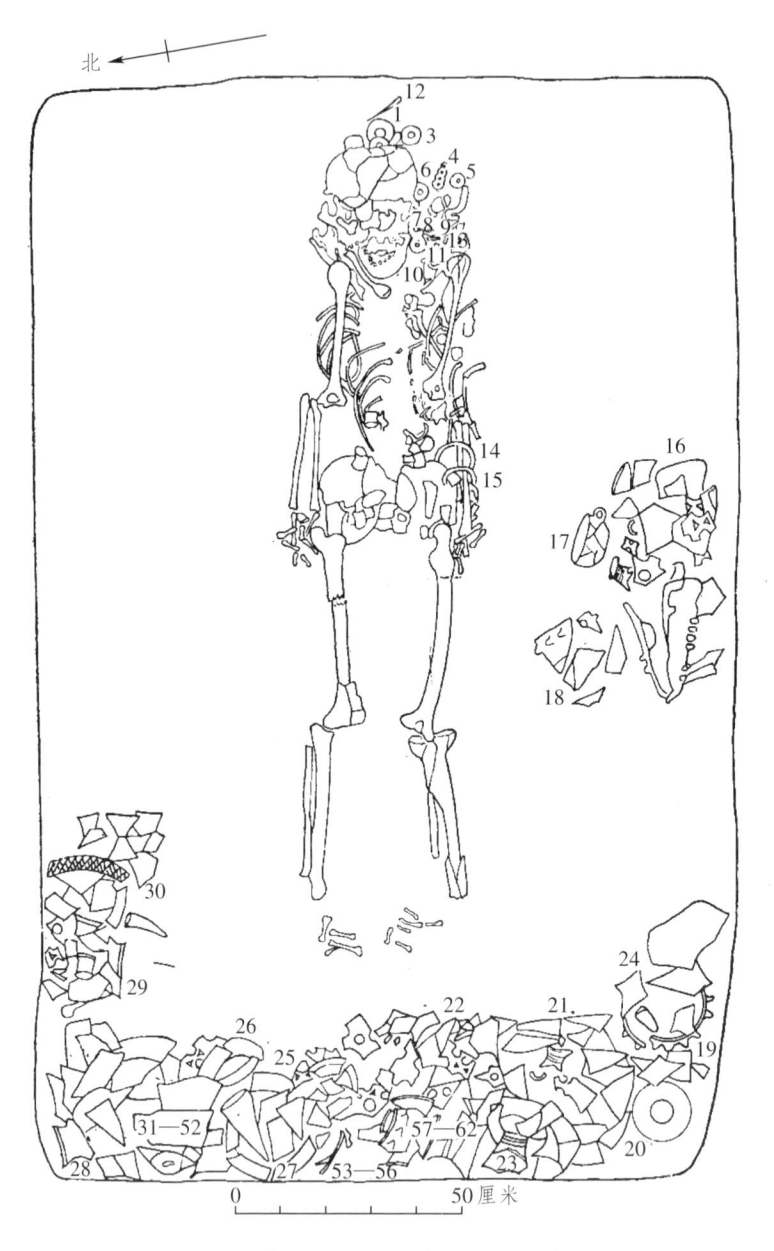

1—3、5—7、9—11.单玉环　4.玉四连环　8.玉双连环　12.Ⅱ型骨笄

图 2-28-1　邹县野店 M22 及头部出土成组玉器

图 2-28-2　邹县野店 M22 头部出土成组玉器

等多种质料。玉质锥形器最先出现在哪里，尚待进一步研究[69]。

在鲁南的五莲、安邱和滕州都发现过短筒形玉琮（图2-29）[70]，河北滦平博物馆也在当地采集到玉琮[71]。现藏北京中国历史博物馆（今国家博物馆）的十九节高琮，最初就得自山东青岛，目前只好将它们暂且记在良渚文化的名下。

大汶口文化发现的玉质环、镯数量较多，类型也较复杂，断面富于变化，而且常在墓中见到同类的石制品，很可能这里是某些环镯的起源地（图2-30）[72]。

三里河最先见到的玉璇玑，在海岱地区之内还先后在海阳司马台和五莲等地发现[73]，虽然年代可能稍晚，它的起源应与大汶口文

图 2-29　山东五莲丹土出土玉琮，高 3.4 厘米

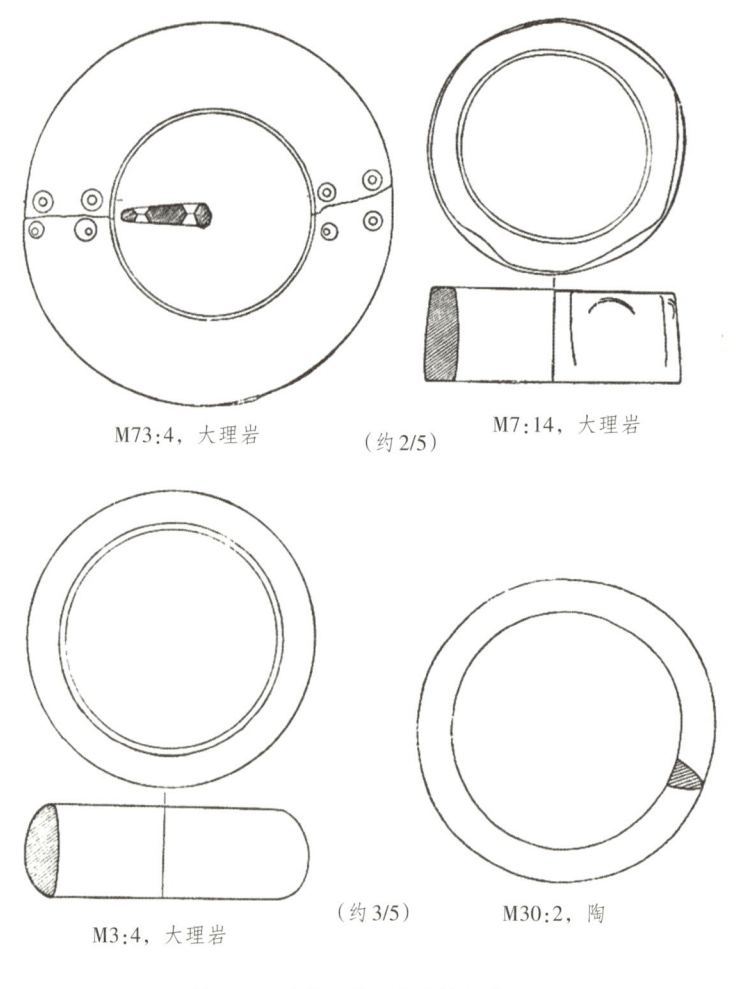

M73:4，大理岩　　（约 2/5）　　M7:14，大理岩

M3:4，大理岩　　（约 3/5）　　M30:2，陶

图 2-30　大汶口墓地出土的各类环镯

化有关(图2-31)[74]。

1936年日照两城镇发掘以后,以及前些年临朐朱封村大墓的发现,显露出海岱地区龙山文化的玉雕艺术具有强大的生命力。1963

外径12.71、内径6.6厘米
1991年出土
圆形,外边缘上有三齿牙

外径10.15、内径6.1厘米
1976年出土
体扁薄,内圆,外边缘上有三齿牙,边缘较薄

最大直径22.5、内径7.1、厚0.5厘米
1989年出土
内圆,外有三齿牙,齿牙上有小间齿,边缘较薄

图2-31　山东五莲丹土出土玉璇玑
[新石器时代龙山文化(距今约4600—4000年),五莲县博物馆藏]

年在两城镇发现的兽面纹玉圭，原来定名为锛，因其纹样的部位及画面正倒，证知不宜安柄使用，故应改称为圭（图2-32）[75]。

五莲丹土发现的玉钺，原本用作捆绑安柄的穿孔，已用绿松石加以填嵌，说明它已失去安柄的功能，亦应改为圭（图2-33）[76]。两例共同证明圭是武器或工具的升华。它们是我国已知最早的圭，将玉圭第一次提早到了龙山时期[77]。

两城镇玉圭上精美的阴刻花纹立即引起了国内外研究者的关注。虽然迄今没有发现以隐起阳纹为特征的龙山文化玉雕件，但已经有一大批与此圭相近或某些相似的传世器，却因此而身价百倍，引人瞩目。从某种意义上说，由此圭引发了海外的龙山玉器热，或可认作当前中国古玉研究热潮的先声（图2-34）[78]。

图2-32　1963年山东日照两城镇刻纹玉圭，长17.8厘米

图2-33　山东五莲丹土镶嵌绿松石玉圭，高31.3厘米

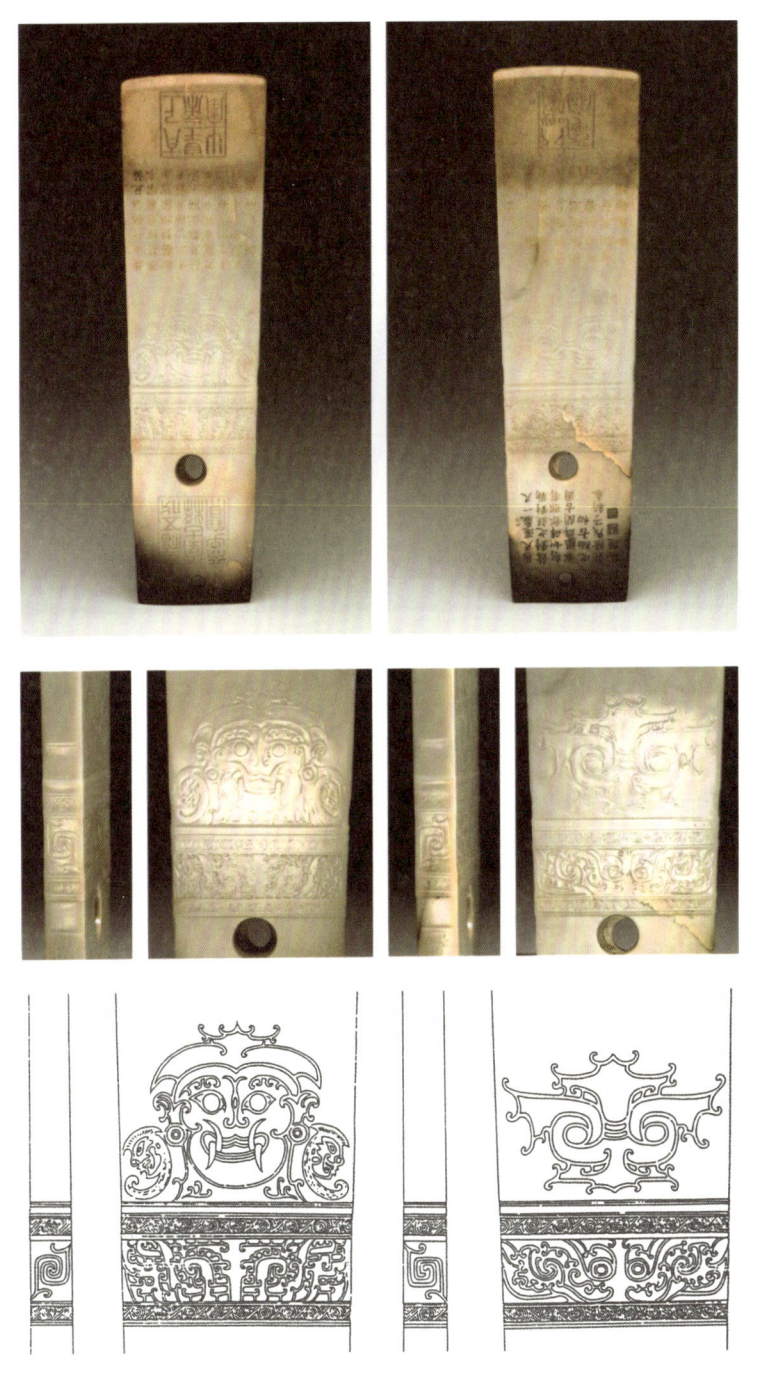

图 2-34　台北故宫博物院藏玉圭，高 24.6 厘米

朱封村大墓所见的玉簪，在弯曲的细柄上，雕琢着三个微型人头像。同墓所出的玉冠饰格外引人注目，繁密透雕的蟠螭纹之外，再用绿松石加以镶嵌。不论内涵的规格及雕琢均在良渚文化的玉质冠状器之上。如果将它和二里头发掘所得镶嵌绿松石的兽面纹铜牌饰联系在一起，研究者又会产生什么样的评论呢？此三器仅是刚刚显露的苗头，不难由此窥见龙山文化玉雕工艺实力之深厚（图2-35-1～2）[79]。

又如牙璋，它是我国传统玉器中的重器之一。考古发现所见，多为夏商墓葬所出。但在山东境内的临沂大范庄、海阳司马台和五莲石场乡万家沟，先后共出土了三件完整器和一件残破器[80]，它们

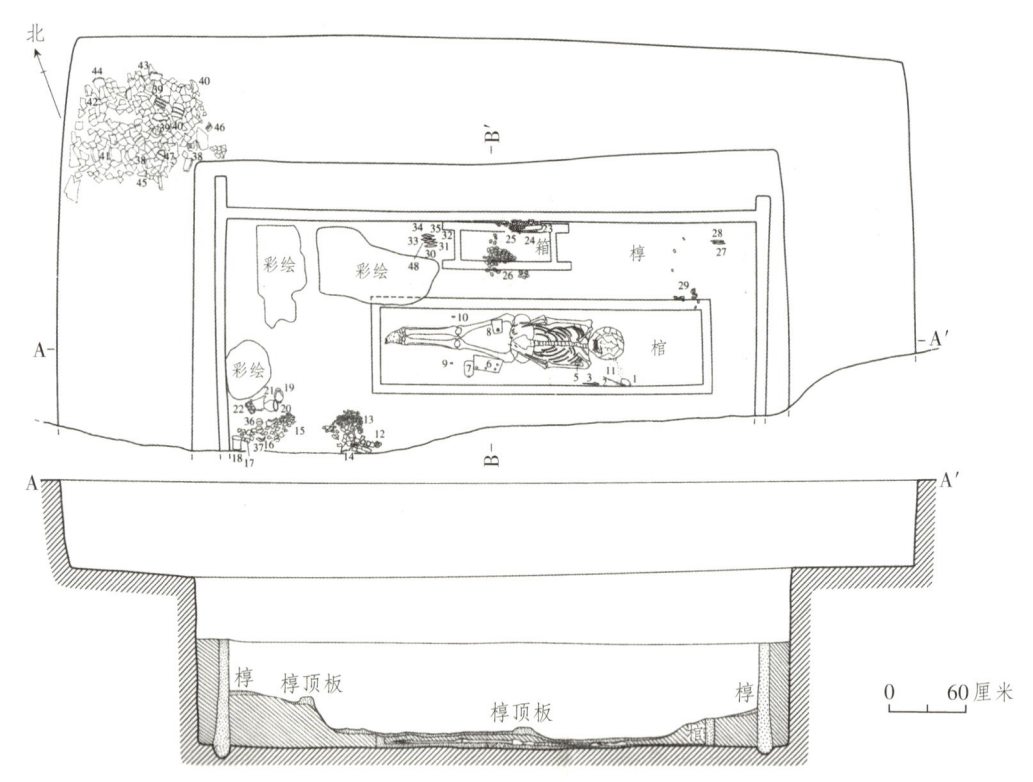

1—3.玉簪 4、5、9、10、49.绿松石管 6.玉刀 7、8.玉铲 11.绿松石片 12.鳄鱼骨片 13、15、22.蛋壳陶高柄杯 14、20.陶罐 16、18、19、21.陶单耳杯 17、38、47.陶鬶 23.骨匕 27、28.骨镞 29.牙饰 30—35、48.石镞 36、37.陶器盖 39.陶鼎 40.陶双腹罐 41.陶双耳盆 42.陶三足盆 43—46.红陶鬶 50.獐牙 51.绿松石串饰

图2-35-1　西朱封M202平剖面图

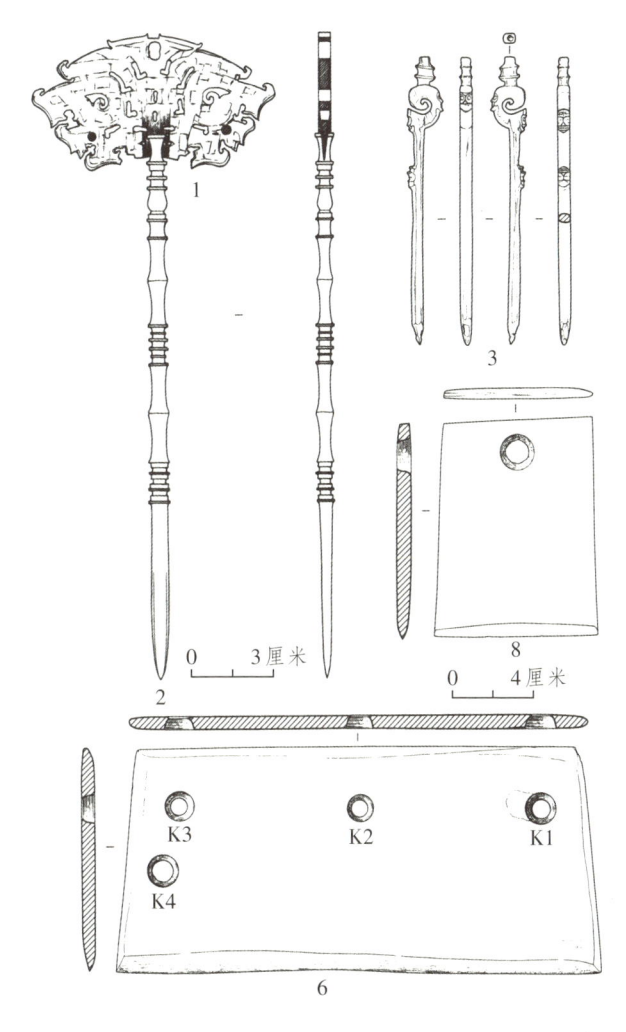

图 2-35-2 西朱封 M202 出土的主要玉器

虽然质朴无纹，似属牙璋的初创年代。看来牙璋的出现可能也和龙山文化有关。所以地处南、北两支用玉部族之间的海岱地区，不仅对我国史前玉器的发展起到推动作用，而且或可称作龙山文化玉雕工艺突破或变异的策源地[81]。

### 4. 长江中游地区

这一地区主要是湖南、湖北两省。这里的新石器时代文化可以划分为彭头山文化或城背溪文化、大溪文化、屈家岭文化和石家河文化四阶段[82]。目前还没有发现彭头山文化或城背溪文化阶段的玉器。在彭头山等遗址曾发现一种细棒状的石墨制品，质料虽软而外表乌黑铮亮，一端有孔，可以穿连，体形与东北地区的玉匕形器有些近似，不知其社会功能是否与史前古玉有些相通（图2-36）[83]。

大溪文化的玉器，主要发现在四川巫山的大溪遗址，器型主要是玦、各种形态的璜及数量较多的环、镯和管、珠。玦的年代较早，

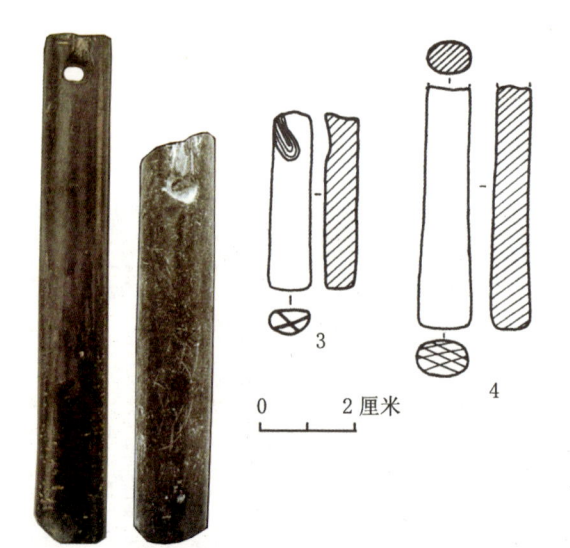

1.T3⑥:44
2.T13③:1
3.T13③:14
4.T15③:16

图2-36 湖南澧县彭头山出土的石棒饰

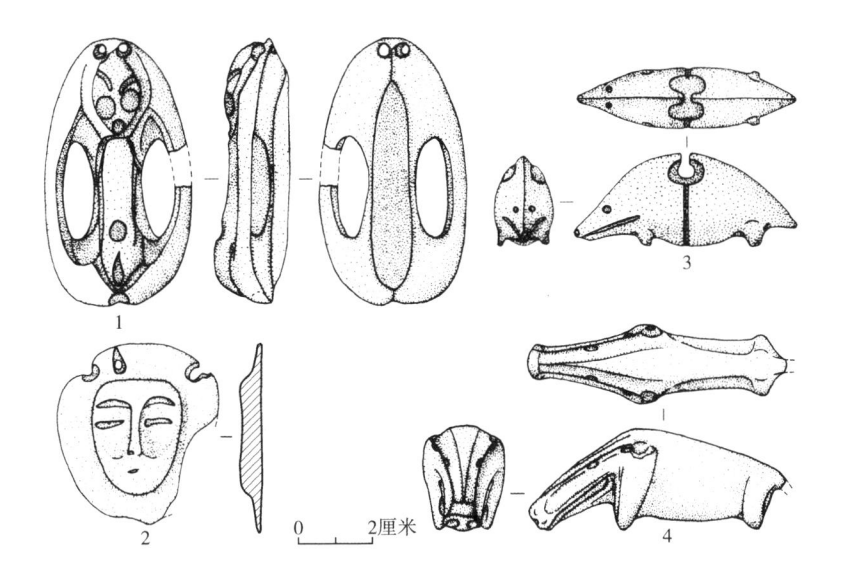

1. 人形饰（M92∶8） 2. 人面饰（M204∶2） 3. 穿山甲形饰（T0912④∶6） 4. 猪形饰（M36∶03）

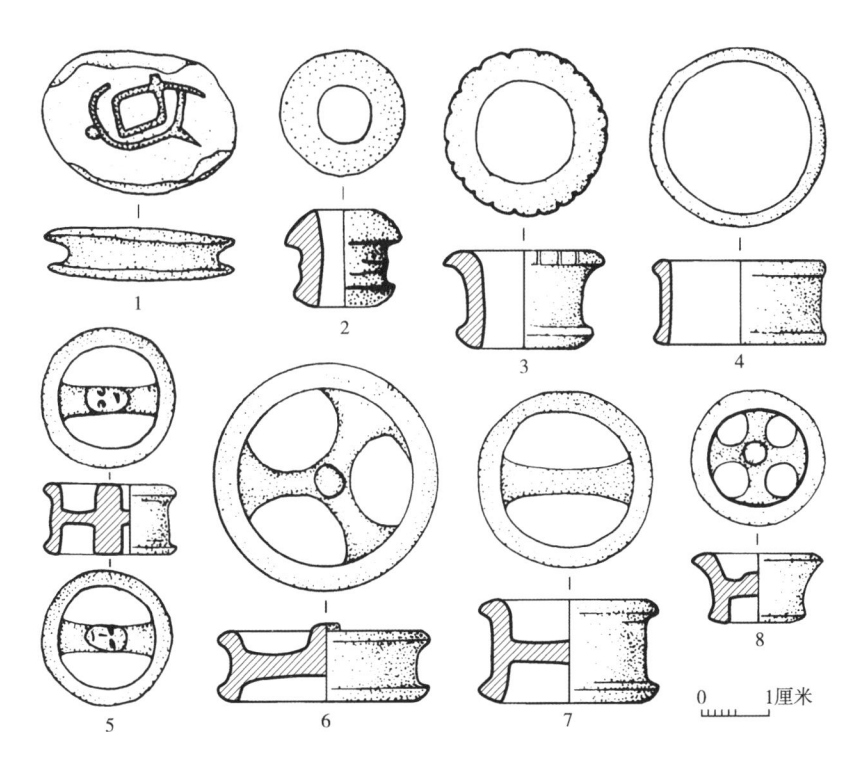

1. 贝形饰（T0606⑦∶4） 2. 滑轮形饰（M82∶1） 3、4. A型环形饰（M250∶2、M250∶1） 5—8. B型环形饰（T0912⑤∶1、M258∶4、H150∶4、M173∶1）

图2-37-1 重庆巫山县大水田遗址大溪文化玉器（黑色板岩饰）

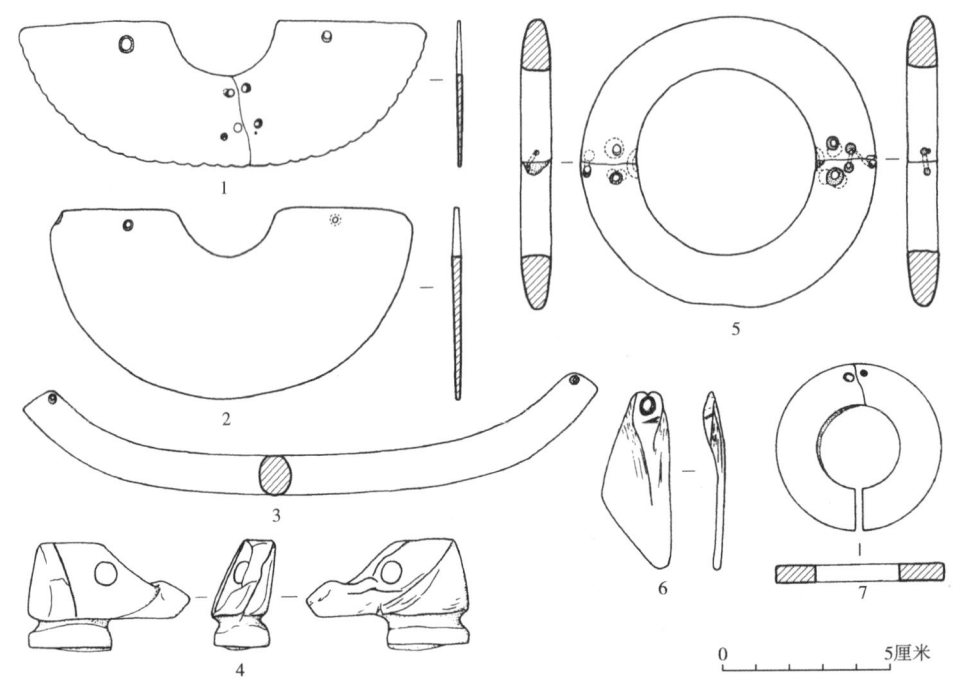

1、2. A型璜（M77：1、M29：1） 3. B型璜（M40：1） 4. 鸟头形饰（M199：1） 5. 环（M94：2） 6. 坠饰（M138：6） 7. 玦（M67：1）

图2-37-2　重庆巫山县大水田遗址大溪文化玉器

晚期主要是半璧形璜，其下缘亦有繁密的凹缺。总体风格较多地受到下游地区用玉文化的影响，其他遗址仅有个别的发现（图2-37-1~2）[84]。

十分遗憾，在屈家岭文化中迄今也没有发现较好的玉制品（图2-38）[85]。

石家河文化玉器的发现和确认，显示出长江中下游地区在我国史前玉器晚期的重要作用。这里玉材的色调偏白，润泽度欠理想，矿物学属性尚待鉴定[86]。多数制品个体较小巧，而且造型多样，构思巧妙，富有想象力。这些玉器大部分出自瓮棺葬，在石家河肖家屋脊六号成人瓮棺中发现人头雕像、盘龙玦等玉器56件，说明墓主人不是一般的氏族成员（图2-39-1~8）[87]。

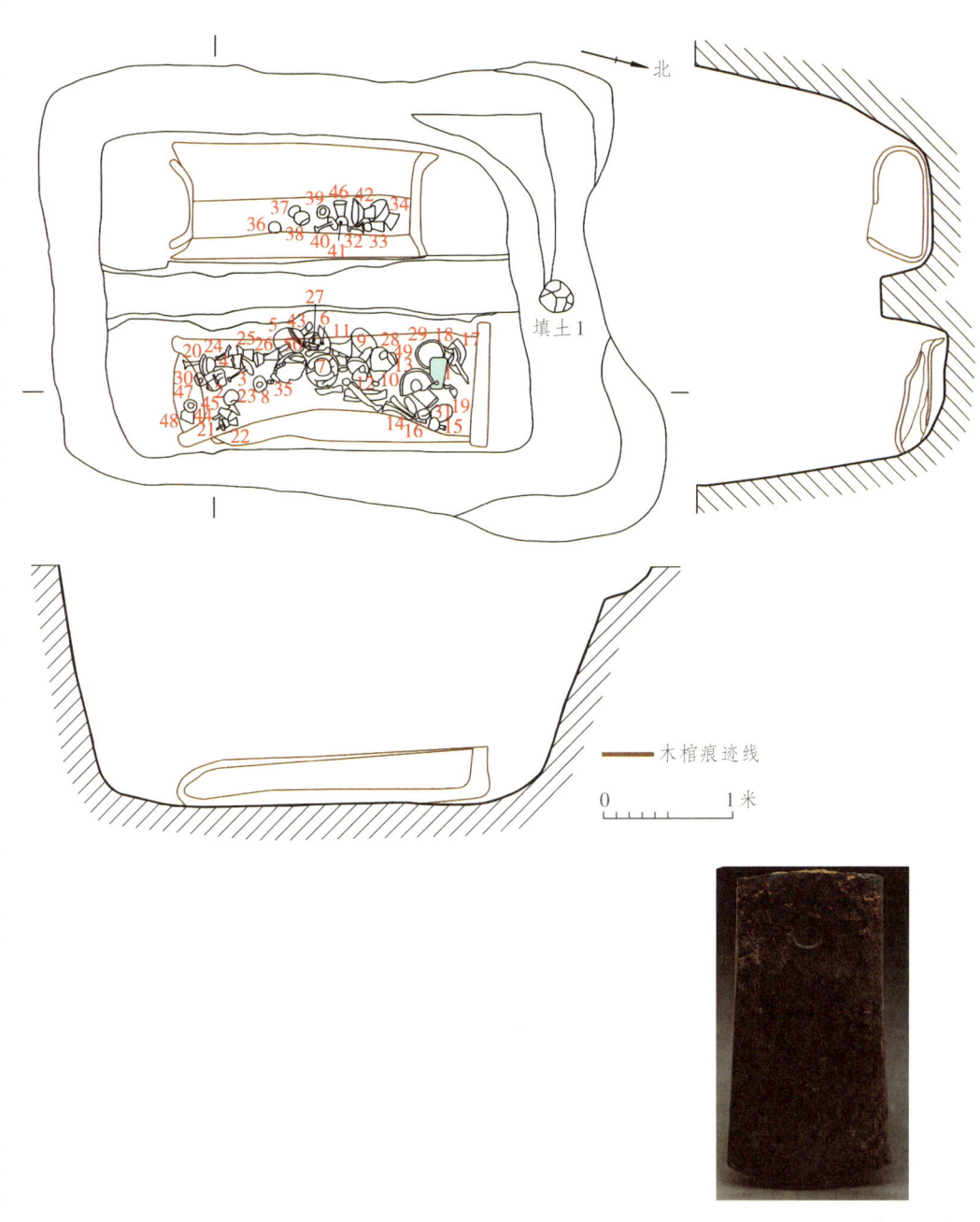

1.玉钺　2、4、6、7、9、11、13、18、22、25—27、29、31、33、34、41、42.陶豆　3、20、21、24、32、40、43、44.陶器盖　5.填土1陶罐　8、10、14—17、30.陶细颈壶　12、23、35、39、45—48、50.陶杯　19.漆器　28、36—38、49.陶小罐

图2-38　湖北沙洋城河王家塝墓地M155和玉钺

肖家屋脊W6:1

肖家屋脊W6:2

0  20厘米

——肖家屋脊W6平剖面图

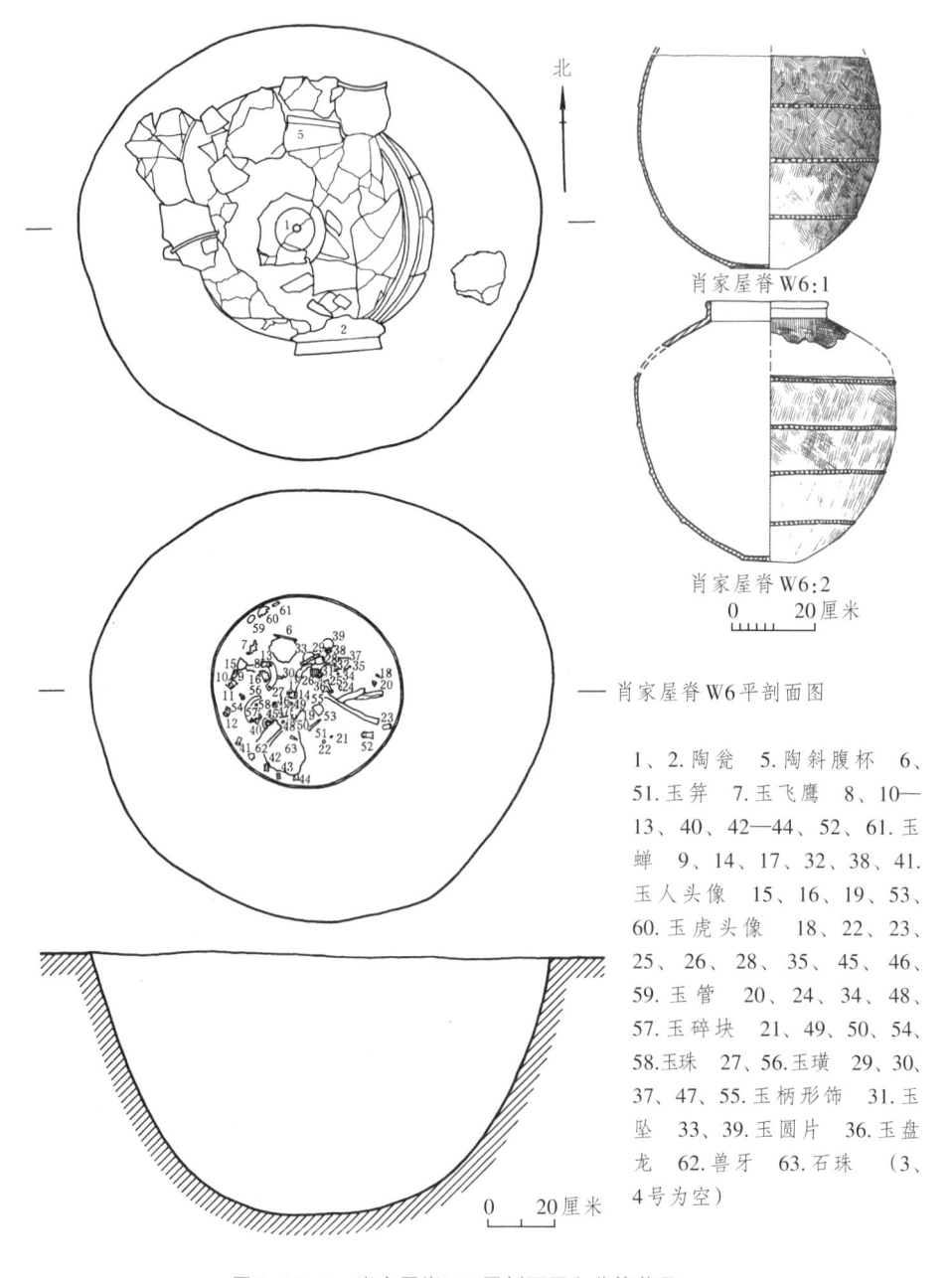

1、2.陶瓮 5.陶斜腹杯 6、51.玉笄 7.玉飞鹰 8、10—13、40、42—44、52、61.玉蝉 9、14、17、32、38、41.玉人头像 15、16、19、53、60.玉虎头像 18、22、23、25、26、28、35、45、46、59.玉管 20、24、34、48、57.玉碎块 21、49、50、54、58.玉珠 27、56.玉璜 29、30、37、47、55.玉柄形饰 31.玉坠 33、39.玉圆片 36.玉盘龙 62.兽牙 63.石珠 （3、4号为空）

0  20厘米

图2-39-1 肖家屋脊W6平剖面图和瓮棺葬具

虎头像 W6:60

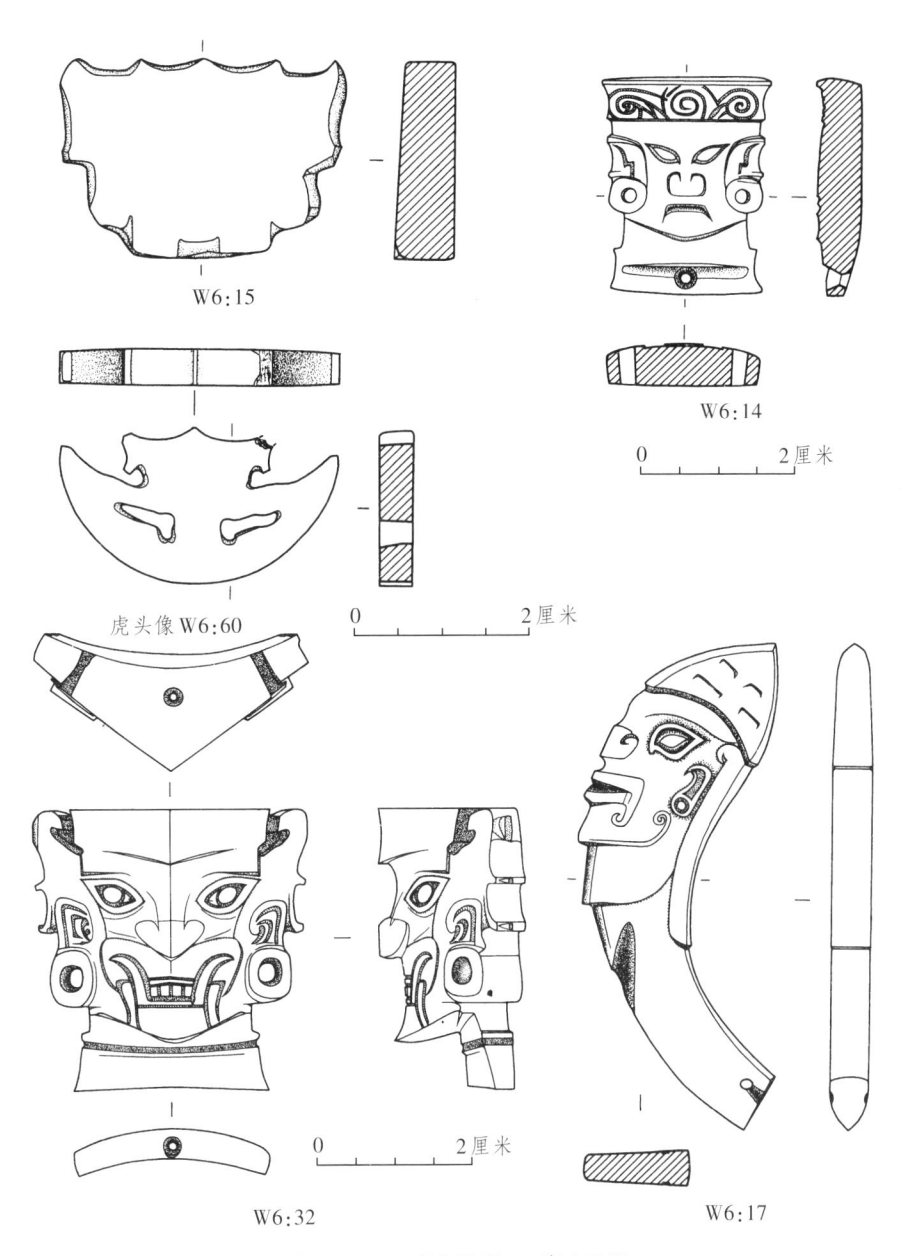

图 2-39-2　肖家屋脊 W6 出土玉器

W6:41

W6:9

W6:38

0　　　　2厘米

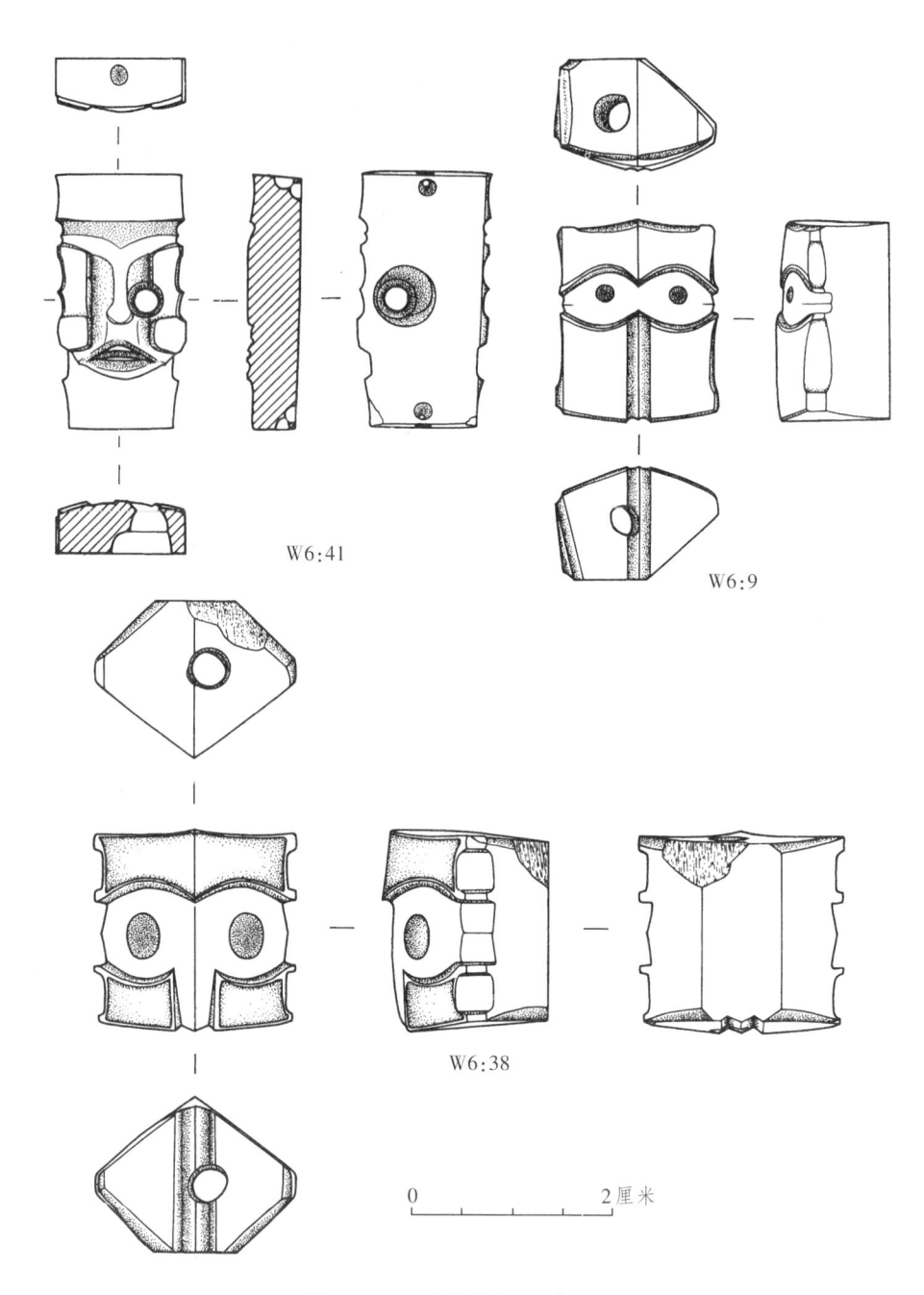

图 2-39-3　肖家屋脊 W6 出土玉器

图 2-39-4 肖家屋脊W6部分玉器出土情况

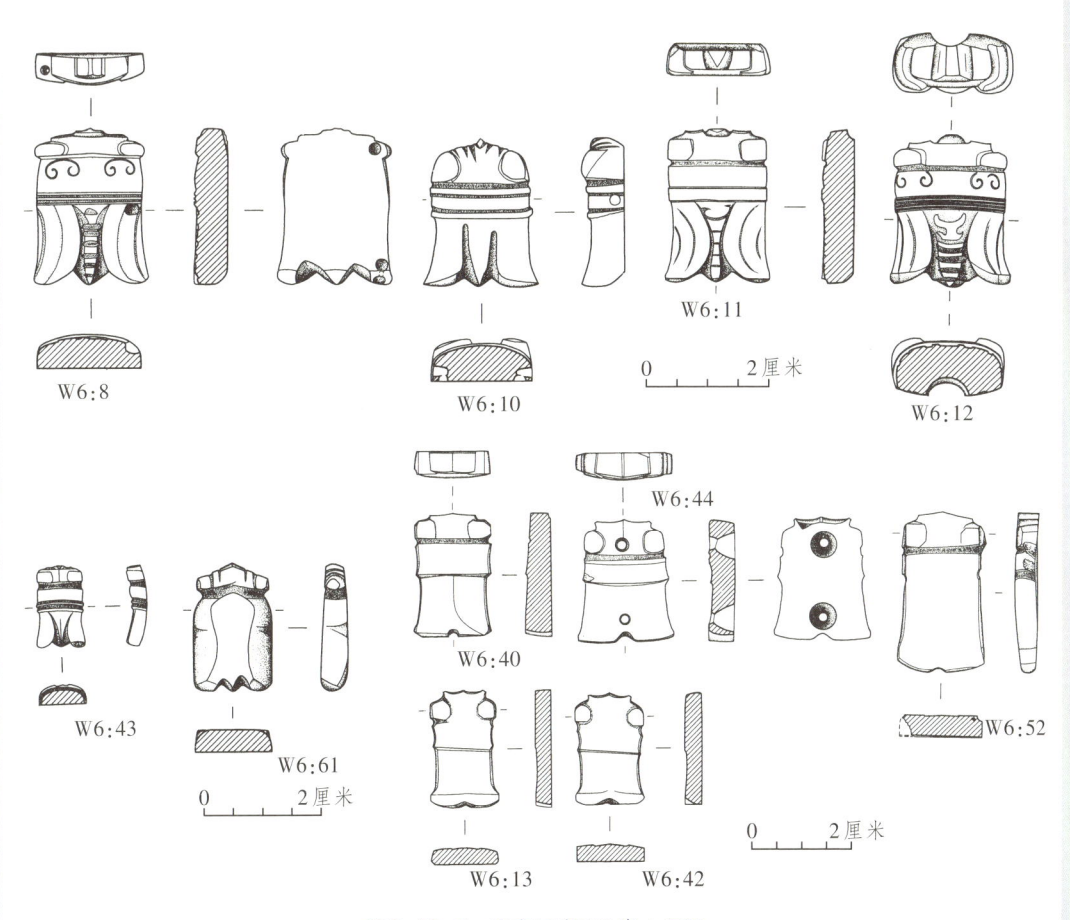

图 2-39-5 肖家屋脊W6出土玉器

飞鹰 W6:7

盘龙 W6:36

W6:19

W6:16

W6:53

0　　　　2厘米

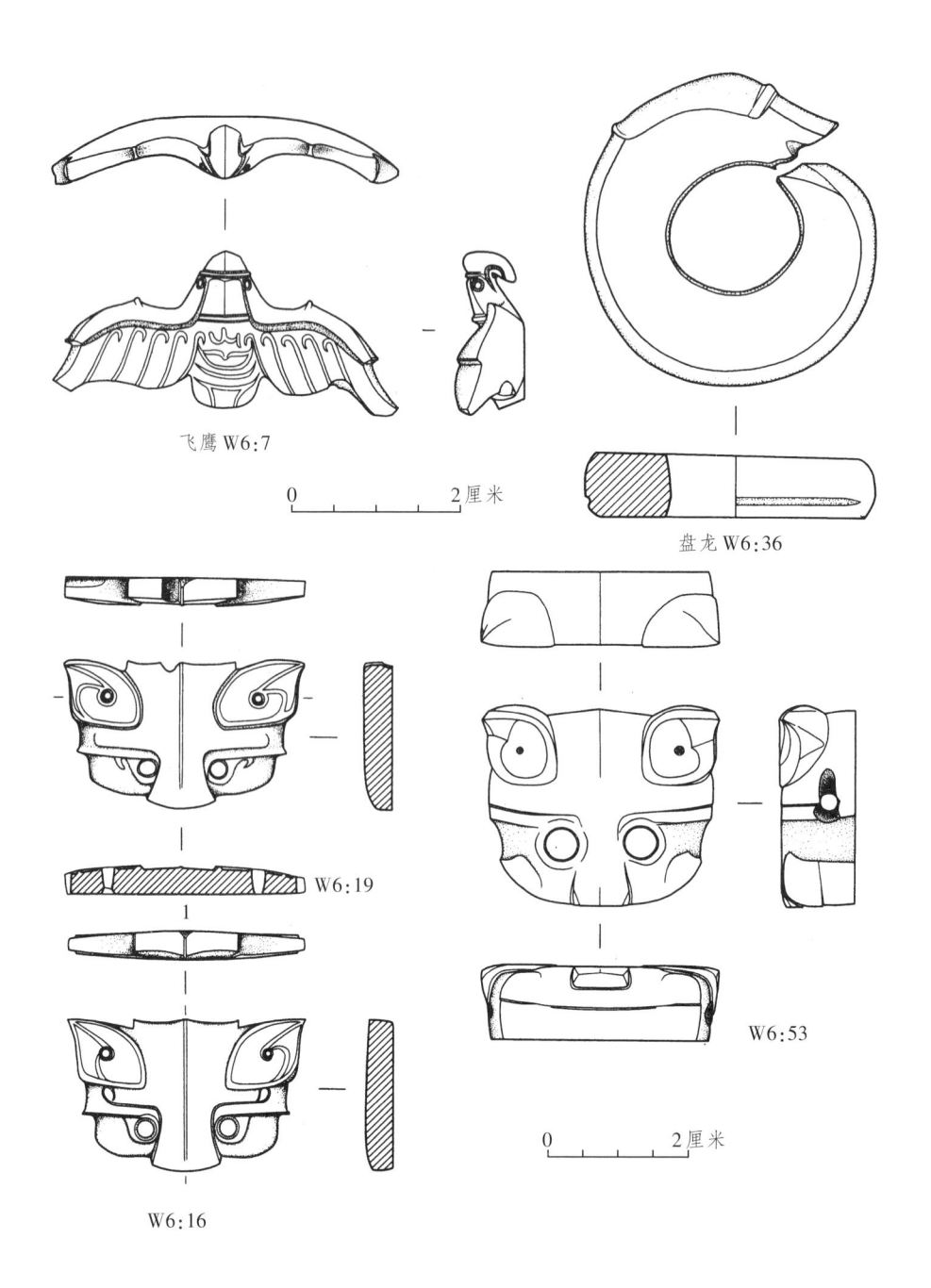

图2-39-6　肖家屋脊W6出土玉器

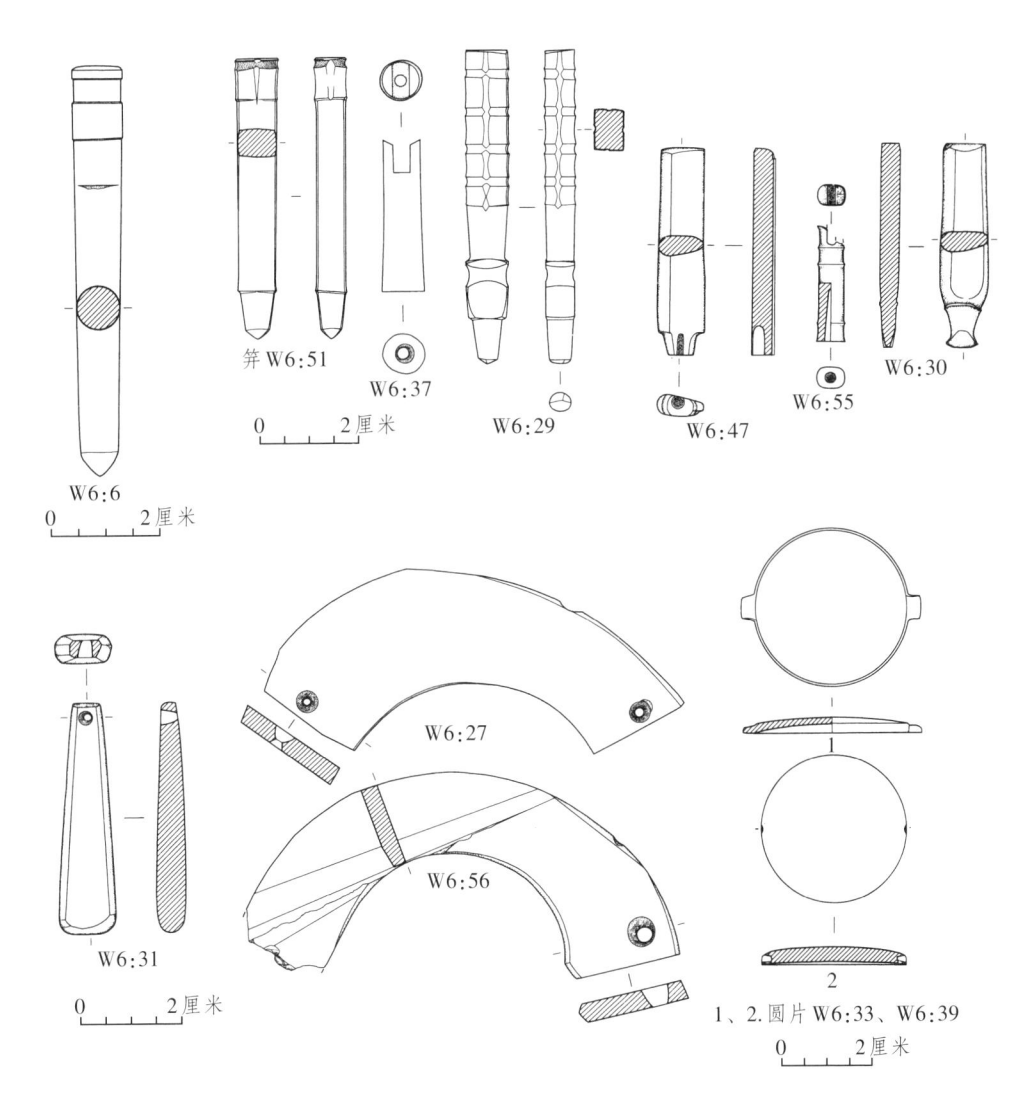

图 2-39-7 肖家屋脊 W6 出土玉器

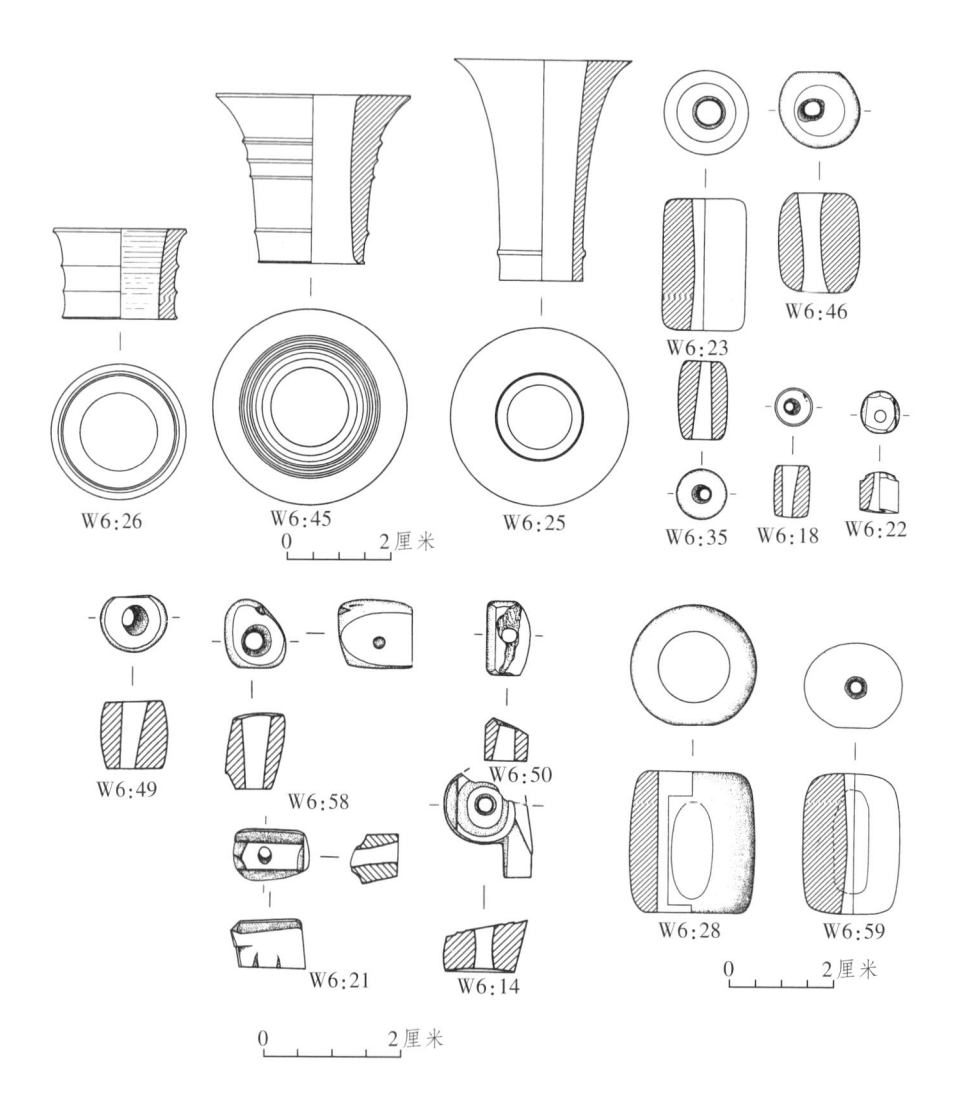

图2-39-8 肖家屋脊W6出土玉器

最引人瞩目的是多种形态的人头雕像，全国史前时期的人头玉石雕像，除凌家滩3件全身立像之外，只有滕县及巫山大溪两例。据说石家河文化出土的人头雕像至少已有15件，单单罗家柏岭一地就有10件[88]。其中以肖家屋脊六号瓮棺所出最精，突起的蒜头鼻，眉眼和嘴均用阴线刻划，口角特别表现出尖锐的獠牙，两耳各有一耳环，头戴尖角八字形平顶帽，形态近似良渚文化的冠状器，面貌与其余人头像有别，应是一种被崇拜的神祇形象（图2-40）[89]。

W6:32，高3.7厘米

W6:14，高2.85厘米

图2-40　肖家屋脊W6:32、14玉人头像

较多见的还有兽面形雕件和蝉形雕件（图2-41）[90]。

这三种雕件背部常平直无纹，有的稍稍内凹，不像一般佩挂之饰件，两侧常有销钉孔，应是组装或镶嵌的玉质零部件。虽然瓮棺

谭家岭W9:44玉虎，长3.44厘米

谭家岭W9:60虎头冠，长7.88厘米

谭家岭W8:13鹰冠，高4.46厘米

孙家岗M71:5玉蛙，长4.5厘米

谭家岭W9:12，长2.25厘米

谭家岭W9:62蝉冠，长5.2厘米

图2-41　肖家屋脊文化谭家岭和孙家岗遗址出土相关玉器

谭家岭 W9:60

石峁皇城台大台基6号石雕

谭家岭 W9:39

谭家岭 W9:30

谭家岭 W8:11

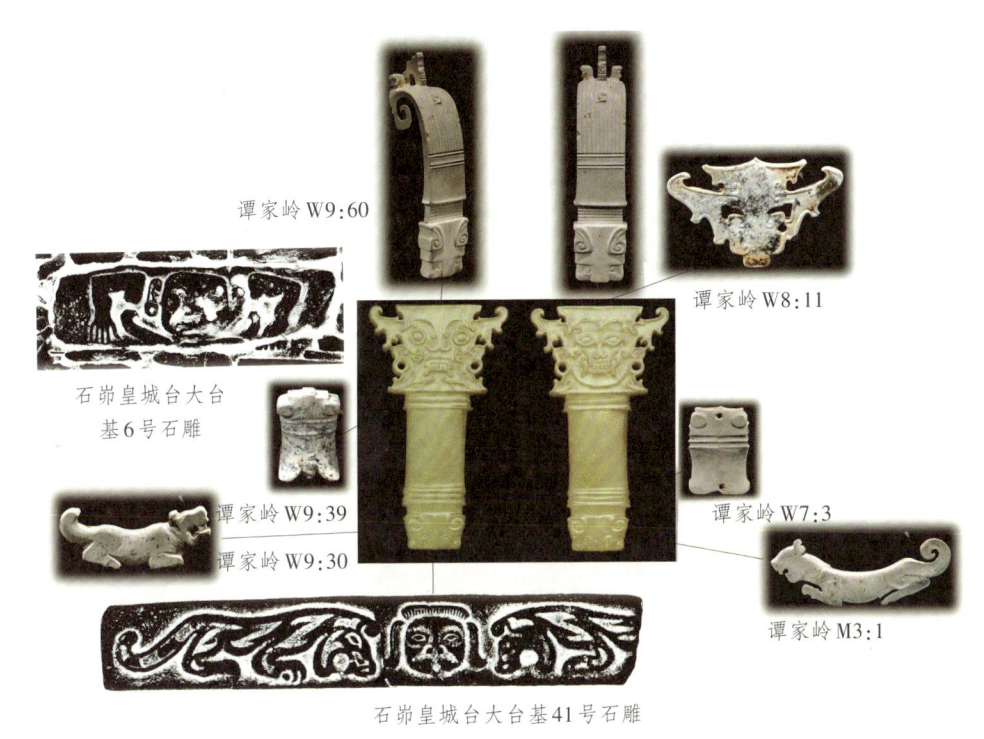

谭家岭 W7:3

谭家岭 M3:1

石峁皇城台大台基41号石雕

图2-42 赛克勒博物馆双面雕人面兽首玉饰的读识

葬的遗物无法保存原有的组合形态。如果将人头像、兽面、蝉作上下三层布列于某种实体，其倒是符合良渚文化装饰纹样的构图章法，这种实体就具有了权杖或神圣崇拜对象的意义（图2-42）[91]。

石家河文化玉器的精品还有龙玦、凤形环、鹰形簪等以动物为母体的饰件，以及湖南澧县孙家岗所出的透雕龙形佩、凤形佩（图2-43-1~2）[92]。

红山文化或良渚文化都有立雕的玉鸟，其形态均为俯视或仰视的画面，只能在阴线刻的纹样上见到鸟的侧视形象。而商代玉雕上的鸟兽图案，大部分为侧视图。石家河文化的玉雕正处于两者之间，这里的凤形佩与妇好墓的玉凤更是一脉相承的绝好例证（图2-44）[93]。

石家河文化的玉雕动物，特别擅长于细部及动态的刻画。通过

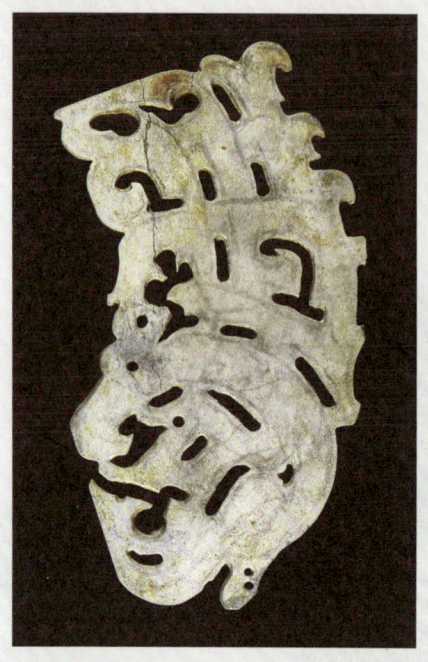

图2-43-1　湖南澧县孙家岗M14:3龙形玉佩

图2-43-2　湖南澧县孙家岗M14:4凤形玉佩

图2-44　肖家屋脊文化谭家岭W8:26凤形佩，长12.4厘米

飞鹰的两翼细部雕琢，主动地表现出雄鹰凌空展翅的英姿；玉凤则着重表现羽及尾的姿势，显示出雍容华贵的形态；玉蝉运用略略翘起的翼尾，准确地把握并表现出蝉鸣时的动态质感，犹如听到夏蝉鸣叫的声音，为其他地区史前玉器所未见之佳作。石家河文化的年代距今4500年到4000年前后[94]。

随着石家河文化玉器资料的全面公布，长江中游地区史前玉器的地位和作用不会低于海岱地区（图2-45）[95]。

图2-45 石家河古城

## 5. 西北地区

这一地区包括黄河上游的陕西、甘肃、青海及宁夏等省区。这里的史前玉器除二三十年代的采集品外，经过五六十年代相当规模发掘的甘肃武威皇娘娘台及永靖大何庄等齐家文化遗迹中，都有相当数量的斧、锛、凿、璜、璧等玉制品的发现报道。囿于当时的认识，公布的资料不够详尽（图2-46）[96]。

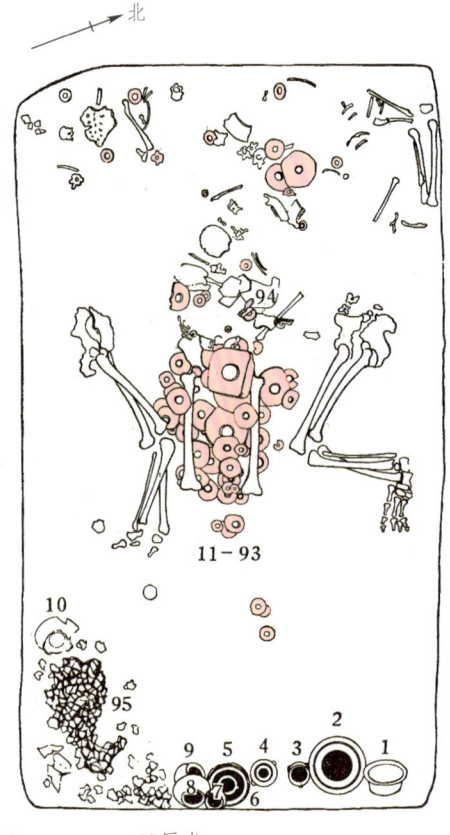

1、5.陶尊　2.双耳折肩陶罐　3.三耳陶罐　4.双小耳陶罐　6、7、9.单耳陶罐　10.陶豆　11—93.石璧　94.玉璜　95.小石块

图2-46　甘肃武威皇娘娘台M48及出土玉器

随着前些年陕北神木石峁及延安芦山峁发现玉器的有关资料的陆续公布，逐渐引起研究者的关注。近年在海外出现"华西玉器"风，似可认作这一地区的史前玉器尚待进行系统研究的一种表现[97]。

这一地区最早的玉器发现于陕西南郑龙岗寺墓地的411号墓，属老官台、李家村文化，距今约7000年。报告称："白色软玉制品，器形很小，馒头形，中部有一个小穿孔，直径1.7、高0.8厘米。"同期七座墓所出的其他两件饰物，均为绿松石制品。在同一地点发现的430座属于仰韶文化半坡类型的墓葬中，发现了24件玉器。报告称"全部用绿色或白色半透明软玉磨制"。大多数发现于中期的男性墓内，每墓一至两件，年代距今约6200年。器型有斧、铲、锛、凿、镞等五种。M345随葬一件玉铲，不仅墓圹宽大，随葬品多达35件，为同期所未见，同出的还有两件罕见的大石铲。这些玉质生产工具的外表，有的明显残留有打制时的疤痕，而不少制品的一侧或两侧，保留着由两面对磨的切割痕迹，这可能是西北地区见到最早的锯切割工艺。由于切割深度有限，故较宽的器面部位不得不保留打制成坯的石器制作工艺，但是都没有使用痕迹，说明这些制品的功能已经超越出实用生产工具的范围。在属于晚期的M314中，发现了一件由绿松石制作的桥形璜，长达22厘米，其年代也在距今6000年之远（图2-47）[98]。

但在年代要晚许多的青海民和阳山墓地，其文化特征属半山、马厂类型。共发掘墓葬218座，发现了五件没有使用痕迹的扁薄石斧。其制法为"斧身一面有用切割对剖然后掰断所留下割痕及一道疤痕，石斧通体打磨较精并经过抛光"，显然已经采用了玉器的开料工艺，而且锯切割的深度已经相当可观。但是被描述的标本注明其质料为"铁质石英细砂岩"，应属石器之列。值得注意的是其中三件大型石斧与该墓仅有的三件陶鼓分出三座大墓；每墓还各出一件用

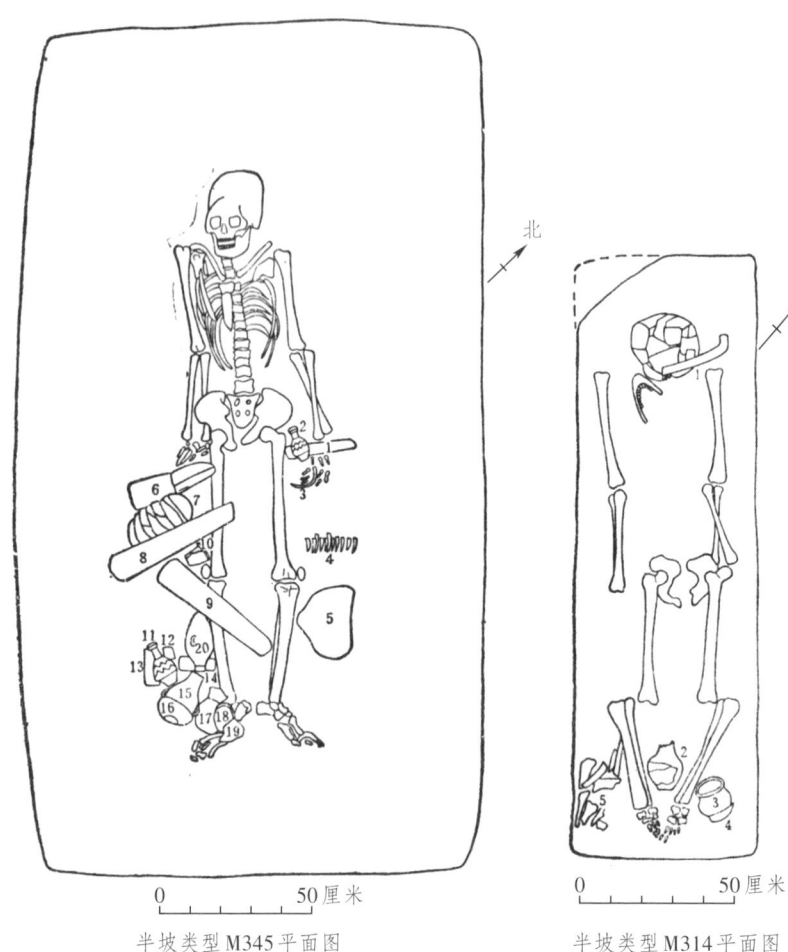

半坡类型M345平面图　　　　　　半坡类型M314平面图

1.Ⅰ式玉铲　2、11.Ⅲ式小头壶　3、4.牙饰　5.研磨盘　6、13、14.磨石　7.Ⅱ式碗（10件）　8、9.Ⅰ式石铲　10、17、19.陶罐残片　12.石片　15.Ⅶ式四耳罐　16、18.Ⅳ式器盖　20.Ⅶ式尖底瓶

1.M314:1绿松石佩饰
2.Ⅱ式小头壶　3.ⅩⅣ式鼓腹罐　4.Ⅱ式碗　5.兽骨

图2-47　陕西南郑龙岗寺M345、M314平面图

"软大理石管钻成圆筒状，然后将内外壁打磨光滑"的最大的臂环（原报告称臂穿）。所以报告认为"大型石斧……具有'礼器'或'权斧'一类器具的性质"，臂环"亦非普通人所能拥有"。墓主人的身份与墓地中其他人有所不同。可见这些石制品已经具有玉器的某种社会功能（图2-48）[99]。

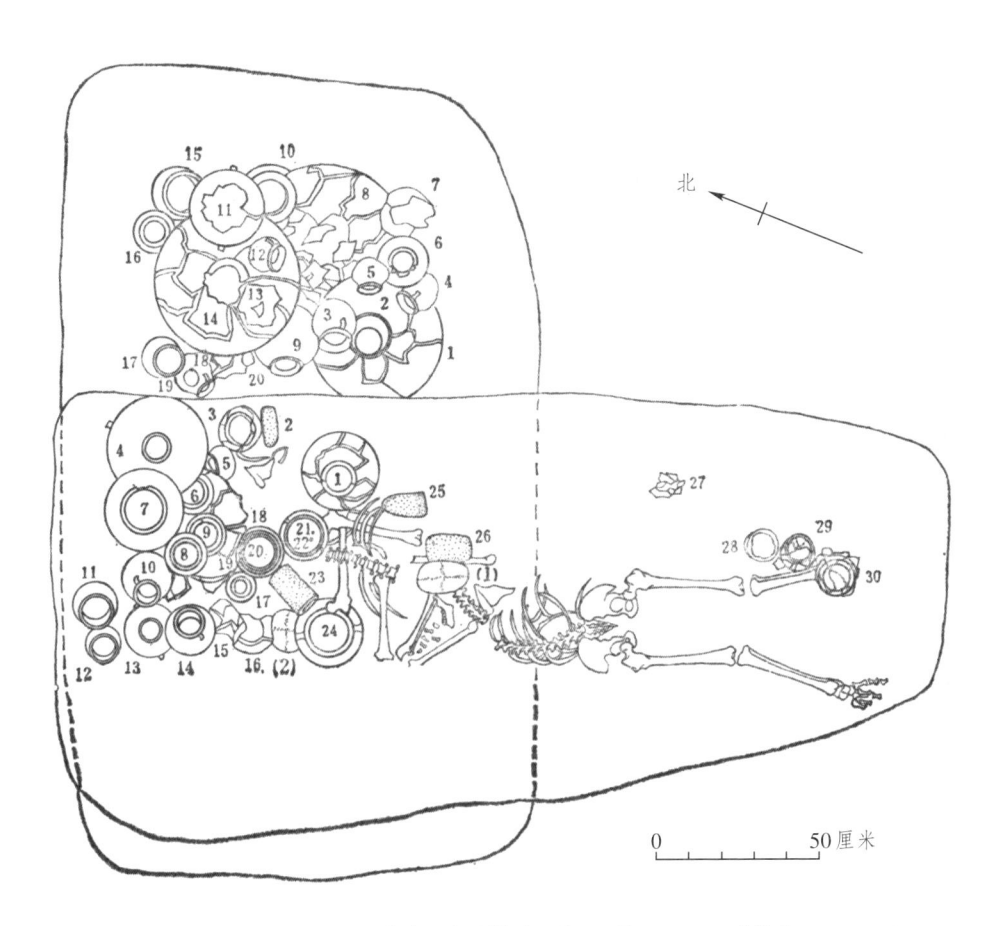

1.陶鼓　2.石斧　3、9、18、19.彩陶双小耳罐（18在19下）　4、13.彩陶壶　5、8、10—12、14、16、27—30.夹砂陶小罐（5、27、28为残片）　6、15、17.彩陶双大耳罐　7.彩陶瓮　20.石球　21.石珠　22、24.彩陶盆　23、26.石臂穿　25.石锛

图2-48　青海民和阳山大墓M147平面图

　　龙岗寺和阳山两地制品质料与工艺之间的反差，可能存在着文化谱系不同或占有者社会地位高低等多种因素。但也反映出西北地区史前时期被认为"石之美者"在矿物学上的多样性以及锯切割工艺比较发达等特征。

　　齐家文化的玉制品除体形与生产工具相同者外，还有璧、璜和琮。以璧最多，常见直径3至5厘米的小型制品（图2-49-1～2）[100]。

图2-49-1 甘肃天水师赵村M8:1琮（高3.4—3.9厘米）

图2-49-2 甘肃天水师赵村M8:2璧（外径18.4—18.6厘米）

陕北神木等地的发现在器种上增加了玉戈、玉圭、玉牙璋。有的牙璋长达35厘米，说明当时已拥有大型玉料及高超的锯切割琢玉工艺。另外还有玉蝗、玉螳螂等以昆虫为对象的小型雕件，为别处所未见（图2-50）[101]。

芦山峁发现的玉琮，似应认作具有良渚文化玉琮的风格，它与西北各地常见的素面琮是一种什么样的关系，不能不引起研究者的重视（图2-51）[102]。

西北地区的玉材，多为色调较灰暗的青玉，而且常有黑褐色的纹理。与长江下游的玉材判然有别。在传世玉器中亦可见到这类玉质制品。尤以直径超过30厘米的大璧引人注目，有的璧面留有挺直

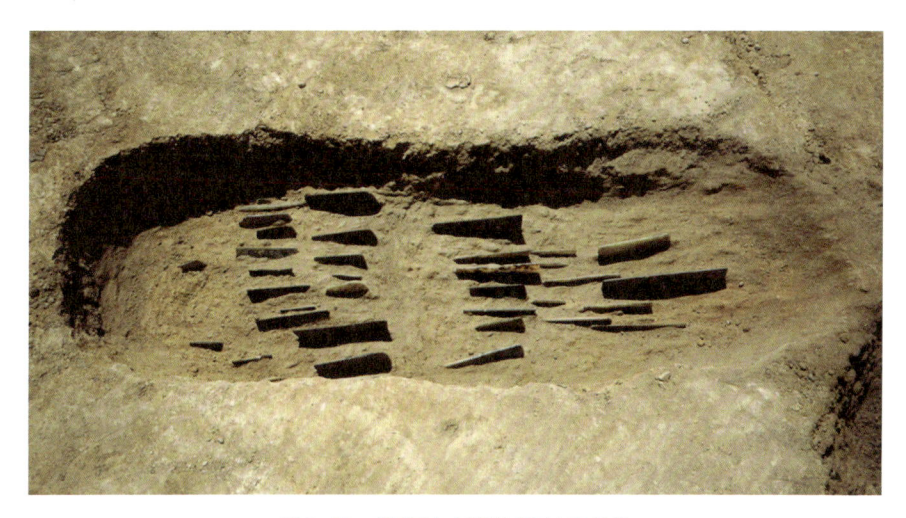

图 2-50　陕西神木新华 99K1 祭祀坑

图 2-51　陕西延安芦山峁玉琮

的锯切割痕迹，将它们归入西北地区无疑是合理的。在神木等地玉器还没有可靠的地层学证据确定其年代之前，一些传闻的同存关系只能聊作参考。将这批传世器的年代订在新石器时代到西周，应是明智之举（图 2-52-1~3）[103]。

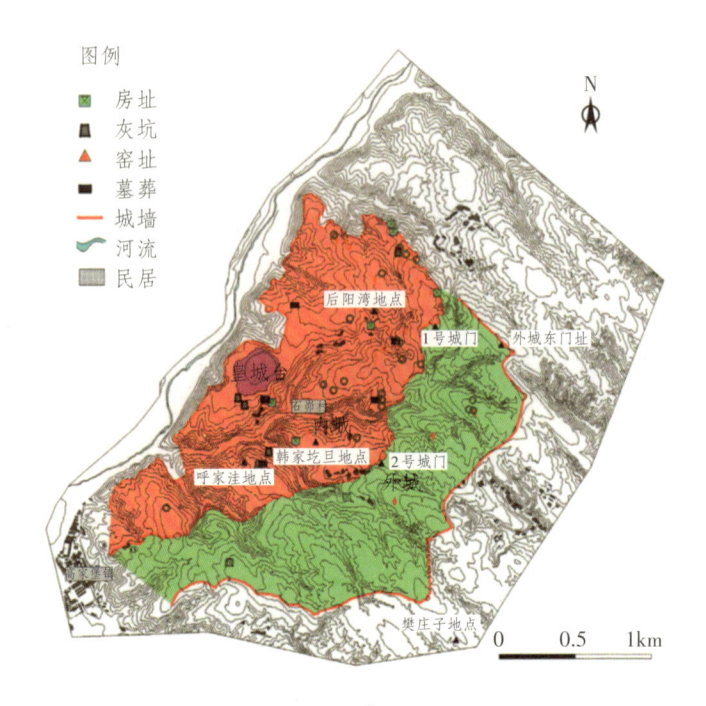

图例
- 房址
- 灰坑
- 窑址
- 墓葬
- 城墙
- 河流
- 民居

后阳湾地点
1号城门
外城东门址
皇城台
石峁城
内城
韩家圪旦地点
2号城门
呼家洼地点
樊庄子地点

0　0.5　1km

图 2-52-1　石峁古城平面图

Q1城墙外地面出土玉铲位置　　Q1城墙外地面出土玉铲

Q2墙体内出土玉器位置　　Q2墙体内出土玉器

图 2-52-2　石峁古城玉器出土状况

0　20厘米
1号石雕

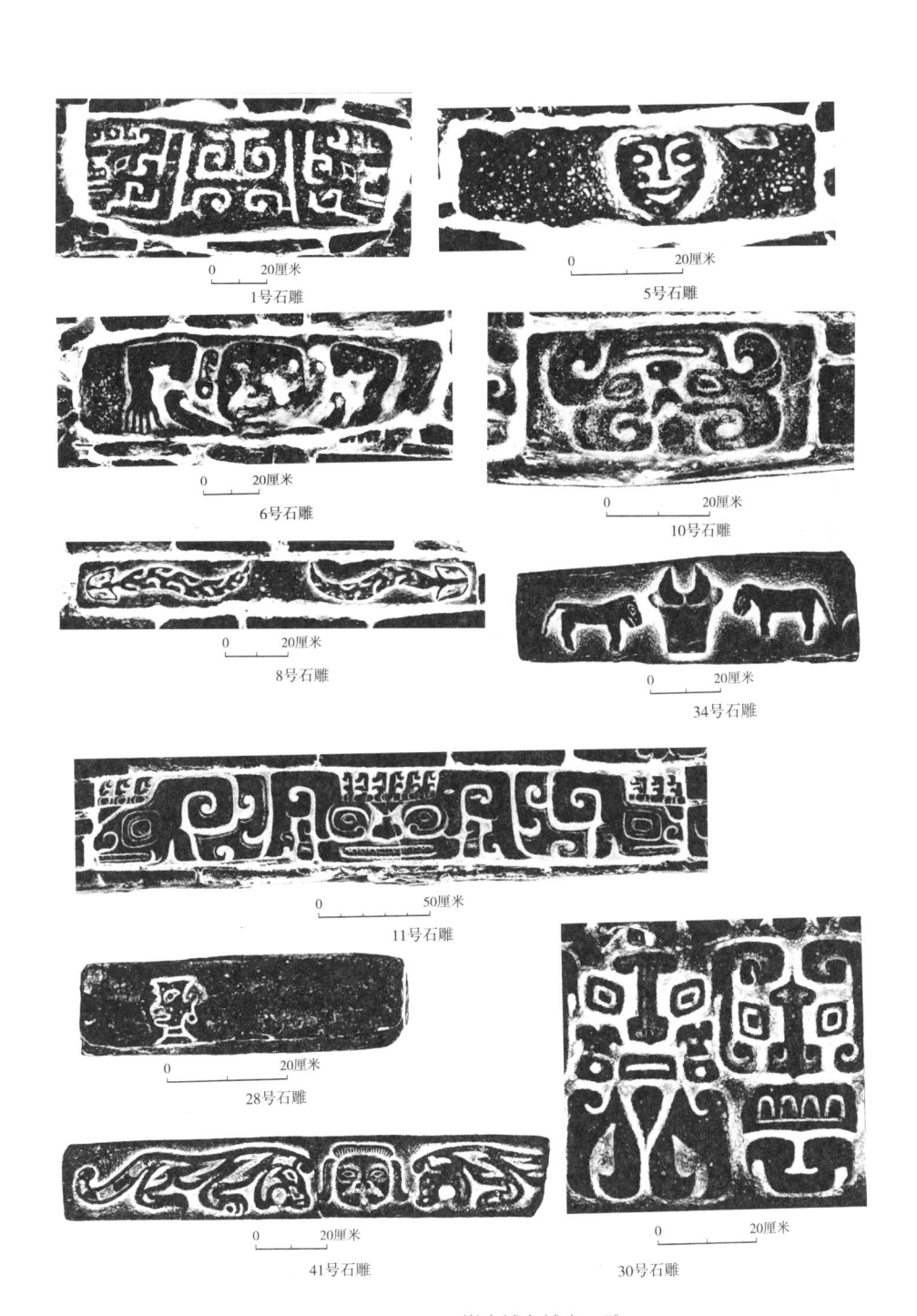

0　20厘米
5号石雕

0　20厘米
6号石雕

0　20厘米
10号石雕

0　20厘米
8号石雕

0　20厘米
34号石雕

0　50厘米
11号石雕

0　20厘米
28号石雕

0　20厘米
41号石雕

0　20厘米
30号石雕

图2-52-3　石峁古城皇城台石雕

## 6. 台湾和华南地区

在东亚大陆的东缘，从日本列岛到菲律宾之间，断断续续分布着一条弧形的岛群，形成了东亚大陆的屏障。这些岛屿上都发现了以玉玦为代表的史前玉器。在日本列岛与玦共见的还有一种近似红山文化风格的勾玉，其玉料属辉石类的硬玉（图2-53）[104]。

图2-53 日本青森县朝日山出土的绳纹晚期前段翡翠勾玉

在台湾省台东县的卑南遗址，先后发现了各种形态的玉玦1300多件，年代距今3800—2400年之间，其玉料来自附近的花莲县[105]。在菲律宾，玦体外缘有角状突起，年代较晚，应属青铜时代的制品。卑南玉玦形态纷呈，多数呈环形，有的外缘有C字形装饰，很具特征性。有的呈长方形，并由此演化出单体或双体的兽头人形玦及多环玦，形状十分奇特（图2-54-1~2）。

外缘C字形玦，还见于台湾的兰屿、绿岛、台湾东海岸各地和香港地区，在大陆曾见于广东石峡文化第四期墓、浙江衢县西周土墩墓和广西平县银山69号战国墓。它们应是大陆用玉文化之外缘（图2-55-1~3）[106]。

另外在广东石峡文化第三期墓葬，以及海丰田墘圩（田乾镇）、封开鹿尾村发现以琮、璧、环、璜为代表的史前玉器，其原料是高岭岩，但在风格上则受良渚文化的影响，已在考古界取得共识（图2-56-1~3）[107]。

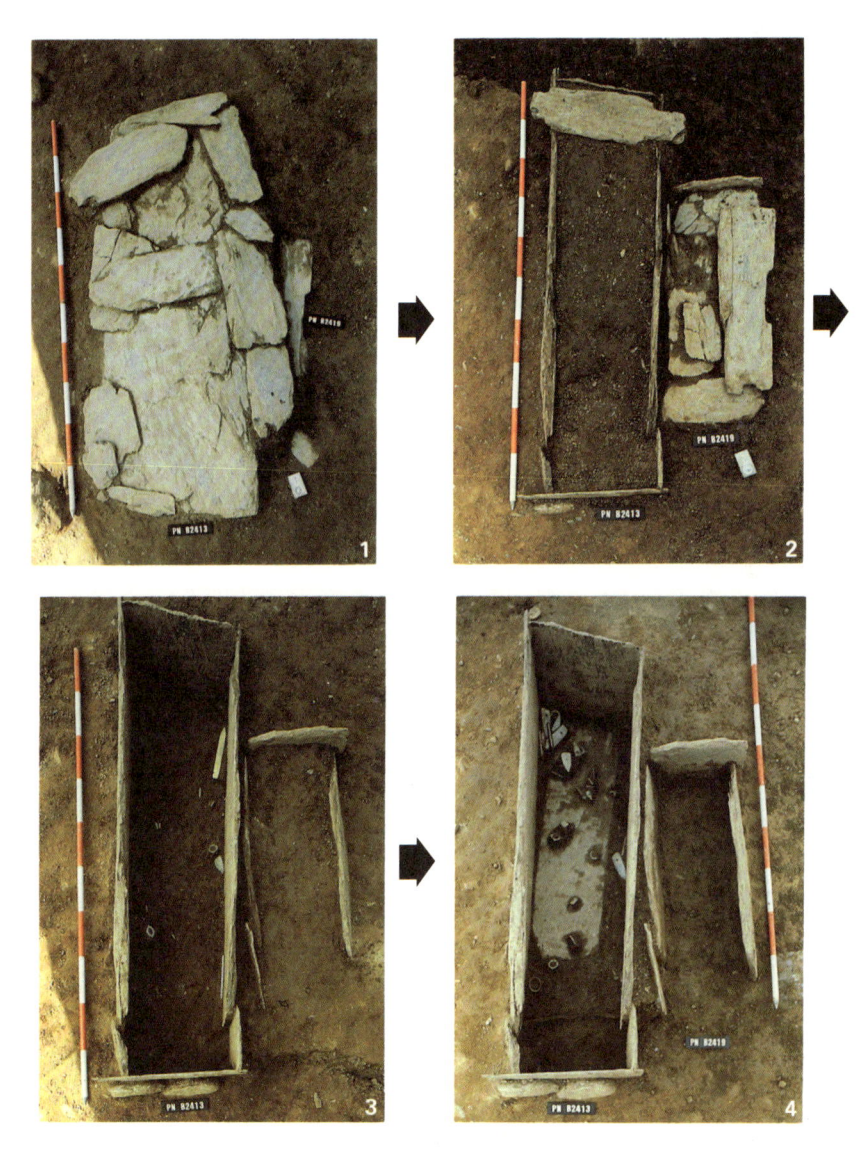

B2413 与 B2419（由北向南看）：1.B2413 的完整棺盖及其西大部分盖板压叠该棺盖板下的 B2419；2.B2413 盖板下的横板结构及 B2419 的完整棺盖；3.B2413 棺内上层玉、石器陪葬品出土情形及盖板下的 B2419；4.B2413 棺底的玉、石器陪葬品及其北端棺板延长结构，及无陪葬品、无底板与北板的 B2419。

图 2-54-1 台湾卑南 B2413 及出土的双人和多环兽形玦以及其他各种玉质陪葬品

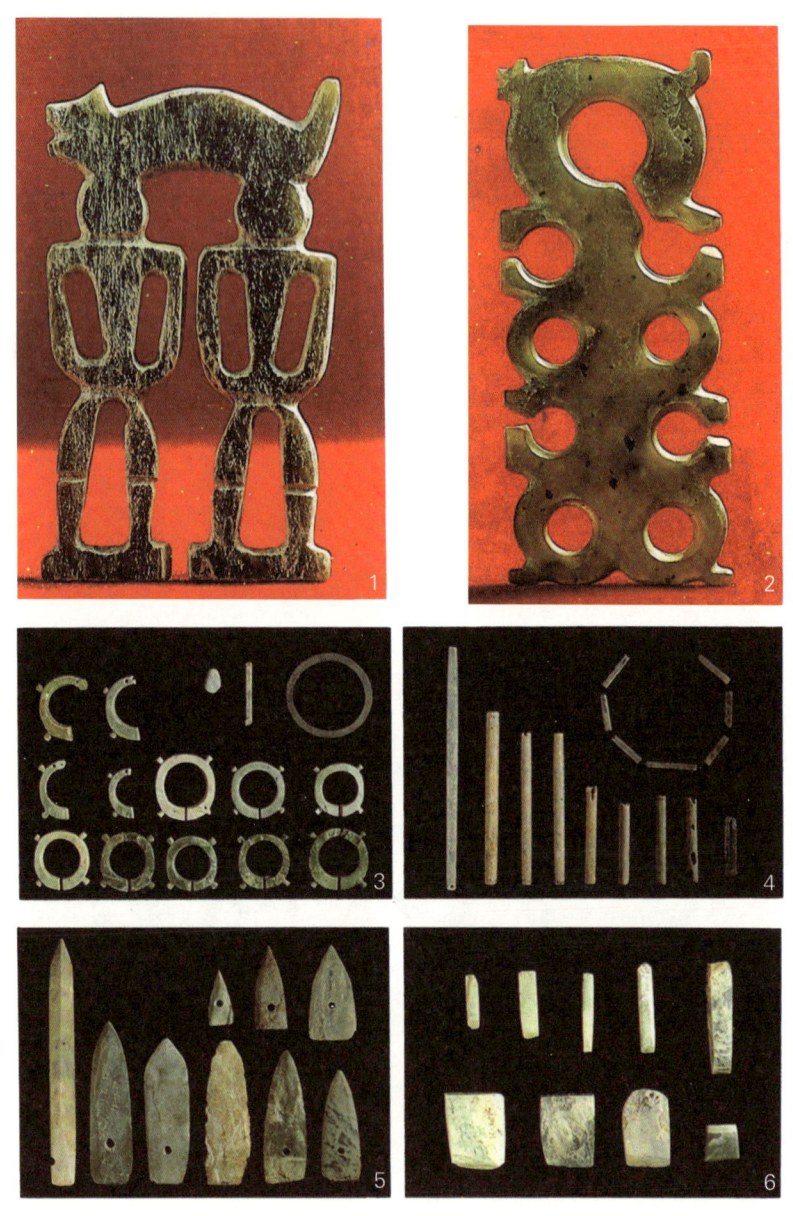

B2413出土的各种陪葬品：1.人兽形玉玦；2.多环兽形玉玦；3.板岩手镯（右上1）、废料玉片（右上2及3）及玉玦耳饰；4.玉管及玉棒；5.矛镞形器；6.锛凿形器。

图2-54-2　台湾卑南B2413及出土的双人和多环兽形玦以及其他各种玉质陪葬品

石峡三期晚期M31

M31:2，外径6.4厘米　　　　　M31:1，外径9厘米

图2-55-1　石峡M31和有角玦

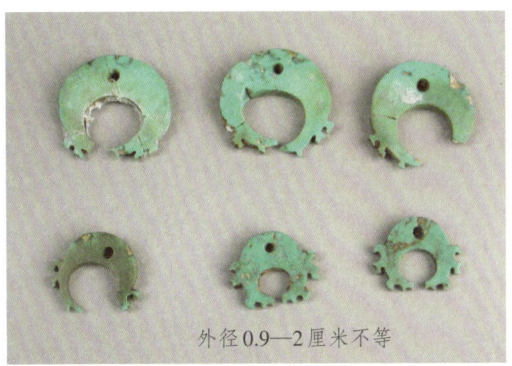

外径1.1—2厘米不等

外径0.9—2厘米不等

图2-55-2　浙江衢县西山西周土墩墓出土的有角玦饰　　图2-55-3　浙江东阳前山春秋晚期D2M1有角玦

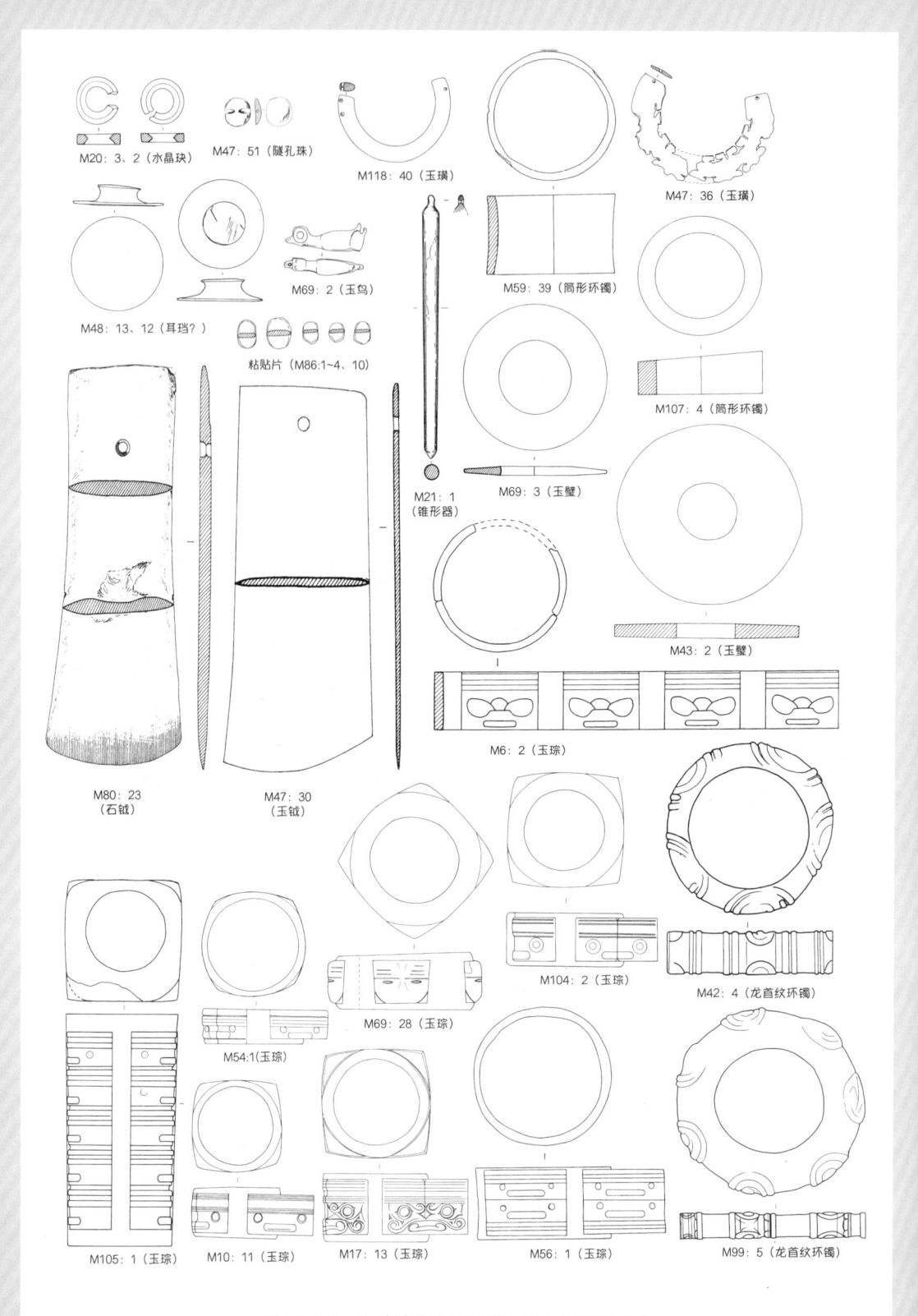

图 2-56-1　石峡遗址第二期墓葬出土的相关玉器

图 2-56-2　石峡 M17:13 玉琮（高 4.2—4.4 厘米）

图 2-56-3　海丰田乾镇玉琮（1. 高 7.4 厘米　2. 高 8.4 厘米）

## 小　结

通过以上分区研究，可以清楚地看到：

（1）东亚境内史前玉器分布地域上的不平衡性。在东北和长江下游两大起源中心之间，存在着海岱和长江中游两块独立的分布区，并呈现出向沿海岛屿及内陆大西北辐射的态势。以陕晋豫接壤地段为核心的黄河中游地区，也就是传统史学一直称之为中原的地段，只在屈指可数的地点发现过若干玉制品。即使经过大规模揭露的晋南陶寺遗址，玉器也寥寥无几。好像没有形成自己特色的用玉体系，在空间上似乎处于用玉诸文化包围之中。一直到由众多原先曾以龙山命名诸文化组成的龙山时代[108]，海岱地区的龙山文化和石家河文化，仍然处于龙山文化圈之外层，表现出史前用玉诸文化正在被吸收、凝聚的动态过程（图2-57）[109]。

（2）史前用玉诸文化，玉材选择的多样性，各地的被认作美石的矿物并不单指透闪石软玉一种。就地取材是造成玉料多样性的主要原因，反映出各地琢玉工艺的土著性（图2-58）[110]。

（3）各自起源的用玉诸文化，在史前阶段玉制品的基本外形，存在着圆或圆弧的共性。玦、璜、环、镯、璧等圆形器组成了史前玉器的基本阵营。圆或圆弧既不是玉料的自然状态，也不是简单粗放工艺的结果，因而不能认作是一种偶然的巧合。如果说红山文化的兽形玦（猪龙）的形态，可能与母体内胎儿的形体有关，那么这种以圆或圆弧为基调的造型，应与某种观念形态有联系。加上玉材具有润泽晶莹半透明的性状，不妨设想这种观念可能与圆或圆弧形的发光体有关，而且这种观念的出现和形成，应在各地玉器出现之前。说到底，各地之所以选择有光泽的矿物作为美石——玉，无非

图2-57　上海松江广富林遗址出土的广富林文化玉琮（1.H1569:1 高6.5厘米　2.H2769:1 高5.9厘米）

图2-58　山东章丘焦家大汶口文化晚期M91随葬的全部玉器

是这种观念的一种载体。我们将这种观念称之为东方的太阳崇拜，它是古代人在东亚相对封闭的地理条件下逐渐形成的观念系统中的重要组成部分（图2-59）[111]。

图2-59　良渚文明玉琮、璧、钺重器（瑶山、反山出土。吴正龙拍摄）

## 三 史前琢玉工艺三类六项：线切割、片切割、钻孔，以及研磨和雕刻

玉器的出现是人类长期制造石器技术的继续和发展。玉属岩石类，玉材加工总体上是石器制造术的一部分。透闪石软玉的硬度为莫氏硬度5.5—6.5之间，由于在结构上具有纤维束致密堆集的特征，所以在各种自然矿物中具有仅次于黑金刚石的韧性。当人类没有掌握以高能、高速为特征的现代技术之前，对待包括玉在内的高硬度物质，只有采取有爆发性的冲击力和硬性物质之间的缓慢摩擦两种手段进行加工改造。前者就是贯穿整个石器时代的打制术，它简单易行，其代价是对原材料破坏性的过分损耗。后者就是从新石器时代开始出现的磨制术。它以消耗较多的时间和劳动量为代价，换取原材料的损失。在直接摩擦的情况下，只能使加工对象进行外表修整而无法获得深层次的形体改造。

玉材除去硬度和韧性之外，还具由纤维束粗细、堆集密度、纤维发育程度及结构特征形成的致密程度，加上由呈色物质的含量和其他共生矿物的掺和程度的综合作用，只要采用适当的加工技艺，就能获得以色调和光泽为基础的多层次的质感。这就是玉与石的本质区别。因此，在加工技艺上，是否以开发、揭示或保护玉材上述本质特征为目的，就成为玉器和石器制作工艺的本质区别。所以琢玉工艺是与石器制造技术有区别的另一类加工系列。"玉不琢，不成器"，这个"琢"字，应该就是加工玉材的专门技艺。从逻辑的程序

推测，这种技艺不会植根于打击技术，而萌发于磨制工艺。

流传至今并见诸《天工开物》等文献记载的传统琢玉工艺，是以单面连接传动轴的多种形态金属片的砣具，在连续旋转中带动高硬度摩擦材料——解玉砂，对加工件进行切削加工改造。正因为我们的祖先凭借自己的意志和耐力，就是运用这样简单的旋转机械在历史上已经创造出无数饮誉全球的玉雕艺术品。这就是前文已有提及使大家误以为只有出现金属砣具，才能制造玉器的原因（图3-1）[112]。

图3-1 《天工开物》琢玉图

就常理而言，工具的硬度必须超过加工对象，而金属砣具的硬度在现代电镀人造金刚石粉末之前，均不及加工对象——玉。这一事实本身就说明在金属砣具出现之前，加工制作高硬度材料的玉器是可能的。况且大批史前玉器的发现和确认，已经客观地证明这种工艺技术的存在。或许这就是有的科学家将玉宝石等硬质材料的加工利用，列为人类历史上早于金属冶炼的第四项技术突破的原因所在。因此，探索并确认史前时期玉器的加工工艺是史前玉器研究的一项重要内容。

根据我们对自己发掘和在兄弟单位看到的标本上保留的工艺痕迹的实际观察，连同一些未能见到实物只能从图片上看到的有关痕迹，目前我国史前时期能辨认的玉工艺可以归纳为三类六项[113]。

## 第一类：线切割、锯切割、钻孔

以某种载体的运动来带动研磨料——砂粒，对玉料进行间接摩擦。可按载体的形态细分为四项。

第一类第一项：线切割

以柔性的线状物为载体带动砂粒进行椭圆形或抛物线状运行，我们称之为线切割。它与砣切割所遗痕迹的区别，首先是作用力的方向不同。线切割的作用力表现为向心性，作用力指向圆心，不时留下凸弧形的台面；砣切割作用力表现为离心性，作用力指向圆弧外缘，不时留下凹弧形台面。其次线切割形成的圆弧逐渐缩小留下近似平行的同心圆，圆心角均大于180度，圆弧所在部位显示的切割深度均超过此圆弧所含之半径，砣切割的实际深度绝对不超过砣具的半径；砣切割时砣具的半径不变，不可能出现近似平行的圆弧，而只能留下圆弧线两端近似彗星光芒的等径圆，圆心角绝对不超过180度（图3-2）。第三，线切割由于两端的作用力不可能一直保持在同一水平上，故在同一切割面上必然产生波浪形的高低起伏，而这种起伏高差，很难在器表修磨时完全加以消除；砣切割不允许加工对象出现超越砣具振幅允许的波动，所以在砣具有效半径之内，不可能出现波浪形的高低起伏。有研究者经过潜心测算并精心描绘的同心圆

图3-2 良渚塘山（金村段）T11（4）:31线切割玉料

或平行圆周等项成果，原本试图用以论证砣切割存在的证据，其结果恰恰成为否定圆砣的理由。实际上砣具在使用过程中，必然会产生某种损耗，但是无论如何砣具的直径不会在使用时逐渐增大（图3-3）。

线切割是史前玉器外表最常见的工艺痕迹，主要功能是开料和成坯。在南京市江浦县（今属浦口区）的营盘山遗址发掘出的一块长达20余厘米的玉料上，除一侧自然面之外，其他三面都清晰地保持着密集的线切割痕迹[114]。直到现代的琢玉行业仍然将开料作业称作"拉丝"，仍可作为线切割工艺及其功能的语言学证据。线切割工艺的产生年代很早，在兴隆洼文化和马家浜文化中就已出现，应是最早的琢玉专用工艺之一（图3-4）。

图3-3 良渚塘山（金村段）出土的线切割玉料

图3-4 河姆渡 77T216（4）B:151玉玦豁口的线切割痕迹

图3-5　瑶山M11:84璜和线镂细部

大约在史前玉器中段的晚期开始，与钻孔工艺结合成为镂琢工艺的重要手段，广泛地运用在各式镂雕玉器上（图3-5）。它一直延续到砣具出现之后仍然存在，河南淅川下寺一号春秋墓出土的玉璧，就用线切割工艺加以对剖而成，残存剖割缝的宽度只有0.1厘米，足见被用来运作的柔性线状物之精细程度[115]。

第一类第二项：锯（片）切割

以硬性片状物为载体带动研磨料进行直线状运作，我们称之为锯切割。锯切割遗留的痕迹和砣切割较难区分，两者形成的切割线往往两侧及底端均平齐陡直，但前者有时上口略大，两侧呈现不对称或转折较生硬的斜杀面，线段两端较低深而中段稍稍高起；后者往往呈现中段较粗两端较尖细，并会在线段的中段底缘留下"指甲印"状较深的凹弧（图3-6）。

图3-6 良渚塘山金村段出土的片切割玉料

图3-7 瑶山M10:19琮和弦纹细部

锯切割出现的时间，可能和线切割同时，但在史前玉器的早段，只是线切割工艺的辅助或补充。晚段的运用较普遍，许多挺直的凸弦纹往往由两道锯切割凹线组成，玉琮上的分节线也采用锯切割工艺（图3-7）。许多诸如玉管等棒形玉件的制作程序往往先用锯切割截成长条形玉料，再搓滚成圆柱形，最后用线切割截断并钻孔即成。同时还较多地用作片状玉料的截割[116]。

在西北地区，这种技法的运用似乎更成熟（参见前文甘肃天水师赵村M8:2玉璧上的片切割痕迹）。

第一类第三项：钻孔（桯钻和管钻）

以硬性棒状物为载体在旋转时带动研磨料的钻孔工艺，可细分为实心的桯钻和空心的管钻两种。通常表现为两面对钻，钻孔呈现两端大而中间小，空心管钻形成柱状或饼状的孔芯相反地呈现出两端小中间大的腰鼓形，说明在施钻进程中，钻具亦遭受很大的磨耗。我们发现管钻底端残留的宽度，只有1毫米左右。几乎所有的钻孔都因对位欠准确，在对接部位留下错缝的台痕（图3-8）。

图3-8 史前最大的管钻芯：反山M20:5玉璧

图3-9　反山M12:96神人和兽面眼睛外圈的小口径管钻

在金属砣具出现以后的玉器，常常出现单面钻的孔，可见两面对钻不一定是最优秀的钻孔方法。所以不能排除当时的钻孔工艺，除了钻具旋转这种运作方式之外，还存在着钻具不动而被加工玉件旋转运作的可能性（图3-9）[117]。

实心的桯钻出现在空心管钻之前，在早段时就能用斜向进钻的方法获得纤细的隧孔（象鼻孔）。在后段一些用作组装的玉件上，不时见到琢有未穿透玉件的卯眼。这些卯眼的形态有方形或扁圆形多种，均以密集的桯钻单面钻凿而成，证明当时确有以杆件旋转为特征的琢玉械具，应是以后旋转性砣具的前奏。从銎壁保留的钻痕观察，这些钻孔两端粗细大体若一，没有明显的上大下小的变化，看来这些钻头应是一种高硬度的物质（图3-10）。

图3-10 卯孔实心桯钻和管钻的掏膛痕迹（1.瑶山M11:72手柄和M7:33玉钺瑁 2.反山M12:101卯孔端饰）

## 第二类：圆弧面、球面研磨

第二类以某种方法促使被加工玉件运动，造成玉料与研磨砂料之间的直接摩擦，达到深层次加工目的的运作方式。目前能理解的具体方法有两项。

第二类第四项：圆弧面研磨

在研磨砂料上直接搓滚玉料或将玉料粘在细棍顶端，再插入研磨砂料搅拌。前者用于如玉管或圆体锥形器的外形加工，后者表现在背面平直、正面圆弧的细玉粒加工（图3-11）。

第二类第五项：球面研磨

将开料成坯的玉料与研磨砂料混合灌入某种容器，然后滚动成搅拌如球磨状，利用玉料之间碰击和研磨料之间摩擦的综合

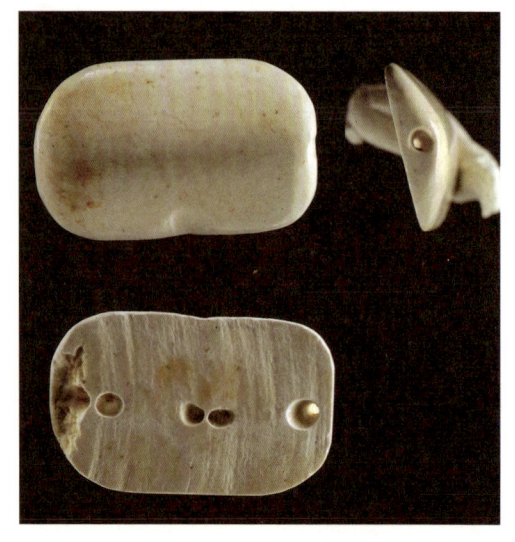

图3-11 瑶山M11:82-6蝉状玉瓣形饰（长2.5厘米，厚0.5厘米）

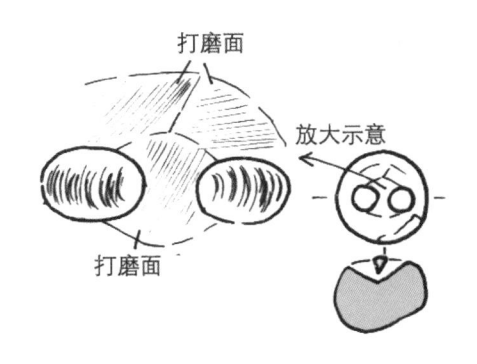

图3-12 反山M23:148-2球形隧孔珠（外径0.7—0.85厘米）上的"倒棱"痕迹

功能，使玉料修磨成圆球形。良渚文化中就有这种球形玉珠（图3-12）。

这两项方法，不可能在玉件上留下任何痕迹可作论证的依据。虽然圆弧面研磨工艺曾得到试验证知，目前只能认作一种推测性的设想。

第三类第六项：徒手雕刻

第三类只有一项，就是以某种高硬度刃具对玉件作徒手雕刻，它就是繁密的阴刻细线。其特征是：线条欠挺直，不时出现连续的短线；线段两侧出现不规则崩缺；每一线段常由多道划痕般细线组合而成；线段两侧及底缘欠平直整齐，断面呈V字形。与锯切割、砣切割或浅管钻所形成的平齐、光滑、断面呈U字形的阴线判然有别（图3-13）。这种硬质刃具，大概就是事前压剥成薄片的玛瑙或燧石，它们的硬度都超过玉料，应该就是古籍中的"它山之石，可以攻玉"（图3-14）[118]。

我们在发掘中，曾见到一种三角形、两侧作锯齿状的鲨鱼唇齿，它们可能也被用来作雕刻的刃具[119]。

在上述六项琢玉技艺中，线切割、锯切割、钻孔和徒手雕刻四项工艺特征最清楚，前两项主要用作开料和切割成坯件，是史前琢玉的基础性工艺，徒手雕刻则为史前特有的器表装饰手法，属于圆

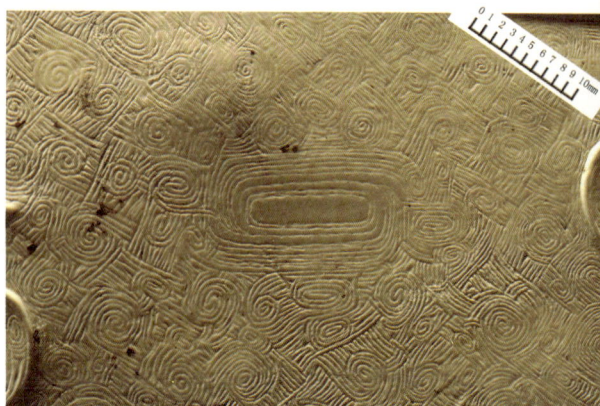

图3-13　反山 M12:98大琮神像、M12:103豪华权杖瑁的微雕细部

图3-14　浙江德清中初鸣良渚文化制玉作坊遗址群中出土的燧石雕刻器

弧面研磨、球面研磨两项开料切割以后进一步修磨的第二道工序。所以前述四项可以作为史前玉雕的标志性工艺。

比较史前时期石、玉两类制品的制作工艺，就会发现玉器的制作工艺无论是较直接打制的旧石器，还是先打制成坯然后磨制成器的新石器都要困难得多、复杂得多，而且要多消耗成倍或几十倍的劳动量。这些多消耗的劳动量，正是玉、石两种加工对象具有不同社会价值的具体表现，真实地反映出人们对玉材的爱惜和珍视，从社会行为上反映出玉比石高得多的社会价值，也是古人赋予美和德的社会观念的有力证明。

我们讨论玉器的起源，并不是追溯古人何时开始认识或使用透闪石软玉这类矿物，而是确立古人什么时候赋予这类矿物以美和德的观念，并由此萌发和建立社会的价值观念和道德标准。现已得知，不论北方或南方，早在七八千年以前都已经出现琢玉的专用工艺，这种工艺在同期的石制品上是不存在的。随着历史的前进，到史前玉器的后段，大约在良渚文化同期或稍前，以及随后的龙山文化阶段，也就是在距今五千年前后——即琢玉工艺出现了两千年以后，在许多地方都出现以锯切割方式截切体形较薄的石材来制作石器，而且这些石制品往往器表亦经高精抛光至近似玉的光泽。器种主要是石钺和石锛，其功能均为没有实用意义的随葬品，有的还与玉器共出，如同前文已经论及青海民和阳山所见的材料。可见这些石制品实际上已经具有玉器的某种社会功能。

所以，琢玉工艺是独立起源的原生性工艺，琢玉工艺是有别于石器工艺之外的另一工艺系列。石制品引进琢玉工艺是一种后见的次生现象。有的学者认为"这时在一些用玉风行的地区，专业性玉器加工成为突出领先的手工业部门，玉器一跃而成时代物质文物最高成就的集中代表"[120]，因而成为具有标志性的时代指示器。

## 四 史前玉器分期和晚期玉器组配状况：组装件、穿缀件、镶嵌件

综合各地区出土的史前玉器及其琢玉工艺状况，试将我国史前玉器分为早、中、晚三期。

### 1. 早期

早期阶段各地区被认作"美石"的矿物学属性有明显差异，东北地区的兴隆洼文化是我国最早使用透闪石软玉来雕琢玉器的地方。此时玉件的体形较小，最早定型的玉件是玦，伴出还有管、珠、璜和匕形器，外形常作圆形或圆弧形，均光素无纹，大体上只以单件贯穿方式戴佩，应是某种观念的物化，可称作粒状玉器阶段。雕琢工艺已能掌握线切割、锯切割、钻孔三项。兴隆洼文化、马家浜文化属之，距今年代在七八千年至六千年之间。新乐文化及辽东发现的玉制品在性状未明之前，可暂列于此（图4-1）。

图4-1 河姆渡遗址管珠、玦和弯条形器（邓聪拍摄）

## 2. 中期

中期玉器个体明显增大，体形变薄，外缘仍然保持圆弧形特征，故可称作片状玉器阶段。此时透闪石软玉使用地区扩大，并逐渐成为本地区玉材的主流。玉器的种类、数量亦有较大的增长。多数仍为佩挂件，可能已经出现多件管珠互连，或管珠与璜串等组合形式；也可能出现以缝缀方式戴佩的玉器。此时已掌握除圆弧面、球面两项以外的多种雕琢工艺，使玉制品的面貌为之一新，但在地区之间出现明显的不平衡。在琢玉历史较长久的地区，线切割开料工艺运用日臻成熟并被大量采用，这时玉件呈现片状特征的工艺学基础。运用缀合拼接手段扩大玉材展现面积的技巧是此期琢玉工艺的最高水平。在西北地区龙岗寺，虽已掌握锯切割技术，在器面处理上则仍然借用石器的成坯术，那里出现的玉钺却是玉器群中源自生产工具的新器种。上限年代距今6000年，下限年代欠清楚，暂时以5000年为界。崧泽文化、红山文化、大溪文化及龙岗寺的发现均属之（图4-2）[121]。

图4-2 凌家滩07M23墓室南端环、璧、玦组合"棺饰"和成组片状璜出土状况

### 3. 晚期

晚期玉器是史前玉器的全盛时期，也是我国历史上用玉的高峰期。此期玉器在体形上最明显的表现是出现了方形块状体的制品。虽然仍有许多玉件保持圆弧的外缘，但每器均有一个平直的边或面，故可称作块状玉器阶段。随着品种、数量的剧增，在器表上出现了细密的阴线花纹和高精度近似镜面的抛光。此期玉器的另一项特征是除了少数可能单体成件之外，绝大部分的玉质单体都以不同的配伍方法组合成件（图4-3）[122]。

图4-3 余杭瓶窑吴家埠遗址出土的玉琮坯（高7厘米）和上下拓本

据我们所知,当时的组配状况有组装件、穿缀件和镶嵌件三大类:

(1)组装件

组装件以其组成部件带有榫卯为特征,多属安柄或杆杖之类器具。最重要的就是豪华型安柄的钺,钺柄的两端分别安装着玉质的瑞(现通行作"瑁")和镦。锥形器(有的报告称镞形器或矛形器)应是一种安柄的箭头或投矛,随着柄杆腐朽而散乱移位。冠状器的形态可分为平面展开和对半折叠两型,它是组装体中功能很特殊的物体。反山M23发现以玉为端饰的踞织机部件,只是大量未被我们认识的组装件之一。以玉作端饰的踞织机所织造的应该也不是一般原料织造的织品,连同瑶山M11:16这件玉纺轮。这些用作织造的原料,应该是与当时信仰崇拜有关的丝(图4-4-1~4)[123]。

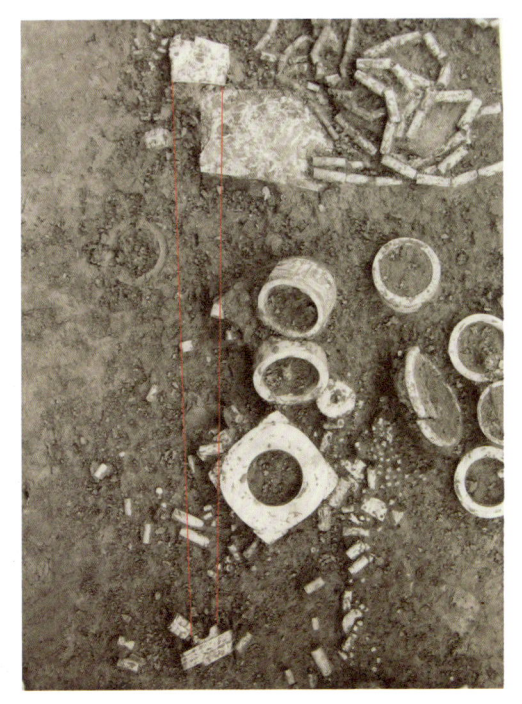

图4-4-1 良渚文化玉器的组装件:瑶山M7玉钺仗出土状况和配伍

图4-4-2 良渚文化玉器的组装件：反山M12豪华权杖出土状况和配伍

图4-4-3 良渚文化玉器的组装件：福泉山吴家场墓地M204和出土的锥形器组装方式

卷布轴

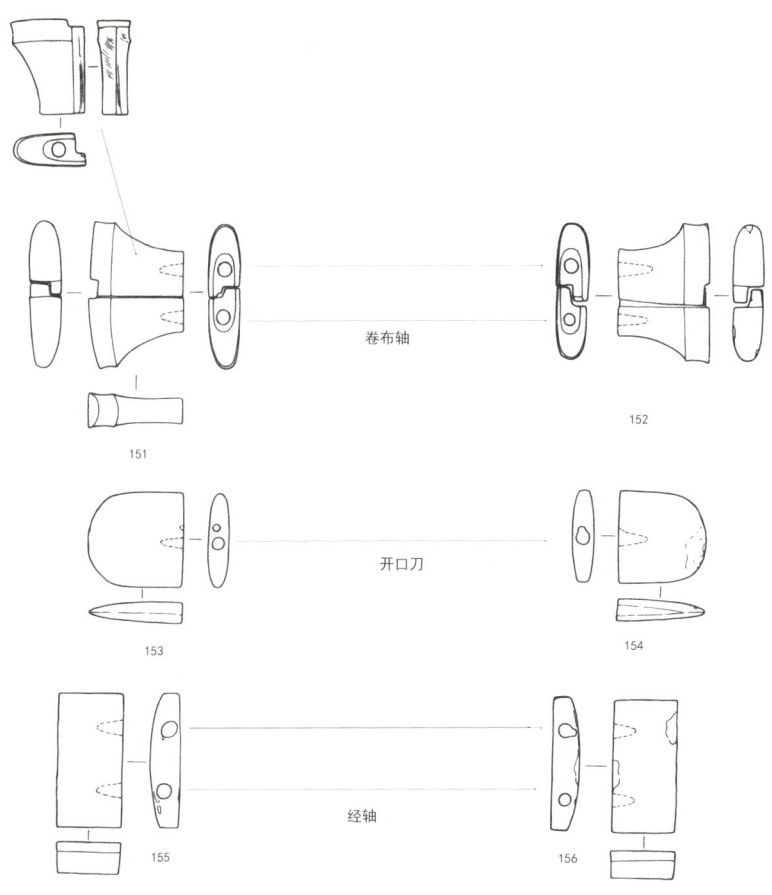

151

152

开口刀

153

154

经轴

155

156

图4-4-4 良渚文化玉器的组装件：反山M23玉织机出土状况和配伍

图4-5　反山M23:202玉塞髹漆囊形器

有些带凸榫的玉件，可能用于有机质小壶或皮囊等容器的盖塞。在这样精致的小容器中储存之物，也不会是一般用以充饥的食品（图4-5）。

（2）穿缀件

穿缀件可按穿孔的形态细分为穿件和缀件两类。

前者均为贯透的直孔，通常以柔性媒体将形状相同的零件（如管、珠）穿连在一起。有时会与另一异形玉件（如璜或坠）配伍，这些管珠就成为佩璜的链条。此时的璜以半璧形为主，偶见桥形璜，其体形亦明显增宽。璜的穿孔部位均在齐平的一侧，悬佩时弧缘朝下。仍常见一墓多璜，但其中琢工及玉料较次的一件，为死者的实用佩饰。另外那些体形如常，但玉质佳而琢工精的高品位璜常与冠状器配伍共出，布置在死者的头侧，这些璜的功能似乎高于实用的人体佩饰。但在每一串件中只能见到一件玉璜，未见多璜共串的迹象，与商代以后由多璜或多种玉件混合组成串饰断然有别（图4-6）。

图4-6　瑶山M11三组璜串出土细部

缀件的钻孔为隧孔，均未穿透器壁，保持了器面的完整性，应是用缝缀的方法在柔性物体上配伍的玉件。缀件有多种不同的形态，较多见的为珠形、新月形和半管形等光素小型玉件。重要的缀件有半圆形饰，形如半璧形璜而背面稍稍内弧，有的正面雕琢精美的花纹，以四件为一组分布在死者头端的一侧；三角形牌饰，体形较大，常有精美雕琢，发现在死者脚端（图4-7）。三叉形器均发现在头侧，其中又均与一长玉管联系在一起，形态颇似三尖形的光芒，可能也是一种缀件（图4-8）[124]。勾云形玉佩应该也是缝缀形式的佩件[125]。其他还有蝉、鱼、龟等小型动物（图4-9）。

缝缀的载体无非是丝麻织物或皮革组成的服装、帐幔、巾帕、绶带等物品。这类有机质的载体自然无法保存至今，估计当时已有缀玉的丝织品，将刚、柔两种润泽光亮的物质联结在一起，应是当时高层次的制品。

图4-8 瑶山M9:2三叉形器的正背面

图4-7 瑶山M10:20玉牌饰出土状况

图4-9 反山M14:187玉蝉

（3）镶嵌件

镶嵌用玉多数为细小的玉粒，也有体形较大的圆饼状玉件，其特点是正面光洁呈圆弧形，背面平直而较粗糙（图4-10-1~2）。

最杰出的镶嵌用玉是石家河文化所见的人面形、兽面形和蝉形玉件，正面均有精致的雕刻，背面平直或稍稍内凹，两侧常有用作固定的销钉孔，推测嵌玉的载体多数是涂以光亮漆膜的有机质材料。通过这几种配伍方法，有效地克服了玉料及剖割技能的局限，使得个体较细小的单体玉件，在平面或立体的空间上得到充分的伸展，从而成为神秘化、神圣化的社会意念的手段之一。

图4-10-1　反山M12:1嵌玉髹漆翘流壶

图4-10-2　反山M12:68嵌玉髹漆圆形器（中心圆形玉片外径8.7—8.8厘米）

晚期玉器的分布区域亦比中期扩大，在原先南北两大起源中心之外，海岱地区和长江中游地区也上升为琢玉的重要地区，并取得具有自身特色类似亚中心的地位，其年代上限大致在距今5000年前后，下限为距今4000年或稍后[126]。联系到当时的聚落形态、埋葬制度、社会财富流向及人群社会地位的分化等因素，正是中华文明的曙光时期，玉雕工艺则是中华文明进程中最敏感的元件。

## 五 成组玉礼器的出现：以神的名义建立起自己的世俗统治

玉器的功能及其社会作用，是古玉研究的一项重要内容，对于史前玉器来说更是这样。严格地讲玉石同类，而实际意义上的石器并非指石制品，而是专指石质生产工具。由于认识上的误区，似乎只有生产工具才能促进社会生产推动社会前进。由于唐代以后玉器的主要功能是装饰品，在汉代及其以前的古玉中，也有相当数量的装饰品，因而在以往考古报告中，它只能列入生活用具之后属于"其他还有……"的地位。考古学著述中遗物的序列及评价，一定程度上反映了研究者的认识层次和水平，也从侧面反映出原先对古玉学术评价的状况。如果承认人类社会生活最基本的分类是物质生活和精神生活两大类，也就是通常所称的物质文化（财富、文明）和精神文化（财富、文明），那么人和动物的本质区别，就是人类具有意识活动。因此，在怎样的观念形态指导下进行生产，不能不是人类社会生产的重要方面。所以，装饰品、礼仪物品及各类用品上的装饰纹样，虽然都具有物质的形态，却构成了精神信息的重要载体，成为有效的探索观念形态的窗口。

过去关于玉器是否起源于生产工具的讨论，其实质无非希望玉器能和生产工具构成亲缘，似乎这样才能跻身文明起源研究的神圣殿堂成为大宗。

众所周知，以礼和礼制为核心的礼仪制度是中华文明进程的一项重要标尺。中华礼仪之邦更是中国文明社会的坚固基石。在各项社会活动中，用以区分尊卑、贵贱、上下、亲疏关系准则的礼制，最终表现为刑和礼的对抗性分离。"刑不上大夫，礼不下庶人"乃是中国古代政治制度的基本法则。近些年，许多研究者在讨论中华文明起源这一反映中国历史上最重大的社会变革课题时，似乎不约而同地引用《左传·成公十三年》"国之大事，在祀与戎"这句话，无疑是一个很大的进步。虽然祀或戎都可以获得社会物质财富的奉献、凝聚和掠夺，但毕竟不是直接的生产活动，前者更是属于观念意识形态领域的社会概念，距离生产工具范畴很远，反映了新一代研究者在观念上开始挣脱原有的窠臼。但是，祀与戎这两种社会行为都出现在文明制度或国家概念产生之前，我们自然不会根据当时是否出现祀与戎来判断其社会发展阶段。正如以往涉及文明起源讨论中，大家都承认城堡的出现是文明诸要素之一，但是城墙与沟壕、栅栏等防御性营建工程出现甚早，而且有一个逐步发展的过程，我们只能从量（表象）的变化中去识别和界定其发生质变的特征，才能把握住问题的所在。按照王国维的解释，甲骨文中的礼字，象二玉在器之形，盛玉以奉神人之器（图5-1）[127]。可见在古代中国，无论是"事神以致福"的礼，还是"器以藏礼"的礼，都和玉发生关联。而礼和礼制又是一对既有本质区别又有联系的概念，前者是事神致福的社会行为，后者规定人际之间的等级关系。正确地区别这两种概念，并从中把握如何由事神以致福的礼，转化为礼制的质变过程，当然是一件十分重要的事。

　　大家都知道，事神致福的行为出现很早，人们将最好最优良的材料和最新最精的技艺来制作事神之器是很自然的事情。例如史前的彩陶和白陶制作工艺精于一般日用陶器，它们可能是用作祭祀的礼器，但谁也不会以彩陶或白陶的占有来证明社会性质的变化。风

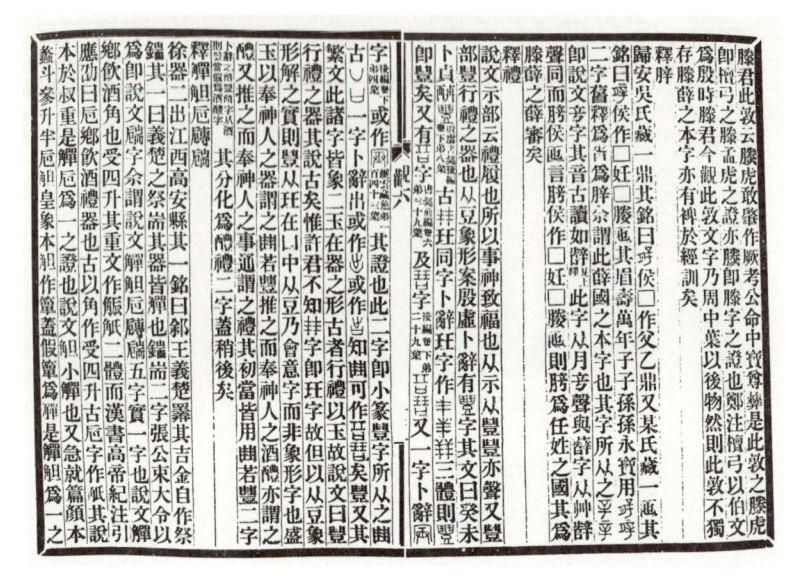

图5-1 王国维《观堂集林》释礼

胡子在答楚王时说"夫玉，亦神物"，道出了玉器的本质特征，使我们领悟到玉在礼和礼制转化中的特殊价值。我们之所以用较多的笔墨来表述以消耗大量劳动为代价的琢玉工艺，就是为了证明玉是被古人神化了的物质这一事实。至于如何认识沈阳新乐或小珠山、郭家村等地发现的玉质生产工具，和龙岗寺发现仅仅部分运用琢玉工艺，不少部位仍然保留石器制法"生产工具"的关系，虽然我们在前面有若干文字表述，毕竟没有明确的特异性指证作为证据。所以我们觉得可暂称为玉质石器以示区别。而后者虽然其原料并非石质，工艺上也没有全部采用琢玉工艺，其原因可能和这一地区运用琢玉工艺的时间较晚有关，不妨暂时称为石质玉器，出现这两种情况可能与我国史前文化的多源性和琢玉工艺发展的不平衡性有关。

但是，玉的神化并不意味着文明时代的到来，在东亚大地上出现史前时期玉器之后，虽然玉器的数量由少到多，体形由小到大，由粒状演变为片状等一系列量变的过程，当时并没有引起社会制度的变化——质变或突变。

二十世纪三十年代以来，随着商周青铜文明的确立，青铜礼器也就成为中华礼仪之邦中典章制度的主要体现者，青铜艺术品也就成为东亚地区进入文明时代的首项指示器。虽然在商代文明中存在大量精美的玉制品，也只好沦作青铜器的附庸。既然现在知道青铜礼器之前存在着玉礼器，那么这些玉礼器究竟仅仅是"事神之器"，还是具有"器以藏礼"和"唯器与名不可假人"那样成为等级制度的物化，不能不成为史前玉器研究的焦点。单纯事神之器和体现等级为核心的礼仪制度之器的根本区别，就是它们的持有者是否凭此获得特殊的社会权力、地位和身份。我们在前面曾以较多篇幅描述史前晚期阶段玉器在琢玉工艺进入块状大型制品，由穿缀件、组装件、镶嵌件三种组合形态，器表高精度镜面抛光以及用繁密阴线徒手雕刻的人形化太阳神形象等等表象后面，发现玉器的整体功能已经发生了类似质的变化，这就是出现成组的玉礼器。

这组玉礼器可分为三个部分：

一为事神之器大量增加，出现了一套以事神为功能的专用玉器，如琮、璧、冠状器、兽形玦和勾云形佩等等（图5-2）。

二是源自武器或工具的礼仪化，最有代表性的豪华型安柄的玉钺和锥形器。在良渚文化中发现的玉钺上雕琢着十分完整的太阳神人形化的形象，并在其下侧雕琢着一只飞鸟，十分形象地表现出以武器为代表的军权和以信仰为中心的神权相结合。如果石家河文化中确实能复原出由人头像、兽面像和鸣叫状玉蝉组成的权杖，将具有更大的说服力（图5-3）。

三是上述占有者的服饰和佩饰。随着前面两项权力的出现，在原先作为"神物"或信仰的物质表现为内涵的饰物基础上，涌现出一批特殊的专用饰件，如凤形佩、龙形环、龙首镯、半圆形器、三

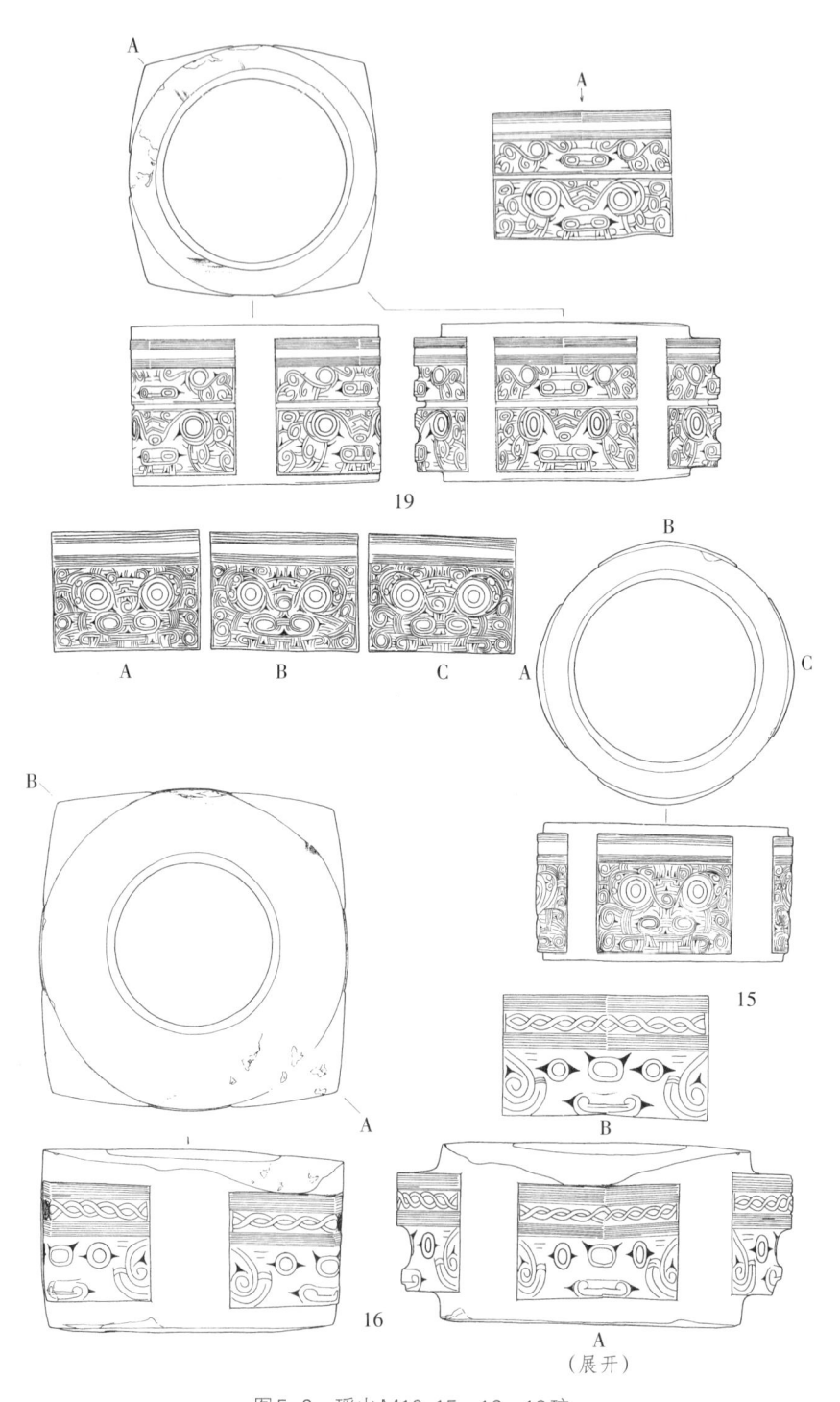

图 5-2　瑶山 M10:15、16、19 琮

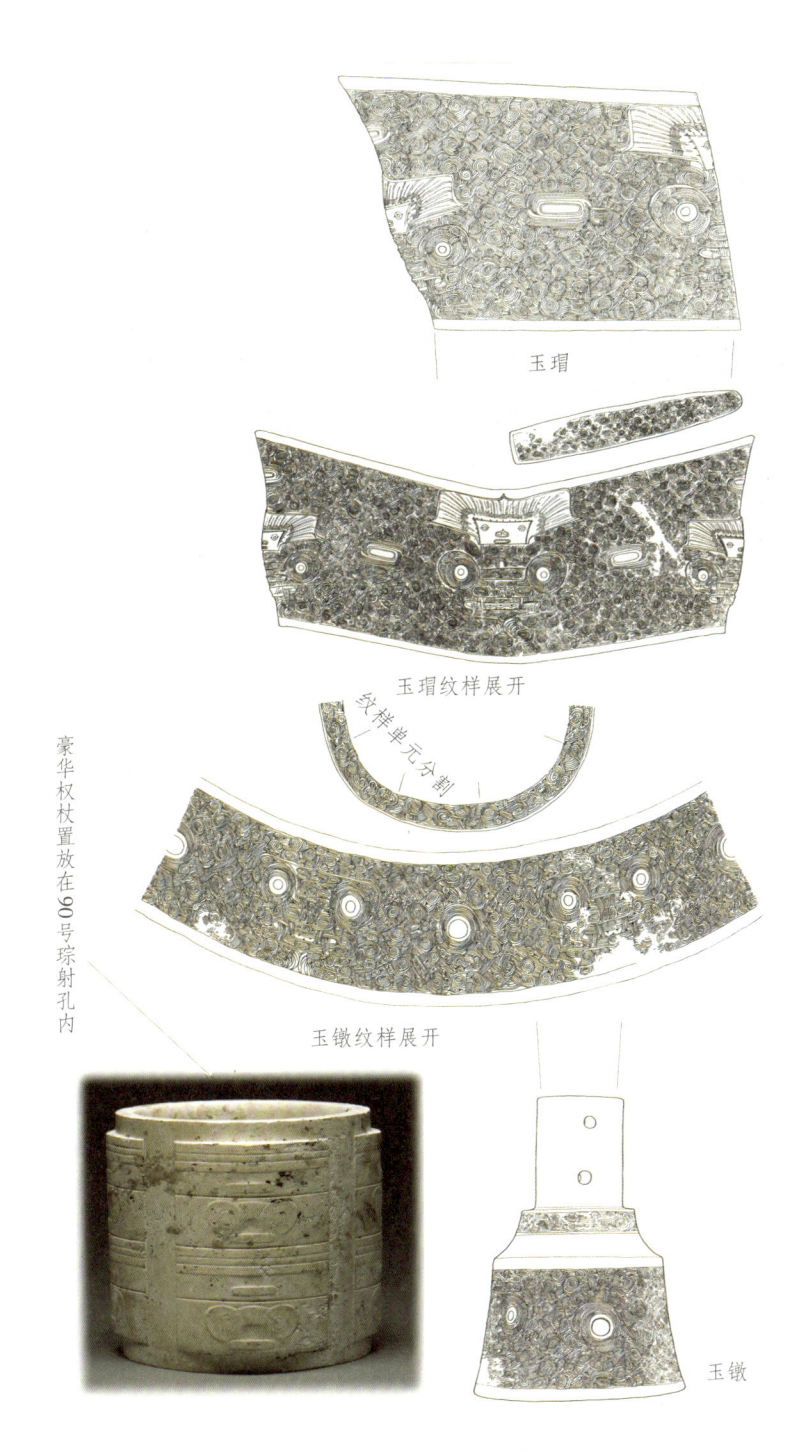

图 5-3 反山 M12 以琮为座的豪华权杖

图5-4　瑶山M10头部复杂玉头饰出土状况

叉形器、雕琢精美的璜、各种形状的镂雕饰件和各种动物题材的缀件等等（图5-4）。

在上述三大类中，以第二类武器的礼仪化是礼和礼制的根本区别点。武器的神化，使得琢玉工艺及其制品的占有者，可以凭借神的力量成为显贵者阶层，并以神的名义建立起自己的世俗统治。我们觉得可以将玉钺作为礼制出现的重要标志，一柄由瑹和镦组装起来的豪华型玉钺，不能不是特殊社会权力的象征物，并且从此奠定了中华礼仪制度的基础（图5-5）。

图5-5　反山M12大玉钺和神像

## 六 玉器时代：中国文明时代产生的一个重要标志

纵览我国史前玉器的自身发展和发现研究，两方面都经历了漫长而艰辛的历史过程。在认识和探索的曲折长河中，目前已经取得的研究成果，在总体上仍然只是前人基础上的某些前进。以往的艰难和挫折，既是历史的必然，也有值得记取的经验教训，它们必将转化成激励勇士们继续攀登的信心。

当我们将史前时期琢玉工艺的成果与同期其他质料的制品比较时，玉器的雕琢显然名列前茅。如果说二十世纪三十年代的考古成果是将青铜艺术品恢复到其应有的历史地位，那么经过半个世纪以后的今天，证明在青铜艺术品之前还存在着玉雕艺术品，而且两者不论在总体功能或具体的表现手法上都存在着密切的联系，已经是众多研究者取得的共识。由于青铜艺术品多数是容器性礼器，而以往史前的玉雕艺术品恰恰缺乏这类容器，不能不使人感觉到两者之间似乎存在着某种缺环和空白。最先从良渚文化中得到确认的镶嵌用玉，证明了在玉雕艺术品的群体中，存在着以镶嵌为特征的容器。目前虽然只能在众多的这类容器中，剥剔或辨认出杯、盘等少数器型[128]，但却雄辩地说明由镶嵌的玉件使容器外表呈现凹凸起伏，并以此组成浮雕式装饰图案的制品，正是青铜容器的直接前身。

最新的研究成果表明，良渚文化分节式玉琮的仰视展开图，是一幅与含山凌家滩87M4出土玉牌饰上的纹样十分相似的画面〔图

1. 良渚玉琮以角为单位的侧视图

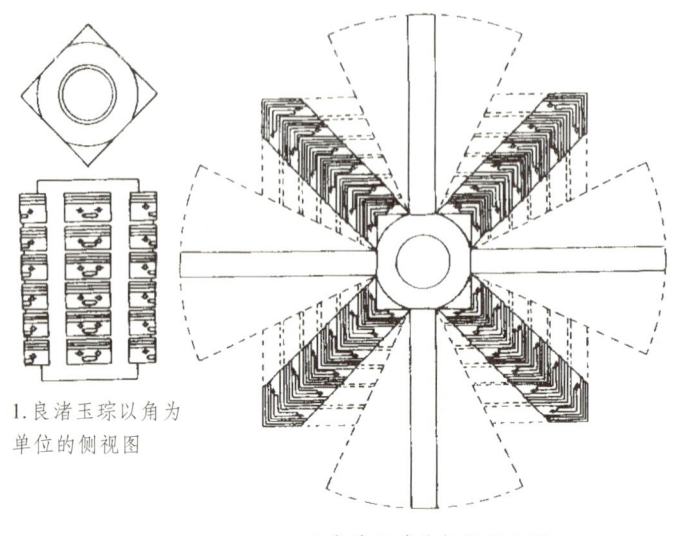

2. 良渚玉琮的仰视展开图

图6-1　良渚分节式玉琮仰视展开图

6-1）[129]。这类画面又可以在青海贵南齐家文化的铜镜及殷墟妇好墓等发掘中所见的多件铜镜的花纹中重现。这种圆形片状铜制品的本来功能，真的只是日常生活用的镜子，还是具有类似阳燧那样成为巫术或某种信仰行为的法器？古人心目中从特定的岩石（铜矿石）经高温熔炼出来，凝固后经过打磨会呈现金灿灿光芒的物质性状，在功能上和玉（具有光泽的岩石）联系在一起，是完全可能的。如果在此基础上我们再从全球的视野来遴选史前时期的工艺美术品，那么玉器将无愧于东方史前艺术瑰宝的称号。因此，透过玉器这项东方世界特有的物质文化，在这些伟大而又没有实用价值的艺术品背后，探索和发现古代东方的神秘观念形态、社会模式和文明历程，将是我们任重而道远的光荣任务。

　　成组玉礼器的出现，是社会生产力提高和社会内部结构产生一系列变革的结果。此时，大型墓葬的随葬品，已由陶器为主转化为以玉器为主，它们是农业和手工业分离以后的产品。微雕的人形化太阳神和繁密装饰，连同使器表呈现玻璃那样镜面效果的高精度抛光，都比剖割玉材消耗更多的劳动量。在这些多工序、高技能的专业化劳动中，折射出脑力劳动的程度日益加强，并可能出现脑力劳动和体力劳动分工的趋势。很可能包括采觅玉矿在内的琢玉工艺已具有垄断性，并使他们获得特殊的社会地位，成为与一般氏族成员不一样的显贵者阶层。他们死后拥有棺、椁俱备的双重葬具，可以埋在具有祭坛功能的高台土冢或台阶式的积石冢之内，有时还出现人祭或人殉。这些高台土冢或坛、庙、冢，应是后世庙堂建筑的前身，它的出现，反映了动员大批劳动者进行自身物质生活之外的大规模营建工程的社会权力的存在。这种社会权力自然掌握在死后能埋在那里的显贵者们手中。红山文化的坛、庙、冢，石家河文化大型中心聚落及其防御性建筑，良渚文化遗址内面积近三十万平方米的超巨型具有信仰或祭坛职能中心址等等，都萌发着类似以后城市和乡村那样社会财富不平衡流向的城乡分化（图6-3）[130]。种种迹象表明良渚文化中可能已经出现文字（图6-4）[131]。综合上述情况，我们认为当时已经形成虽然还不成熟，但已具备雏形的类似国家的政体，我们称之为玉器时代。

关于玉器时代，早在五十年代就有学者提出[132]。随着史前玉器的发现，愈来愈多的研究者对历史上的用玉文化及其对中华文明出现所起的作用取得了广泛的共识。对于在石器时代与青铜时代之间，存在着一个玉器时代，似乎旅居海外的中国学者表现出更高的热情和积极性，不少知名度很高的学者，都曾对此发表过很有见地的论述。可能生活在不同文化背景的地方，才能比较清晰地观察到东西方文化之间的区别[133]。请允许在这里节录五年前与汝祚先生共同撰写的一段话"玉器时代是东亚地区相对的稳定和封闭的地理条件和

图6-3 良渚古城及外围水利系统结构图

图6-4 苏州澄湖J127:1良渚文化贯耳壶上的良渚文字

以集权专制主义、种姓奴隶、农村血缘公社为特征的亚细亚生产方式相适应的特定产物。只有将东方文明社会安置在玉器时代的前提下，才能将它的特殊性表达得更为完整。因此，从一定意义上讲，玉器时代的提出是亚细亚生产方式研究的继续和突破，或可认作亚细亚生产方式的考古学研究。……玉的神化和灵物概念是玉器时代意识形态的核心。被神化了的玉，一开始就将人世间的统治和权力笼罩在神秘的袍套里，相信神的力量、信奉超越自身、超越现实的精神力量，在文明起源时代就在民族心理上、意识上印下了胎记。中华民族形成爱玉的民族心理，也植根于此"[134]，作为本文的结束。

本书刊印的实物标本，是国内众多同行的劳动成果，在它们上面凝聚着当年的创造者和现代广大考古工作者的古今两代的血汗和智慧，既有欢乐和兴奋，也有苦闷和悲哀，只有亲身参与者才能体会。希望本书的印行能满足炎黄子孙对传统文化的心理需求，也希望得到方家和有识之士的匡正。

牟永抗附记：

1995年初夏，张囷生同志来杭州找我，他是当年文物出版社与香港两木出版社联合出版《良渚文化玉器》的责任编辑，邀我为该社和台湾南天出版社联合出版一本全国性的史前古玉图录写一篇专论。此书以发掘品为主体，具体图片由他编选。希望我能在国庆节前后交稿。因为前几年，南天魏德文先生曾来杭约我编撰有关良渚的研究成果未竟，故不能再负两出版社之厚爱而应承。

1994年4月，我已年满六十，而且在研究员任职"延至六十五"条文之前是一个"可"字。正当本文起草过半时，所长和书记共同找我谈话，当即约定我在国庆节前退休。幸亏孙国平同志代为誊清大部分草稿，使我能在离职之前，准时寄出了此稿，并在10月底应美中学术交流委员会之邀赴美进行预期一年的访问。虽然至今不明此稿的结局，似可作为我在职之年学习古玉一份最后交出的笔记。

（原载《牟永抗考古学文集》，科学出版社，2009年，第473—474页）

## 注释

[1] 辽宁省文物考古研究所编著：《小孤山——辽宁海城史前洞穴遗址综合研究》，科学出版社，2009年，第147页，图5-1。

[2] 闻广：《玉与珉》（古玉丛谈二），（台北）《故宫文物月刊》（124）1993年第十一卷第4期，表二；《鸡骨白与象牙白古玉》（古玉丛谈八），（台北）《故宫文物月刊》（134）1994年第二十卷第2期，图五。

[3] [汉] 许慎撰：《说文解字》，中华书局，1963年。"玉，石之美，有五德：润泽以温，仁之方也；鰓（sāi）理自外，可以知中，义之方也；其声舒扬，専（fū）以远闻，智之方也；不桡而折，勇之方也；锐廉而不技（忮zhì），絜（洁）之方也。象三玉之连。丨，其贯也。凡玉之属，皆从玉。"《说文》玉之五德，源自《礼记·聘义》最后一段子贡问君子贵玉于孔子的记载，孔子回答了子贡关于"君子比德于玉"之"玉"的十一玉德："子贡问于孔子曰：敢问君子贵玉而贱珉者，何也？为玉之寡而珉之多与？孔子曰：非为珉之多故贱之也，玉之寡故贵之也。夫昔者君子比德于玉焉：温润而泽，仁也；缜密以栗，知也；廉而不刿，义也；垂之如队（坠），礼也；叩之其声清越以长，其终诎然，乐也；瑕不掩（掩）瑜、瑜不掩瑕，忠也；孚（浮）尹（筠yún）旁达，信也；气如白虹，天也；精神见于山川，地也；圭、璋特达，德也。天下莫不贵者，道也。《诗》云：言念君子，温其如玉。故君子贵之也。"另参见孙庆伟：《从〈说文·玉部〉看先秦两汉时期的相玉》，原载《古代文明研究通讯》第二十二期，2004年9月；又孙庆伟：《礼以玉成——早期玉器与用玉制度研究》，北京大学出版社，2022年。

[4] 斯维至：《说德》，《人文杂志》，1982年第6期；又《关于德字的形义问题》，《人文杂志》1983年第5期。

[5] 王宇信：《卜辞所见殷人宝玉、用玉及几点启示》；张永山：《金文中的玉礼》，见邓聪主编：《东亚玉器》（Vol.1），香港中文大学中国考古艺术研究中心，1998年；杜金鹏：《商代"玉"字新探》，《中原文物》2021年第3期；杨岐黄：《甲骨卜辞所见玉器及相关问题研究》，《文博》2022年

第5期。

[6] 容庚编著:《金文编》,中华书局,1985年,第520页。

[7] 朝阳北塔考古勘察队:《辽宁朝阳北塔天宫地宫清理简报》,《文物》1992年第7期。

[8] 吴县文物管理委员会:《江苏严山春秋吴国玉器窖藏》,《文物》1988年第11期;姚勤德、龚金元编:《吴国王室玉器》,上海人民出版社,1996年,第59页。2002年安吉递铺垄坝战国墓出土1件直径达24厘米的良渚文化大玉璧(程亦胜主编:《安吉文物精华》,文物出版社,2003年,第21页)。2003年海盐天宁寺镇海塔元代地宫发现直径达24.8厘米的良渚文化大玉璧,作为青铜壶的底垫(李林:《海盐镇海塔及出土文物》,见浙江省博物馆编:《东方博物》第三十三辑,浙江大学出版社,2009年,第37页)。1958年大办钢铁,兴建湖州钢铁厂,在吴兴龙溪公社杨家埠朱家山破土中挖到一个汉墓群,出土玉琮、玉圭,湖州钢铁厂党委交县文教局转浙江省博物馆(慎微之先生经手),现藏浙江省博物馆。杨家埠螺旋纹大眼玉琮和刻纹玉圭,不见于已知的良渚文化玉器,应该是龙山时代的玉器。

[9] 江伊莉:《20世纪早期美国的中国古玉收藏家》,见江伊莉、古方:《玉器时代:美国博物馆藏中国早期玉器》,科学出版社,2009年,第5页。"罗覃特别叙述了弗利尔从上海的古董商游筱溪手里购得的玉器,并且观察到,这个商人在那样早的时代(大约1916年)就提出弗利尔购买到的一件玉器来自浙江的下溪(邻近上海)并且是公元前2000年的产品。"

[10] 邓淑蘋:《〈古玉图考〉导读》,台北艺术图书公司,1992年。

[11] 台北故宫博物院谢明良把琮瓶分为三型,Ⅰ型仅见铜器,形近盖罐形;Ⅱ型有陶瓷、铜、石,内腔方正,系用四片模制长方板接合成方柱;Ⅲ型只见陶瓷,中空圆柱拉坯,柱身对称贴塑四组模制成型的边角。Ⅱ型直接仿制良渚文化玉琮,Ⅲ型祖型为金沙或三星堆玉琮。[谢明良:《琮瓶再识》,原载(台北)《故宫文物月刊》(333),2010年12月,收入谢明良:《陶瓷手记Ⅱ:亚洲视野下的中国陶瓷文化史》,浙江大学出版社,2020年,第3—17页。]

[12] 黄浚：《古玉图录初集》，收入桑行之等编：《说玉》，上海科技出版社，1993年，第800页。

[13] 夏鼐第一次系统提出要从考古学的角度来研究商代玉器的分类、定名和用途，把商代玉器分为"礼玉"、武器和工具（包括日常品）、装饰品三大类（夏鼐：《商代玉器的分类、定名和用途》，《考古》1983年第5期）。中国社会科学院考古研究所：《殷墟的发现与研究》，科学出版社，1994年，殷墟出土玉器，"据粗略统计，截至1986年，大约有2000多件（包括珠与镶嵌片）。应当指出的是，由于古今盗掘，被劫、被毁的玉器为数当更多。据《逸周书·世俘解》称：'商王纣取天智玉琰五，环身厚以自焚。凡厥有庶告，焚玉四千。……凡武王俘商旧玉亿有百万。'清代王念孙《读书杂志》校为'凡武王俘商，得宝玉万四千'"。

[14] 南京博物院：《南京市北阴阳营第一第二次的发掘》，《考古学报》1958年第1期。南京博物院：《北阴阳营——新石器时代及商周时期遗址发掘报告》，文物出版社，1993年，图三九、四〇、四二。

[15] 山东省文物管理处、济南市博物馆：《大汶口：新石器时代墓葬发掘报告》，文物出版社，1974年，图版24。

[16] 湖北省文物考古研究所、中国社会科学院考古研究所：《湖北石家河罗家柏岭新石器时代遗址》，《考古学报》1994年第2期，第226页。

[17] 浙江省博物馆编：《史前双璧》，浙江古籍出版社，2009年，第129页。

[18] 南京博物院：《江苏吴县草鞋山遗址》，《文物资料丛刊》（6），文物出版社，1982年。

[19] 南京博物院：《江苏吴县张陵山遗址发掘简报》，《文物资料丛刊》（6），文物出版社，1982年。

[20] 南京博物院：《太湖地区的原始文化》，"玉制礼器，是良渚文化的一个显著的特点"（第99页）；牟永抗、魏正谨：《马家浜文化和良渚文化——太湖流域原始文化的分期问题》，"大型玉琮玉璧的制作，说明了当时的江南地区更已成为我国新石器时代比较先进的地区之一"（第108页）。收入文物编辑委员会编：《文物集刊》（1），文物出版社，1980年。

[21] 赵青芳：《长江下游先民对中国古代文明的几项重要贡献》，《南京博物院集刊》第6期，1983年。赵青芳把水稻栽培、犁耕、养蚕丝织、玉器制造、滑轮和漆器等六项作为长江下游新石器时代文化对中国古代文明的重要贡献（常州圩墩出土的"滑轮状骨器"应为耳珰）。

[22] 郭大顺：《红山文化考古记》，辽宁人民出版社，2009年，第36页。1981年杭州中国考古学会第三次年会上，郭大顺和孙守道以"辽河流域的原始文明与龙的起源"为题（后发表于《文物》1984年第12期），从类型学上考证胡头沟、三官甸子、牛河梁、东山嘴等出土的玉器群属于红山文化，尤其是龙形玉器的确认，直接把这一发现与文明起源问题联系起来，"龙及有关成组玉器的出现，象征着当时社会某种等级、权力观念的存在，已具'礼'的雏形"。1984年8月4日，牛河梁第二地点1号冢第4号墓，出土2件玉雕龙、1件斜口筒形器，"至此，考证多年的红山文化玉器，终于'一锤定音'"。插图采自辽宁省文物考古研究所：《牛河梁——红山文化遗址发掘报告（1993—2003年度）》，文物出版社，2012年，图版四〇。

[23] 南京博物院：《江苏武进寺墩遗址的试掘》，《考古》1981年第3期。南京博物院：《1982年江苏常州武进寺墩遗址的发掘》，《考古》1984年第2期。常州市博物馆陈丽华：《江苏武进寺墩遗址的新石器时代遗物》，《文物》1984年第2期。江苏省寺墩考古队：《江苏武进寺墩遗址第四、第五次发掘》，见南京博物院：《东方文明之光——良渚文化发现60周年纪念文集》，海南国际新闻出版中心，1996年。南京博物院、常州市考古研究所：《江苏常州天宁区寺墩遗址2019年度发掘简报》，《东南文化》2022年第5期。上海市文物保管委员会：《上海福泉山良渚文化墓葬》，《文物》1984年第2期。上海市文物管理委员会黄宣佩主编：《福泉山——新石器时代遗址发掘报告》，文物出版社，2000年。

[24] 浙江省文物考古研究所反山考古队：《浙江余杭反山良渚墓地发掘简报》，《文物》1988年第1期。浙江省文物考古研究所：《余杭瑶山良渚文化祭坛遗址发掘简报》，《文物》1988年第1期。浙江省文物考古研究所：《瑶山》，文物出版社，2003年。浙江省文物考古研究所：《反山》，文物出版

社，2005年。浙江省文物考古研究所：《瑶山》（修订本），文物出版社，2021年。浙江省文物考古研究所：《反山》（修订本），文物出版社，2022年。反山玉器共1100余件组，不含玉粒、玉片，单件计3072件；瑶山玉器共700余件组，单件计2956件。牟永抗执笔：《浙江新近十年的考古工作》，第119页，"对反山和瑶山的发掘，丰富和充实了对良渚文化遗址群的认识。经过近几年的努力，我们又发现了一处人工堆积工程，规模比反山、瑶山雄伟得多，其性质类似某种政治或宗教、文化中心。经过初步调查，这处'中心遗址'位置在余杭县的长命、安溪两乡的附近地区。以往出土良渚玉器的著名地点，大体上都环绕着这处推测的'中心遗址'。它的地位显然比反山、瑶山要高"。插图采自浙江省文物考古研究所、南京博物院、上海博物馆编：《良渚考古八十年》，文物出版社，2016年，第67、75、92、101页。

[25] 截至2020年，中国史前古玉代表性的图录类资料，推荐以下42册（相关文献也可参考赵朝洪主编：《中国古玉研究文献指南》，科学出版社，2004年，第223—232页；袁广阔、张友来、朱光华主编：《中国古玉研究文献索引：2001—2016》，科学出版社，2020年，第197—202页）：

1. 邓淑蘋编辑：《中华五千年文物集刊》（玉器篇一），（台北）中华五千年文物集刊编辑委员会出版，1985年，附录邓淑蘋长篇"概论"。

2. 中国美术全集编辑委员会编：《中国美术全集·工艺美术编9·玉器》，文物出版社，1986年，收录杨伯达《中国古代玉器发展历程》。

3. 浙江省文物考古研究所、上海市文物管理委员会、南京博物院：《良渚文化玉器》，文物出版社、两木出版社，1989年，收录牟永抗《前言》。

4. 邓淑蘋：《故宫博物院新石器时代玉器图录》，台北故宫博物院，1992年，收录邓淑蘋《试论中国新石器时代的玉器文化》。

5. 中国玉器全集编辑委员会编：《中国玉器全集·1·原始社会》，河北美术出版社，1992年，收录牟永抗、云希正《中国史前艺术的瑰宝——新石器时代玉器巡礼》。

6. Jessica Rawson, Chinese Jade: From The Neolithic To The Qing. Cambridge

University Press,1995.

7. 邓淑蘋：《玉石器的故事》（故宫宝藏/青少年特编），台北故宫博物院，1995年。

8. 邓淑蘋：《蓝天山房藏玉百选》，台北财团法人年喜文教基金会，1995年，收录邓淑蘋《由蓝天山房藏玉论中国古代玉器文化的特质》。

9. 辽宁省文物考古研究所编：《牛河梁文化遗址与玉器精粹》，文物出版社，1997年，收录郭大顺《中华五千年文明的象征——牛河梁红山文化坛庙冢》。

10. 邓聪编：《东亚玉器》，香港中文大学中国考古艺术研究中心，1998年。

11. 李世源、邓聪主编：《珠海文物集萃》，香港中文大学中国考古艺术研究中心，2000年，收录邓聪《环珠江口考古之崛起——玉石饰物作坊研究举隅》。

12. 安徽省文物考古研究所编：《凌家滩玉器》，文物出版社，2000年，收录严文明《凌家滩玉器浅析》等文章。

13. 徐湖平主编：《古玉菁华：南京博物院玉器馆展品选粹》，南京博物院，2000年。

14. 辽宁省文物考古研究所、朝阳市文化局：《牛河梁遗址》，学苑出版社，2004年。

15. 南京师范大学、金坛市博物馆编：《金坛三星村出土文物精华》，南京出版社，2004年。

16. 古方主编：《中国出土玉器全集》（15卷），科学出版社，2005年。

17. 臧振华、叶美珍主编：《台湾史前文化博物馆藏卑南遗址玉器图录》，台湾史前文化博物馆，2005年，收录臧振华《海隅奇葩——台湾东岸的玉器文明》等文章。

18. 中国国家博物馆、浙江省文物局编辑：《文明的曙光——良渚文化文物精品集》，中国社会科学出版社，2005年，收录严文明《良渚文化与中国文明的起源》等文章。

19. 中国社会科学院考古研究所、香港中文大学中国考古艺术研究中心编：《玉器起源探索——兴隆洼文化玉器研究及图录》，香港中文大学中国考古艺术研究中心，2007年。
20. 中国国家博物馆编：《中国国家博物馆馆藏文物研究丛书·玉器卷》，上海古籍出版社，2007年，收录张润平《中国国家博物馆藏玉概述》。
21. 震旦文教基金会编辑委员会：《红山玉器》，（台北）财团法人震旦文教基金会，2007年，收录吴棠海《古器物学研究——红山文化玉器概论》。
22. 荆州博物馆编著：《石家河文化玉器》，文物出版社，2008年，收录张绪球《石家河文化玉器的发现和研究概述》。
23. 江伊莉、古方著：《玉器时代：美国博物馆藏中国早期玉器》，科学出版社，2009年，收录江伊莉《20世纪早期美国的中国古玉收藏家》《玉器艺术与中华文明之起源》。
24. 郭大顺、洪殿旭主编：《红山文化玉器鉴赏》，文物出版社，2010年，收录郭大顺《前言》。郭大顺、洪殿旭主编：《红山文化玉器鉴赏》（修订本），文物出版社，2014年。
25. 古方主编：《中国传世玉器全集》（8卷），科学出版社，2010年。
26. 吕章申主编：《中国古代玉器艺术》，中国社会科学出版社，2011年。
27. 故宫博物院编：《故宫博物院藏品大系·玉器编1·新石器时代》，紫禁城出版社、安徽美术出版社，2011年。
28. 邓淑蘋、张丽端、蔡庆良：《敬天格物：中国历代玉器导读》，台北故宫博物院，2011年。
29. 良渚博物院编著：《瑶琨美玉——良渚博物院藏良渚文化玉器精粹》，文物出版社、众志美术出版社，2011年，收录蒋卫东《良渚文化玉器的出土与研究》。
30. 故宫博物院编：《山川菁英：中国与墨西哥古代玉石文明》，故宫出版社，2012年，收录徐琳《玉人的启示——故宫博物院藏红山玉人像考辨》等文章。
31. 浙江省文物考古研究所、良渚博物院：《崧泽之美——浙江崧泽文化考古特展》，浙江摄影出版社，2014年，收录方向明《崧泽文化的玉器》等文章。

32. 山东省博物馆、良渚博物院：《玉润东方：大汶口-龙山·良渚玉器文化展》，文物出版社，2014年。

33. 浙江省文物考古研究所、香港中文大学中国考古艺术研究中心编：《良渚玉工》，香港中文大学中国考古艺术研究中心，2015年，收录牟永抗《光的旋转——良渚玉器工与艺的展续研究》等文章。

34. 浙江省文物考古研究所、北京大学考古文博学院、北京大学中国考古学研究中心、良渚博物院、杭州市余杭博物馆编著：《权力与信仰——良渚遗址群考古特展》，文物出版社，2015年，收录秦岭《权力与信仰——解读良渚玉器与社会》等文章。

35. 北京艺术博物馆等著：《玉泽陇西：齐家文化玉器》，北京美术摄影出版社，2015年，收录朱乃诚《素雅精致、陇西生辉——齐家文化玉器概论》等文章。

36. 陕西省考古研究所、榆林市文物考古勘探工作队、神木县文体广电局、神木县石峁遗址管理处：《发现石峁古城》，文物出版社，2016年，收录孙周勇、邵晶《关于石峁玉器出土背景的几个问题》等文章。

37. 杭州良渚遗址管理委员会、浙江省文物考古研究所编著：《良渚玉器》，科学出版社，2018年，收录方向明、夏勇、陈明辉《导读》。

38. 邓淑蘋主编：《故宫玉器精选全集》第一卷《玉之灵·Ⅰ》，台北故宫博物院，2019年，收录邓淑蘋《从"东、西"到"南、北"——九千年玉文化的发展与演变》。

39. 浙江省人民政府、故宫博物院编：《良渚玉古代中国——玉器显示的5000年文明》，故宫出版社，2019年，收录徐琳《重拾帝王之宝——故宫博物院藏良渚玉器》。

40. 王春法主编：《礼出东方：山东焦家遗址考古发现》，北京时代华文书局，2019年，收录栾丰实《礼制的产生、发展和社会分层》等文章。

41. 湖北省文物考古研究所、北京大学考古文博学院、天门市博物馆编著：《石家河遗珍——谭家岭出土玉器精粹》，科学出版社，2019年。

42. 辽宁省博物馆、辽宁省文物考古研究所、内蒙古博物院、内蒙古自治区文物考古研究所编：《又见红山》，文物出版社，2019年，收录郭大顺《红山文化玉中国五千年文明起源的讨论（代序）》等文章。

[26] 小南山遗址位于黑龙江省双鸭山市饶河县乌苏里江岸边，小南山玉器被认为是"中华玉文化的摇篮"（李有骞：《中华玉文化的摇篮——饶河小南山玉器的发现和认识》，"故宫研究院"公众号，2021-6-17。小南山遗址考古参见黑龙江博物馆：《黑龙江饶河小南山遗址试掘简报》，《考古》1972年第2期；佳木斯文物管理站、饶河县文物管理所：《黑龙江饶河县小南山新石器时代墓葬》，《考古》1996年第2期；黑龙江文物考古研究所、饶河县文物管理所：《黑龙江饶河县小南山遗址2015年Ⅲ区发掘简报》，《考古》2019年第8期。又李有骞：《东亚玉文化的曙光——黑龙江饶河小南山遗址》，十大考古办公室，"文博中国"公众号，2020-4-24，"近几年在小南山遗址发掘出土玉器120余件，加上以往发现，总数超过200件。种类包括玉玦、环、管、珠、扁珠、璧饰、锛形坠饰和玉斧等，构成了迄今所知中国最早的玉文化组合面貌，尤其玦饰、玉管、璧饰等，对其后的东亚玉器文化产生巨大的影响"。李有骞：《黑龙江饶河小南山2019—2020年度考古发掘新收获》，"文博中国"公众号，2021-3-19，小南山第一期遗存可早到距今16000年，第二期遗存包括第一、第二墓地，距今9000年左右。第二墓地玉器总计发现50余件，有玦、环、璧饰、珠、管和造型各异的小坠饰等，玦最大者直径6.5厘米，多呈扁环形，玦口一侧较窄，另一侧较宽，边缘呈刃状。

[27] 关于"医无间珣玗琪"。汉许慎《说文解字》："珣，医无间珣玗琪，《周书》所谓夷玉也。"《尔雅·释地》："东方之美者，有医无间之珣玗琪焉。"晋郭璞注："医无间，山名，今在辽东。珣玗琪，玉属。"不少学者认为根据文献，古代辽东出土的玉，曾被称为"珣玗琪""夷玉"（汉郑玄注《尚书·顾命》，"夷玉，东方之珣玗琪也"），"医无间"可理解为战国至汉代先民对辽东郡出产玉石的山脉的泛指，珣玗琪应包括现今所称的"岫岩

玉"（王时麒、赵朝洪、于洸、员雪梅、段体玉著：《中国岫岩玉》，科学出版社，2007年，第116页）。

岫岩玉，指岫岩县境内所产出的各种玉石的总称。岫岩玉有蛇纹石玉（岫玉）和闪石玉（软玉）。岫玉，岫岩所产蛇纹石玉的俗称，由于蛇纹石质玉在全国以岫岩所产的质量最好、储量最多、名气最大，因此其他地方所产的蛇纹石玉也常称岫玉。岫玉有山料、河料（岫玉河磨料）。岫岩闪石玉绝大部分由透闪石组成，仅少部分墨玉由阳起石组成。岫岩闪石玉有山料和河料（老玉河磨料）。通过对近百件时代从距今8000年前后的兴隆洼文化到距今3500年前的夏家店下层文化玉器的观察对比、测试、鉴定，可以说明辽西及内蒙古东南部地区发现的史前玉器的玉料不是来自本地，可能来自就近的辽东地区的岫岩一带闪石玉玉矿。黑龙江省的史前玉器中的闪石玉料大部分应来自辽宁岫岩一带。目前所看到的大汶口文化、龙山文化的闪石玉器原料，可能主要也来自辽宁岫岩玉矿带（不排除有个别或少量玉器来自南方或其他地区），其中泰沂山脉西部、南部的大汶口文化的闪石玉玉器原料应主要通过环渤海湾西侧的通道输入（王时麒、赵朝洪、于洸、员雪梅、段体玉著：《中国岫岩玉》，科学出版社，2007年，第2—3、141、147、156页）。

插图采自辽宁省文物考古研究所：《牛河梁——红山文化遗址发掘报告（1993—2003年度）》，文物出版社，2012年，第2页，图一。

[28] 查海遗址属于西辽河流域，1985年苏秉琦考察后指出查海类型是红山文化主源之一，1986年起正式发掘，1987—1994年进行了六次发掘。据《查海》正式考古报告，共出土玉器44件，其中玉斧7件、玉凿7件、玉玦7件、玉匕13件、玉管6件、小玉环1件、玉料1件、玉器残片2件。44件玉器中，其中出土于文化堆积层中11件、房址内21件、居室墓葬内8件、祭祀坑内1件、地表采集3件。玉玦、玉匕两种玉器均见于墓葬中。查海居室墓F7M，根据墓中出土的牙齿及玉匕相对位置，为儿童单人墓，头北足南，3对玉匕分别在儿童的颈、腰、脚三个部位（辽宁省文物考古研究所编著：《查海——新石器时代聚落遗址发掘报告》，文物出版社，2012

年，第615、539—541页，插图采自第113页、图版二七五）。

[29] 闻广：《全世界最早的真玉器》，(台北)《故宫文物月刊》(123)，1993年第十一卷第3期。闻广指出："按理推断在中国大陆，尤其是辽河流域，还可能存在更早更原始的玉器"，"总观中国史前玉器文化，是自北向南及自东向西逐步发展，即愈南愈西用玉起始愈晚"，"中国史前玉器文化的总体特征及起伏发展和中心转移，是何原因？看来为将史前文化固定地区划分若干文化圈所难以解释，也和长期以来广为流传的中华文明起源于黄河流域以至中华文明西来说等无法相容"，"故玉器文化应当在中国古代技术发展历史分期中有其应有的突出地位"，《越绝书·外传·记宝剑第十三》风胡子与楚王对话，"其中'轩辕、神农、赫胥之时'，即'三皇'时代，可与旧石器时代相比拟；而'黄帝之时'，即'五帝'时代，是玉器时代，也就是考古学习称之新石器时代"，"《越绝书》的记载正确反映了中国古代技术发展历史分期的特征，及旧石器时代与青铜器时代之间存在玉器时代，其时限相当于全新世早期的新石器时代。当然，玉器时代不等于(玉)礼器时代，礼器是玉发展到一定阶段的产物，始于良渚文化"。

[30] 任式楠：《兴隆洼文化的发现及其意义——兼与华北同时期的考古学文化相比较》，《考古》1994年第8期。任式楠指出，兴隆洼文化发现的玦、长条弧面坠形器、小锛等，都属于小型器物，由此把中国新石器时代使用琢磨玉器的年代上推到公元前6000年左右，这是中国迄今年代最早的琢磨玉器，兴隆洼遗址玉玦大体呈较宽厚的圆环形，该地区的阜新查海、翁牛特旗小善德沟(后者属于老哈河-大凌河上游的赵宝沟文化)玉玦，查海的呈圆环形、管珠形，小善德沟的呈算珠形，他们有的与兴隆洼玉玦存在一定差别，在以后的红山文化中，玉器十分发达，但未见玉玦。史前盛行玉玦的地区是长江中下游，黄河流域新石器时代玦的数量也很少，而且年代都晚于兴隆洼文化，"因此，兴隆洼文化玉玦的发现，为探讨我国玉玦的起源提出了问题"。彩图采自中国社会科学院考古研究所、香港中文大学中国考古艺术研究中心编：《玉器起源探索——兴隆洼文化玉器研究及图录》，香港中文大学中国考古艺术研究中心，2007年，第44页。

[31] 藤田富士夫讨论日本福井县桑野遗址M18匕状坠饰及玦饰出土状况。参见藤田富士夫：《匕状坠饰之考察》，中国社会科学院考古研究所、香港中文大学中国考古艺术研究中心编：《玉器起源探索——兴隆洼文化玉器研究及图录》，香港中文大学中国考古艺术研究中心，2007年，第237页。

[32] 天津市历史博物馆考古队、宝坻县文化馆：《天津宝坻县牛道口遗址调查发掘简报》，《考古》1991年第7期。

[33] 沈阳市文物管理办公室：《沈阳新乐遗址试掘报告》《沈阳新乐遗址第二次发掘报告》，《考古学报》1978年第4期、1985年第2期。新乐文化炭化样本碳14测定年代在5295BC—4800BC之间，玉器发现有石刃器和玉珠，数量较少，玉石刃器属于雕刻类工具，刃部锋利，表面经抛光。玉珠较大者多为圆鼓形，直径多在1厘米左右，小珠扁圆形。发现的玉料有切割后所剩的边角料，玉质观察基本属于岫玉。新乐遗址还出土了泡形器、球形器、耳珰形器等煤精制品，煤精来源自新乐遗址东部约40公里的抚顺市（沈阳市文物考古研究所、新乐遗址博物馆：《新乐遗址发掘报告》，文物出版社，2018年，第709—711页）。

[34] 刘俊勇：《大连出土的岫玉器及有关问题》，《故宫博物院院刊》1989年第2期。

[35] "在牛河梁工作站参观学习时，曾见到个别形态近似工具的制品，其侧面保留着剥片的痕迹，质料也不像玉质，似可排除玉器之外。"（牟永抗自注）关于牛河梁玉器的打制痕迹，"推测切割与打制技术的配合，是当时分割玉料和生产大型玉片的重要技术"（辽宁省文物考古研究所编著：《牛河梁——红山文化遗址发掘报告（1983—2003年度）》，辽宁省文物考古研究所，2012年，第537页）。

[36] 碧玉，jasper jade，有两种含义，一指$SiO_2$胶体沉积物碧石，二有时泛指玉类或翠玉。参见地质矿产部地质辞典办公室编辑：《地质辞典》（二），地质出版社，1981年。第106页。

[37] 据刘国祥2015年《红山文化研究》统计，"目前正式考古调查和发掘所获红山文化玉器300余件，其中牛河梁遗址发掘出土183件，采集13件；胡

头沟遗址出土18件,南台子遗址出土2件,草帽山遗址出土3件,东山嘴遗址出土2件,二道梁友好村遗址出土8件,小泡子遗址出土7件。田家沟遗址和哈民忙哈遗址出土的玉器资料尚未全部发表。博物馆藏且有明确出土地点的红山文化玉器共计132件。其中那斯台遗址调查采集玉器86件,尤以玉珠饰的数量最多,共有68件。目前所知,牛河梁遗址是经过正式科学考古发掘出土红山文化玉器数量最多的地点,那斯台遗址是经过考古调查所获得红山文化玉器数量最多的地点"(刘国祥:《红山文化研究》,科学出版社,2015年,第515页)。

另,以内蒙古科左中旗哈民忙哈遗址为代表的"哈民文化"玉器,年代相当于红山文化晚期或略晚。哈民遗址2010、2011、2012年三次发掘。2010年发掘未报道出土玉器。2011年发掘报道出土玉器8件,有斧、璧、双联璧、钺、饰件(内蒙古文物考古研究所、科左中旗文物管理所:《内蒙古科左中旗哈民忙哈新石器时代遗址2010年发掘简报》,《考古》2012年第3期;内蒙古文物考古研究所、吉林大学边疆考古研究中心:《内蒙古科左中旗哈民忙哈新石器时代遗址2011年的发掘》,《考古》2012年第7期)。2012年度发掘出土玉器40余件,器型主要有璧、璜、匕形器、勾云形器、饰件等(内蒙古文物考古研究所:《内蒙古科左中旗哈民忙哈新石器时代遗址2012年的发掘》,《考古》2015年第10期)。吉平、朱永刚统计哈民遗址出土玉器共计84件,正式发表41件,均集中出土于房址内,多数发现于房址居住面上(吉平、朱永刚:《哈民遗址出土玉器述略》,内蒙古文物考古研究所、香港中文大学中国考古艺术研究中心编:《哈民玉器研究》,中华书局,2018年,第21页)。

辽宁凌源市西梁头红山文化石棺墓(田家沟)2009年发掘,7座墓葬出土玉器5件[王来柱:《凌源市西梁头红山文化石棺墓的发掘与研究》,见杨晶、蒋卫东执行主编:《玉魂国魄:中国古代玉器与传统文化学术讨论会文集》(四),浙江古籍出版社,2010年,第11—23页]。

[38] 插图采自辽宁省博物馆、辽宁省文物考古研究所、内蒙古博物院、内蒙古自治区文物考古研究所编:《又见红山》,文物出版社,2019年,第

130页。

李新伟：《中国史前昆虫"蜕变"和"羽化"信仰新探》，《江汉考古》2021年第1期。

关于中国新石器时代有关蚕的图像资料，如浙江余姚河姆渡遗址第二期文化遗存（距今约6300—6000年）出土2件象牙盖帽形器，其中T244③B：71，"雕刻有蚕形图案一周"（浙江省文物考古研究所编：《河姆渡——新石器时代遗址考古发掘报告》，文物出版社，2003年，第283—284页）；河姆渡遗址象牙盖帽形器，应该是珥饰，图案由左右两条交尾状态的蚕形图案组成，呈中间尖凸的介字形冠形状，与河姆渡文化出土的交尾状态的双鸟形"蝶形器"，其构图和寓意应该接近；另河南巩义双槐树遗址仰韶文化F13室外活动面出土1件兽牙家蚕雕刻，双槐树和青台、汪沟等遗址均发现距今5300年前后的丝织物残留（顾万发等：《"河洛古国"双槐树：4300平方米夯土建筑基址、大型院落布局，开古代宫殿式建筑形制之先河》，"文博中国"公众号，2020-12-20）；山西夏县师村遗址出土4枚距今6000年前仰韶文化早期石雕蚕蛹（段天璟等：《山西夏县师村：中国最早的石雕蚕蛹与盐湖之畔的仰韶早期聚落》，"文博中国"公众号，2021-1-5）。

红山文化玉蚕或玉蝉形器，主要有内蒙古那斯台、白音长汗、辽宁牛河梁、田家沟等遗址。内蒙古巴林右旗那斯台遗址，共征集玉器一百多件，其中玉蚕4件（巴林右旗博物馆：《内蒙古巴林右旗那斯台遗址调查》，《考古》1987年第6期，第517页）。内蒙古白音长汗遗址，M7耳骨下有1件玉蝉，另外M2出土2件螺纹石棒饰，可能也与蚕形象有关（内蒙古自治区文物考古研究所：《白音长汗——新石器时代遗址发掘报告》，科学出版社，2004年，第309、306页）。牛河梁遗址，N2Z1M11：2玉蚕（蛹），长12.7厘米［辽宁省文物考古研究所编著：《牛河梁——红山文化遗址发掘报告（1983—2003年度）》，辽宁省文物考古研究所，2012年，第89页］。田家沟遗址，除了M3出土蚕形玉器外，M9右耳部位出土"蛇头形玉耳坠"，可能也是玉蚕（田家沟材料，参见王来柱：《田家沟红山文化墓地群发掘的新收获》PPT，2009年12月良渚"中国古代玉器与传统文化学术研讨会"）。

关于红山文化玉蚕、那斯台遗址出土的是玉蝉还是玉蚕，以及中国古代蚕、蝉背后的精神生活范畴的意义，郭大顺认为那斯台4件玉器是蚕而不是蝉，头上端左右的是触角，并有回字纹表现双翼，双翼下边三个分节刚好出露。参见郭大顺：《红山文化有玉蚕吗?》，原载（台北）《故宫文物月刊》（266），2005年，又载郭大顺著：《郭大顺考古文集》，辽宁人民出版社，2017年，第124页。

[39] "商周青铜器花纹，绝对不是一项孤立的装饰艺术，不仅花纹造型本身，反映了古代的宗教观念，就是造型的结构，全用符号拼装成型这一点，也可看出古人的思维方法"，"用符号拼装成造型的整体，而符号本身像文字一样又可和别的词相连接，……换言之，花纹是用观念符号拼装而成的。……因花纹符号，和文字相通，文字则代表了古人的观念"[袁德星：《上帝与上天——古代宗教信仰与古器物之关系》（一），（台北）《故宫文物月刊》（91）1990年第八卷第7期，第66页]。

[40] 插图采自辽宁省博物馆、辽宁省文物考古研究所、内蒙古博物院、内蒙古自治区文物考古研究所编：《又见红山》，文物出版社，2019年，第88页。

关于勾云形玉器形制的来源：2004年周晓晶曾系统梳理过勾云形玉器的创意理念或形制来源，大致归纳为四种，其一为动物说，包括龙、凤、鹰、鸟、鹿角与猪獠牙、饕餮等等；其二为云气说；其三为玫瑰花说；其四为旋目神面说（周晓晶：《红山文化玉勾云形器研究回顾及新探》，《鞍山师范学院学报》2004年第1期。

值得关注的认识，如：1992年邓淑蘋就《中国玉器全集·1原始社会》收录的天津博物馆"玉勾云双鸟形佩"和江伊莉公布的现藏弗利尔美术馆"圆角长方形透雕玉牌饰"，据邓淑蘋介绍，江伊莉的解释是：正中央为穿系绳组的小孔，主体为有一双正视观者的眼睛的动物面，下方是一横长的口部，露出七组两两并列的獠牙，"两侧端，有圆转的弯勾。与红山文化的猪龙有关，或为其抽象化的表现"。邓淑蘋虽然认为勾云形玉器或许是

"凤舞"的抽象性表现，但是江伊莉对于两侧端图像的读识值得注意［邓淑蘋：《龙兮？凤兮？—由两件新公布的红山文化玉器谈起》，（台北）《故宫文物月刊》（114），第十卷第6期，第4—11页］。2004年红山文化国际学术研讨会，李新伟认为类似那斯台采集的勾云形玉器，是龟背像旋转天体的宇宙模型的龟形器，巴林右旗藏勾云形玉器上部是明确的双耳，形似鸮耳，"似乎是一件将两种与宇宙观有重要关联的动物——鸮、龟合一的作品"，弗利尔美术馆的那件，是"鸮形勾云形器"，圆目和弯眉的面部特征典型，其下的牙齿部分也可理解为尾羽，两翼的上部，"受凌家滩玉鹰的启发，我们认为至少在部分鸮形器上，该部分表现的是猪首"（李新伟：《红山文化玉器与原始宇宙观》，见赤峰学院红山文化国际研究中心编：《红山文化研究——2004年红山文化国际学术研讨会论文集》，文物出版社，2006年，第338页）。

郭大顺则认为，勾云形玉器的功能可能与执于手上的斧钺一类武器有关，是通神权杖一类的器物，其造型受到仰韶文化"简化玫瑰花图案彩陶"的影响，"红山文化接受仰韶文化的彩陶技法，创造出彩陶龙鳞纹，同时又将玫瑰花图案简化，红山文化这两种代表性彩陶花纹，由于都是与神器有关的文化因素，它们同时影响到玉器"（原载中国社会科学院考古研究所编：《二十一世纪的中国考古学——庆祝佟柱臣先生八十五华诞学术文集》，文物出版社，2006年，第250—266页；又载郭大顺著：《郭大顺考古文集》，辽宁人民出版社，2017年，第122页）。

关于玉雕龙与勾云形玉器之间的关系：1984年孙守道公布阜新县福兴地采集的"兽面圭形玉饰"，指出，"这一兽面纹样与兽形玉雕兽首的面相、双眼及眼周的多道皱纹，全然相同"（孙守道：《三星他拉红山文化玉龙考》，《文物》1984年第6期，第10页），说明玉雕龙有平面展示表现方式。江伊莉曾指出勾云形器的"勾云形"是"用来刻画猪龙眼部皱褶或是刻画动物脸孔勾形的圆润的沟槽"（江伊莉：《红山文化猪龙形玉器分析》，赤峰学院红山文化国际研究中心编：《红山文化研究——2004年红山文化国际学术研讨会论文集》，文物出版社2006年，第292页）。玉雕龙与"兽面丫形器"是圆雕和平面的不同表现方式,那么玉雕龙与勾云形玉器还有什么关系呢?除了前述李新伟受到凌家滩玉鹰的启发,有猪首的表现,我也注意到巴林右旗勾云形玉器两侧卷勾之间的雕琢,与玉雕龙的首部非常接近,勾云形器两侧的造型,极可能就是与猪造型密切相关的玉雕龙,这样一来,玉雕龙、兽面丫形器、勾云形玉器这三种红山文化重要的玉器,都内在联系了起来〔方向明:《玉雕龙和勾云形玉器构图和展示方式的初步研究》,见中国考古学会编:《中国考古学会第十二次年会论文集》,文物出版社,2010年;方向明:《良渚玉器(神人)兽面像与红山勾云形玉器的比较研究》,见辽宁省文物考古研究所编:《红山文化学术研讨会论文集》,辽宁人民出版社,2013年〕。

[41] 关于红山文化玉雕龙的认识:1996年郭大顺把红山文化玉雕龙分为两种类型:1型"C"形龙,以三星塔拉大型玉雕龙为代表,并推断可能是赵宝沟文化的遗留物;2型玦形龙,之前认为其原型是猪,现可能是"熊龙"。2型龙,除牛河梁N2Z1M4出土2件、吉林农安左家山遗址第二层1件、河北阳原姜家梁后红山文化墓地1件外,内蒙古巴林右旗羊场、巴林左旗尖山子、敖汉旗下洼、敖汉旗收集、巴林右旗那斯台和河北围场下伙房、建平各1件,黄浚《古玉图录初集》、辽宁文物店、辽宁省博物馆、旅顺博物馆、上海博物馆、巴黎吉美美术馆、大英博物馆各1件,天津艺术博物馆2件,共16件(郭大顺:《猪龙与熊龙》,《鉴赏家》1996年夏季号,上海译文出版社;又载郭大顺著:《郭大顺考古文集》,辽宁人民出版社,2017年,第275—277页)。

[42] 虢国墓地虢仲墓出土一件可能改制于红山文化斜口筒形器的半箍形玉器,参见焦婧:《虢国墓地半箍形玉器用途探究》,《中国文物报》2022-7-5。

[43] 关于红山文化斜口筒形器:据黄翠梅、郭大顺2011年不完全统计,红山文化斜口筒形器已发掘和发表近30件,其中牛河梁遗址15座墓葬出土18件,另采集2件、征集3件。2007年安徽凌家滩07M23出土近似的斜口筒形器3件(玉龟、玉龟状扁圆形器),黄翠梅、郭大顺认为红山文化斜口筒形器可以释为玉龟甲〔黄翠梅、郭大顺:《红山文化斜口筒形玉器龟壳

说——凌家滩的启示》，见杨晶、蒋卫东执行主编：《玉魂国魄：中国古代玉器与传统文化学术讨论会文集》（五），浙江古籍出版社，2012年，第143—158页］。蒋卫东认为斜口筒形器是对蚕等昆虫蛹体躯壳的抽象表现（蒋卫东：《凌家滩与红山：谁赴了谁的晚宴？》，见杨晶、蒋卫东执行主编：《玉魂国魄：中国古代玉器与传统文化学术讨论会文集》（五），浙江古籍出版社，2012年，第180页）。我认为，牛河梁遗址本身就出土实体玉龟和玉龟壳，凌家滩也出土实体玉龟，不能简单地认为斜口筒形玉器源自玉龟，或许仅是短面采用了龟甲的外形而已。除此，之前有学者提出斜口筒形玉器与该地区出土的斜口筒形陶器有关，朱延平还就新乐遗址斜口筒形陶器在房址里的位置，推断此类陶器功能与祭祀有关（赵宾福：《关于辽西史前玉器的几个问题》；朱延平：《辽西区新石器时代玉器的若干问题》，见费孝通主编：《玉魂国魄：中国古代玉器与传统文化学术讨论会文集》，北京燕山出版社，2002年，第143、151页）。斜口筒形陶器在造型上有着夸张的斜口，正面竖置时斜口的宽、长构成的视觉冲击很似佛像背光的效果（方向明：《牛河梁遗址积石冢用玉葬仪及启示》PPT，2019年10月辽宁"红山文化国际研讨会"）。

关于斜口筒形玉器，牟永抗有一篇未刊稿《斜口筒形器与琮——四学红山古玉》，全文录入如下：

斜口筒形器（原称马蹄形箍）、兽形玦（玉猪龙）和勾云形佩是红山古玉中最有代表性的三件典型器。三者之间无论从体量、造型到器表装饰等表现手法，均各具特征。斜口筒形器立体占有空间的体量最大而通体光素无纹；勾云形佩着重表现片状体的平面展开，是红山古玉中面积最大的器种，在宽阔平坦的正面以沟洼状起伏直至透雕的多层次弧曲表现其主题，全器周边的弧曲起伏更甚于正面；兽形玦通体浑圆卷曲，而以简洁的推蹭手法表现以耳、眼、嘴为重点的胎息头形。确实很难使接触者在直观上感受到三者之间是否存在着某种联系。与此相反，在良渚文化中也有琮、璧、钺三种玉器表现各自不同的柔性特征。因此他们被认作红山、良渚这两支古文化各具原生性特征的两组玉器，在当年苏秉琦先生倡导的区系类型理论的六大区块中，也只有红山和良渚这两个区块包含着由这些玉所组成的文化因素。所以当年我和所有研究者一样，每次学习红山玉器时，都会涉及这几件典型标本。以后，当我们逐步梳理这两支在地域上没有直接相邻的古文化源头时，却发现他们的祖先（查海、兴隆洼或邱城、马家浜）都拥有玉玦这一共同因素，而且形态特征及制作工艺也很相近或完全相同。已知玉玦的分布范围几乎要覆盖包括东部沿海岛弧在内的东亚大陆，使用时间的上下限也可以从八千年前延续到汉代，时空界限如此之广，实为史前古玉之仅见。在传承、扩散过程中自然存在着种种变异的可能性，至少目前还没有找到玉玦各自起源的可靠证据。已知最早玉玦的地方，不等于玉玦的起源地，种种情况表明，玉玦出现的时间，应在兴隆洼之前。红山兽形玦个体硕大，形象地表现了此器观念形态上的本来面目，我们称之为尚未脱离母体的胎息。在红山文化之前，或许受到当时琢玉工艺的制约，无法在细小个体上表现原本物体的具象，其中还不能排除这种观念形态的发展阶段尚处于相对朦胧状态的可能性。所以在红山文化中，就没有那类常态的玉玦。商周玉玦两面所表现兽面形纹饰，不但再次显现出众多光素无纹玉玦原本应有的形象，同时也成为红山兽形玦一项有力的旁证。因而在海拉尔聚会上提出：玉玦是以胎息为特征，包含生命在内的生殖崇拜的载体，特别值得注意的是在红山兽形玦出现之后，凡是玉器上出现以简洁推蹭技法表现的胎息像，一律沿着圆周作顺向排列，这种和日出、日落相同的纵向旋转已被当地族群认作生命轨迹动态过程。如若此议有理，那么玉玦的出现应在东亚大地上种植或畜牧等生产经济出现之初或稍晚，似可作为玉玦这项特殊物质与观念形态关系的一项有益的探索。

当我们将红山斜口筒形器和良渚琮加以比较时，首先看到的是两者成形时选用的都是当时当地体积最大的玉料。按照当时族群心目中这种柔润淡雅光泽硬性材料的价值取向，玉料体量是制成品价值与地位的重要标志。看来这两种玉制品都是当时当地的重器，但不能据此对两者在使用功能或观念形态上的内涵是否相同作出判读。斜口筒形器的长度大于直径，作长条的体态。虽然最早的琮为扁矮的镯式琮，最迟从多节式开始，琮体的基本形态应是长条形。值得注意的是两者的基本造型，都表现出与日常生活中垂直稳定知识相背的上大下小的体态，而且这种上大下小的造型在东亚史前玉器中，除了斜口筒形器和琮之外，别无他见，应非偶然，这就不能不让人联想这背后两者存在着某种内在的联系。两器的中心部位，都有一条贯通全器的通道，从琢玉工艺上看，斜口筒形器上这条从内侧以线切割技术进行大体量镂切贯通全器是雕琢技艺的核心精华，说明两者都不具备物质生活层面的实用功能。如果留心一下体形稍微修长的斜口筒形器，他的横断面似可读识为圆角梯形，表现出琮身由圆变方颇为相似的形迹。而且在红山文化中还曾出现近方形的玉璧。琮是良渚文化中器表装饰纹样最丰富最精美的器种；凡是良渚文化的玉琮，无一不见器表的装饰图案。但红山文化的斜口筒形器，却无一不表现出通体光素的风格，其器表所呈现整体的柔润光洁度，实居红山诸玉之首，成为阻断人们探索两者内在联系思路的第一道帘幕。如若参照胎息形兽首布置方式所反映纵向旋转的动态模式，那么良渚文化从单节镯式琮开始所有兽面式人面图像的布置，均以90度的交角垂直于圆周，反映平面旋转运动模式。多节式琮实际上是以这些图像平面旋转多层次重叠的形式来表现不断向上升华的动态过程。已知最高的多节琮可达19节，奇数节的个体多于偶数节，绝少见到与2的几何级数相符节别的多节琮。经测算所有多节琮的每节高度，均为各琮分节部位数值的等分，说明当时对空间高程的读识已经有了比较准确的计量要求。神人兽面像是良渚玉琮装饰图案的最大主题，在弯弓形天盖上充斥着的阳光正是神人头顶的秀发，那顶风字形的帽子也可解读为约束头发原本走向使其向上冲腾的发饰。这种如光似发，光、发难辨的现象从单节镯式琮的兽面纹开始一直伴随着人形化完整图像完成全部过程，而且一直保持到良渚文化最晚的单式节的多节琮，由多道旋纹表现的发或光所占的画面，远远大于细小的双眼和短短的鼻。应该说史前时期人们还不知天灵盖里的大脑是思维的中枢，但小小的头颅除了获取食物维持生命之外，还具备视觉、听觉、嗅觉、味觉等器官是清楚的。在自然崇拜阶段的认识水平将头顶上那一片黑色的细丝和太阳神发出的光芒混合在一起是完全有可能发生的。祈求自己的头发获得类似太阳光那样的功能和作用，似乎没有越出原始信仰的包容范围。局部改善头发生长的自然形态可以有效地解除对五官功能的障阻，这是人类理发的最初需求，那么彻底改变向四周自然垂散的状况，是否能让以五官为代表的智能获得像太阳那样的效果？这种联想和推测就让我想起古代中国人（汉族）束发于顶的习俗。那么牛河梁积石冢垫在头下的"马蹄形箍形器"自然就成为这种束发的专用器了。它的直观效果，就在人们头顶浓缩的基座上，耸立起色调淡雅的冲天光柱。原本乌黑的发丝，顷刻间变成柔润淡雅的光辉，强烈的色差对比充分地展现了玉的神威，寄寓着观念形态中对光或光的赐予者——上苍、天或太阳无比的崇敬和祈求。但是红山文化中确实存在着一种陶质的斜口筒形罐，而且这种筒形陶罐恰好又是东北地区一系列与红山有关诸文化最有代表性的典型器。确实很难想象古人会用陶器的复制品来头顶束发，似乎我只能推论这种斜口的玉制品具有物质层面的实用功能，随着安徽凌家滩07M23的发现，斜口筒形器的功能又和龟的信仰和崇拜联系起来。

[44] 牟永抗：《南丫岛"牙璋"探微——关于玉礼兵的若干思考》图一14—17，见《庆祝郑德坤教授从事学术活动六十周年论文集〈南中国及邻近地区古文化研究〉》，香港中文大学出版社，1994年。作为财富的象征、崇拜的对象或宗教仪式中所用的石器，笼统称为"仪式用石斧"（ceremonial axe），参见汪宁生：《试释几种石器的用途——民族考古学研究之一例》，载《中国原始文化论集——纪念尹达八十诞辰》，文物出版社，1989年，第386页。

[45] 关于"浅凹槽"工艺，《牛河梁》报告表述为"以减地阳文作出似瓦沟状的凹槽，可称瓦沟纹，这种瓦沟纹的宽与窄、深与浅多十分均匀，形成的图案规整而多变，如N2Z1M27的勾云形玉器，体甚薄，且两面作纹饰，所饰瓦沟纹槽必然很浅，却十分到位，不过，只有将光线调到十分准确的角度，才能看到全貌"[辽宁省文物考古研究所编著：《牛河梁——红山文化遗址发掘报告（1983—2003年度）》，辽宁省文物考古研究所，2012年，第477页]。

[46] "红山的大目龙头,对比良渚文化的大目兽面纹,有着显然的共同点:一、大目的形状相同,都有'瓜子形圈'或外侧大内侧小的不规则椭圆形眼眶;二、两者所表现的獠牙的形状和位置相同,商周时代的兽面纹就没有这样的獠牙;三、兽面纹上没有表现出竖起的双耳(其实,椭圆形眼眶的斜上部位就是耳朵的孑遗——方向明注),但是上举比较立体的玉兽,即兽面纹的具体形状,其头上亦为大目而有竖起的双耳,不过耳的高度不及红山大目龙","良渚文化的龙受到或间接受到红山文化的影响也不是不可能的"[马承源:《从刚卯到玉琮的探索——兼论红山文化玉器对良渚文化玉器的影响》,《辽海文物学刊》(辽宁省博物馆建馆四十周年纪念特刊)1989年第1期,第156—157页,第158页图四]。良渚文化玉器的神人兽面像的"下方为兽面,有卵圆形的目和突出獠牙的口,并有盘曲的前爪,上下的界限相当清楚,这样看来,下部的兽很可能是当时龙的形象。辽宁西部发现的红山文化龙形玦,如把龙的脸部平面展开,与上述兽面非常近似,这一点马承源已注意到了。玦上表现的龙没有角,目系卵圆形,口中有獠牙,和较晚的龙有所不同"(李学勤:《良渚文化玉器与饕餮纹的演变》,《东南文化》1991年第5期,第43页)。关于良渚玉器神人兽面像的源起,可参见方向明:《维系良渚社会稳定的唯一标识——良渚玉器神像的源起和含义》,《中国文物报》2017年11月3日。

[47] 牟永抗曾对邓聪、刘国祥就东拐棒沟C形龙的工艺提出异议,认为其切割工艺与前砣琢玉工艺不符,并结合淅川下寨遗址王湾三期的C形骨雕龙,认为C形龙的年代可能要晚不少。参见牟永抗:《也谈红山文化C形玉龙的工艺》,《东南文化》2013年第6期。

[48] 1959年夏鼐命名"良渚文化"之前,他在《浙江新石器时代文物图录》序中,就浙江北部新石器时代文化面貌进行评述,认为"这一种文化可能较山东龙山文化为晚",而浙江南部的新石器时代文化,属于印纹陶的分布地区,"主要是在长江以南,时代可以晚到汉代"(夏鼐,1957年10月31日,浙江省文物管理委员会、浙江博物馆:《浙江新石器时代文物图录》,浙江人民出版社,1958年)。

[49] 南京博物院：《花厅——新石器时代墓地发掘报告》，文物出版社，2003年。

[50] 玉髓，chalcedony，又称"石髓"，石英的隐晶质亚种。玛瑙，agate，玉髓的一种，是各种具有色彩的二氧化硅变胶体。参见地质矿产部地质辞典办公室编辑：《地质辞典》（二），地质出版社，1981年，第54、55页。

[51] "杨虎指出（东北亚）玦、管、弯条形器、匕形器四者中，弯条形器可能是璜的原始形态，或可称为璜形坠，是一种项饰"，"从玉器器型来说，河姆渡出土玉珠、管、玦、单孔璜形坠，均是东北兴隆洼文化所共有的玉器饰物。河姆渡与兴隆洼具有四种以上配套玉器的类似，肯定不会是偶然的"（邓聪：《东亚玦式四题》，《文物》2000年第2期，第42页）。
《河姆渡》报告公布的早期"璜"线图和照片，均为单系孔，如果说都是残断后一端修磨改制为单系孔，那么也不是如同璜那样两端串系。如T18④:62"璜"是玦残断后改制，但T224④B:204、T242④B:325者，明显与玦体形不符，依"璜"体外缘弧度其外径逾6厘米，也不合这一阶段玦的形制，却又仅一个系孔，这些"璜"确实如邓聪指出，可能似兴隆洼文化的"弯条形器"。河姆渡遗址第二期T244③B:100璜，两端有系孔，可以是河姆渡文化早期最早的璜标本。

[52] 浙江省博物馆编：《史前双璧》，浙江古籍出版社，2009年，第33、34页。

[53] 南京博物院等：《祁头山》，文物出版社，2007年，第46、116页。邓聪认为河姆渡文化早期出土的"璜"是弯条形器，"杨虎指出（东北亚）玦、管、弯条形器、匕形器四者中，弯条形器可能是璜的原始形态，或可称为璜形坠，是一种项饰"，"从玉器器型来说，河姆渡出土玉珠、管、玦、单孔璜形坠，均是东北兴隆洼文化所共有的玉器饰物。河姆渡与兴隆洼具有四种以上配套玉器的类似，肯定不会是偶然的"（邓聪：《东亚玦式四题》，《文物》2000年第2期，第42页）。

[54] 关于"受沁"：闻广就软玉受沁的半透明度、颜色、光泽特征，把软玉受沁划分为未沁、微沁、浅沁、中沁、深沁、烈沁六个等级，认为受沁取决于内在因素与外部条件，内在因素即软玉的堆集密度（透闪石-阳起石雏

晶的堆集密度）决定受沁程度，堆集愈疏则质量愈劣愈易受沁，受沁后显微结构变松，导致半透明度丧失及褪色变白［闻广：《古玉的受沁——古玉丛谈》（六），（台北）《故宫文物月刊》（132），1994年3月］。王昌燧就凌家滩玉器受沁机制，认为凌家滩古玉在入土埋藏后经历了风化淋滤和渗透胶结两个阶段，风化淋滤是古玉中少量方解石逐渐流失留下的越来越多的空隙，使得蛇纹石晶体直接与地下水接触，加速了蛇纹石的风化速率，导致玉质疏松、硬度下降、透明度下降、颜色发白、吸水率增强等一系列变化。渗透胶结，是土壤中的 Al、Si 质溶液逐渐向结构疏松的古玉中渗透，并相互结合形成高岭石，填补古玉内部的部分晶间空隙，从而使其致密度增加，硬度也随之有所增大，古玉刚出土时表面具黏手感、手触之后留下指纹的现象，与高岭石在古玉表面的富集有关（王昌燧：《科技考古进展》，科学出版社，2013年，第130—132页）。

[55] 插图采自中华玉文化中心、中华玉文化工作委员会编：《玉魂国魄——凌家滩文化玉器精品展》，浙江古籍出版社，2011年，第41、99、100、105、106页。

[56] 南京博物院：《北阴阳营——新石器时代及商周时期遗址发掘报告》，文物出版社，1993年，第74页。

[57] 俞伟超就凌家滩遗址可以缀合的"璜形器"，推测在使用上具有类似"合符"的现象，系联姻或部落联盟的信物（俞伟超：《凌家滩璜形玉器刍议》，见安徽省文物考古研究所编：《凌家滩玉器》，文物出版社，2000年，第135—140页）。插图采自殷志强编：《古玉菁华：南京博物院玉器馆展品选萃》，南京博物院，2000年3月，第94页。

[58] 凌家滩遗址前四次发掘参见安徽省文物考古研究所编：《凌家滩——田野考古发掘报告之一》，文物出版社，2006年。简报分别参见：《安徽含山凌家滩新石器时代墓地发掘简报》，《文物》1989年第4期；《安徽含山凌家滩新石器时代墓地第二次发掘的主要收获》，《文物研究》1999年第7期；《安徽含山县凌家滩遗址第三次发掘简报》，《考古》1999年第11期；《含山凌家滩遗址第三次考古发掘主要收获》，《东南文化》1999年第5期。第

五次发掘参见张敬国等：《含山凌家滩遗址最新发掘获重要成果》，《中国文物报》2007年7月13日；张敬国：《凌家滩玉器——中国文明的曙光》，《文物天地》2008年第1期；安徽省文物考古研究所：《安徽含山县凌家滩遗址第五次发掘的新发现》，《考古》2008年第3期。2016年发掘参见凌家滩遗址考古队：《安徽含山县凌家滩遗址新石器时代墓葬的清理》，《考古》2020年第11期。2016年发掘，增补凌家滩07M22残玉人头像1件，另出土残跪姿玉人像1件。如此，凌家滩已有跪姿、蹲姿、立姿三种定格造型玉人。关于玉龟和刻纹玉版，方向明认为凌家滩87M4:30刻纹玉版可能是独立的玉器，是新石器时代最早的玉"神面"；牟永抗提出凌家滩刻纹玉版图形与良渚文化玉琮展开图一致，是良渚文化玉琮形制造型理念的先声，凌家滩87M4玉龟的背甲和腹甲可以完全合缝拼合并穿系，野外有玉龟背甲叠压刻纹玉版照片，但玉龟腹甲的出土状况并不明了，也可能移位，玉版若夹在玉龟背甲和腹甲之间，也非常突兀（方向明：《新石器时代最早的玉"神面"——凌家滩玉版》，《东南文化》2013年第2期）。凌家滩2020—2022年度发掘，出土残勾云形玉器，再次说明红山文化晚期玉文化对于长江下游地区的传播和影响，参见安徽省文物考古研究所：《十大考古参评项目：安徽凌家滩遗址》，"文博中国"公众号，2023-2-8。

插图采自安徽省文物考古研究所：《凌家滩玉器》，文物出版社，2000年，第14、15、48、52页。

[59] 小梅岭玉产于江苏溧阳小梅岭村东南部，横贯宜溧地区的茅山支脉，系透闪石软玉。1984年江苏地质调查研究所在小梅岭发现一种速烧节能的陶瓷原料——透闪石岩。1989年地质学家钟华邦对小梅岭透闪石岩矿进行踏勘取样，发现软玉，经多种方式鉴定、测试，认为小梅岭玉中质量较佳的透闪石软玉与江苏武进寺墩、苏州草鞋山等遗址出土的良渚文化部分玉器相同或接近，钟华邦命名为"小梅岭玉"（古方、李红娟编著：《古玉的玉料》，文物出版社，2009年，第114—115页）。

[60] 闻广：《中国古玉地质考古学研究的续进展》，刊于台北《故宫学术季刊》

第十一卷第3期，1993年。

[61] 方向明：《良渚玉器线绘》，浙江古籍出版社，2018年，图片由翁宇翔制作。

[62] 方国瑜：《纳西象形文字谱》，云南民族出版社1981年；傅懋绩：《纳西族图画文字和象形文字的区别》，《民族语文》1982年第1期。

[63] 关于东方史前太阳崇拜，牟永抗认为：太阳是古代原始信仰中多神崇拜的对象之一，处于自然崇拜向祖先崇拜过渡阶段。古代东方普遍地存在着太阳崇拜。东方最早的太阳图形，出现在距今四万年前的旧石器时代晚期。东方太阳崇拜大体经历了单体太阳图形，太阳与鸟兽、植物芽叶等象形图画，介字形、三尖峰、横向弓形等抽象符号组合，人形化太阳神三个发展阶段。人形化说明太阳神取得了主神或主神之一地位，标志着文明曙光时代的到来。商、周的帝、天概念，可能都与太阳神有关。介字形冠状符号和光芒，是东方太阳神的重要标志，鸟不是它的唯一载体。东方太阳神的形态、功能，都和西方的阿波罗、古埃及的"拉"以及美洲以人血供奉的太阳神，存在着明显的区别，彼此间不存在联系和认同。不同的太阳神是不同观念形态的产物，它根植于不同的生产方式。正如世界上稻粟、大小麦和玉米三大谷类作物，都属于禾本科植物，却起源于三个不同的地区。在东亚、西亚和美洲，畜牧业的内涵及其规模也有明显的区别，因而呈现出各地不同的饮食结构和生活方式，并且在历史的作用下，形成了包括价值观念在内的不同思维方式。所以东方的太阳神，也是东方文明独立起源的一项有力明证（牟永抗：《东方史前时期太阳崇拜的考古学观察》，台北《故宫学术季刊》第十二卷第4期，1995年7月）。

[64] 牟永抗：《良渚玉器上神崇拜的探索》，见《庆祝苏秉琦考古五十五年论文集》，文物出版社，1989年。

[65] 良渚遗址（群）绝对年代，参见浙江省文物考古研究所编：《良渚古城综合研究报告》，文物出版社，2019年，第362—363页，详细如下：
良渚遗址的使用年代，大约从3350BC前后到2300BC。配合良渚古城新的早晚两期四段的分期方案，根据年代数据的分布将良渚遗址的形成和发展

分为五个阶段：

第一阶段（早期早段）：在较大范围内有良渚先民活动（以大雄山为中心，包括南侧官井头遗址、西侧吴家埠遗址、良渚庙前遗址等），已经出现高等级贵族墓地，以莫角山为中心的古城布局尚未明确形成。这一阶段大约为3300BC—3100BC。目前除庙前遗址的测年数据以外，良渚遗址内没有进一步的年代学证据。

第二阶段（早期晚段）：高等级贵族墓地进一步发展，遗址群西北部水坝系统开始营建，莫角山土台开始被逐步利用。这一阶段的年代范围大约为3100BC—2850BC。这其中，3000BC—2850BC这一年代范围，是良渚遗址形成发展的高峰期，也是最关键的时段。已有测年数据显示，反山土台的堆筑、莫角山土台的使用、莫角山周围河道的规划使用（钟家港）以及水坝系统的建筑使用，全部都集中在这短短的百余年间；可以明确，目前考古发掘所见良渚遗址的布局，基本上是在3000BC—2850BC间统一规划建筑形成的。

第三阶段（晚期早段）：莫角山土台周围开始形成高地居址点（以下家山、美人地为例），钟家港为代表的古水道及水坝系统均被继续使用；根据采集和零星出土遗物，贵族墓地仍在继续营建使用，只是具体分布尚不清楚。此外，以葡萄畈段西南城墙为代表的堆积年代及西城墙下垫石层位的测年数据，部分可早至此一阶段，说明良渚古城城墙至少在此阶段已经营建使用。晚期早段年代大约为2850BC—2600BC。

第四阶段（晚期晚段）：良渚古城墙及周边高地（如美人地）等被作为居址点继续使用，因此古城墙外围生活废弃堆积大多为这一阶段形成；美人地顶部也有这一阶段的水井等遗迹。晚期晚段的年代大约为2600BC—2300BC。值得注意的是，钟家港河道特别是南区测年数据显示，这一阶段围绕莫角山的河道仍然有被利用；虽然目前还未发现莫角山土台上相当于这一阶段的堆积，但应该说以莫角山土台为中心、以古城墙为界的基本布局仍然有被沿用。水坝系统目前所见下限不晚于2600BC，因此，水坝到晚期晚段可能已经废弃。

第五阶段（钱山漾时期）：钟家港河道、古城墙葡萄畈段等均发现有相当于钱山漾阶段的文化遗物。目前的测年结果也有晚于2300BC的零星数据。就目前测年数据看，钱山漾类型堆积与良渚遗址的最晚使用阶段之间并没有间歇期，尤其在钟家港河道堆积中，从测年数据上无法分出良渚阶段和钱山漾阶段。对照钱山漾遗址本身的测年结果，良渚文化和钱山漾文化是年代上有重合、曾经并存过的两种文化因素当无异议。同时，从遗址上普遍分布的洪水层看，洪水淹没致使良渚遗址彻底废弃的年代应该在钱山漾阶段（2300BC—2000BC）之后。环境变化同良渚文化的兴衰并没有直接的因果关系。

[66] 大汶口遗址1959年发掘，出土玉钺2件（报告称之为"铲"），M10:18玉钺，墨绿色，长19厘米（山东省文物管理处、济南市博物馆编：《大汶口——新石器时代墓葬发掘报告》，文物出版社，1974年，第35页）。

[67] 中国社会科学院考古研究所编著：《胶县三里河》，文物出版社，1988年，第43、44、88页，插图采自图五一。

[68] 山东省博物馆、山东省文物考古研究所：《邹县野店》，文物出版社，1985年，第108页。彩图采自山东省博物馆、良渚博物院：《玉润东方：大汶口-龙山·良渚玉器文化展》，文物出版社，2014年，173页。

[69] "大汶口文化的锥形器的质料有玉、石、骨、牙等多种，不像良渚文化那样规范地全为玉制品。胶县三里河M267墓主人右手握有一件长仅4.2厘米的锥形器（原报告称为镞形器类），邹县野店M31男性死者右手附近有一件长达36.2厘米的象牙质的锥形器（报告称为矛头）。M47男性腰侧各置长度在30厘米左右的骨质锥形器，前锋尖细锐利，显示出某种实用的功能。这两座墓的年代，原报告均列为四期，似乎在大汶口文化的后期阶段，大体和花厅墓地相当。在年代上还不宜将大汶口文化这类骨或牙质的锥形器视作玉制品的前身，但为研究良渚文化同部位发现的锥形器，没有礼仪化以前的功能提供了重要资料"，"在大汶口文化中，骨（牙）质的锥或矛、长条形蚌器与玉质锥形器、獐牙及獐牙勾形器似乎可以相互取代。虽然目前还没有发现在良渚文化中出现取代玉锥形器的情况，我们仍然有

理由认为良渚文化和大汶口文化之间存在着一种相似的埋葬习俗或与此有关的某种特定的礼仪观念，或者说锥形器和獐牙勾形器是同一礼仪观念支配下的两种物质表现。大汶口文化中的玉质锥形器的出现，有可能还是来自良渚文化的影响"［牟永抗：《试论良渚文化和大汶口文化的关系》，见中国考古学会编：《中国考古学会第七次年会论文集（1989）》，文物出版社，1992年］。

五莲丹土玉器资料，参见杨波：《山东五莲丹土遗址出土玉器》，（台北）《故宫文物月刊》（158），1996年第十四卷第2期，郭公仕编：《五莲文物荟萃》，齐鲁书社，2011年11月；郭公仕主编：《中国丹土——海岱第一古城》，齐鲁书社，2012年；燕生东、高明奎、苏贤贞：《丹土与两城镇玉器研究——兼论海岱地区史前玉器的几个问题》，原载《东方考古》第3集，科学出版社，2006年。

［70］插图采自良渚博物院、山东博物馆：《东夷华彩：大汶口文化·龙山文化特展》，浙江摄影出版社，2015年，第94页。

［71］滦平后台子遗址采：22琮，两节，上节面上部和下节面下部各有三道弦纹，通高7.7厘米，内径6.5厘米，从器形判断，年代不会早于龙山文化（承德地区文物保管所、滦平县博物馆：《河北滦平县后台子遗址发掘简报》，《文物》1994年第3期）。

［72］山东省文物管理处、济南市博物馆：《大汶口：新石器时代墓葬发掘报告》，文物出版社，1974年，第100页。

［73］山东海阳司马台遗址，1974年高台遗址被彻底破坏，仅余高达7米的断面，主要为龙山文化和岳石文化的堆积，采集有长27.2厘米的墨玉牙璋1件、套合的"牙璧"1套（王洪明：《山东省海阳县史前遗址调查》，《考古》1985年第12期，第1062页）。王永波实地走访考证核实，据说当时也是成套出土的，牙璋和牙璧这组玉器出土于遗址中部偏南，"其坐标位置当落在龙山文化地层堆积的上部，故其年代应属龙山文化时期。考虑到前述陶罐与玉器均为采集品，出土的遗迹单位不明，故还不能排除其为岳石文化遗物的可能性"［王永波：《关于刀形端刃器的几个问题》，（台北）

《故宫文物月刊》(135)，1994年十二卷第3期，第23、24页]。山东省博物馆、良渚博物院：《玉润东方：大汶口-龙山·良渚玉器文化展》，文物出版社，2014年，第113页。

[74] 安志敏：《牙璧试析》，见邓聪编：《东亚玉器》(Vol. I)，香港中文大学出版社中国考古艺术研究中心，1998年，第36—44页。栾丰实：《牙璧研究》，《文物》2005年第7期。牙璧本质是旋转着的动态璧，关于"牙"的含义，早期外缘多无扉棱，有扉棱的基本结构为介字形冠。整体"牙"形有鸟形和蝉形。现藏于中国国家博物馆的五莲丹土牙璧，整体扉牙为介字形冠，三牙中的一牙为单独的介字形冠，另两牙为同一方向的雕琢有介字形冠的凸起，尾端部位有刻意的切割，呈鸟的翼形（方向明：《精益求精——夏时期玉文化的工艺》，《文物天地》2014年第6期）。黄翠梅认为"牙"的设计原型是侧身的蝉形（黄翠梅：《牙璧的起源与发展：从殷墟出土的牙璧谈起》，见中国社会科学院考古研究所、广东省博物馆等编：《夏商玉器及玉文化学术研讨会文集》，岭南美术出版社，2018年，第108页）。2017—2018年湖北襄阳保康县穆林头遗址屈家岭文化M26出土玉牙璧、玉钺等，其中"牙"为蝉形（笪浩波、瞿磊：《湖北保康穆林头遗址发现屈家岭文化高等级墓葬随葬玉钺、玉璇玑等，系屈家岭文化的首次发现》，"文博中国"公众号，2018-11-3）。

照片采自山东省博物馆、良渚博物院：《玉润东方：大汶口-龙山·良渚玉器文化展》，文物出版社，2014年，第131页。

[75] 刘敦愿：《记两城镇遗址发现的两件石器》，《考古》1972年第4期。刘敦愿：《关于日照两城镇玉坑玉器的资料》，《考古》1988年第2期，第121—123页。刘敦愿早在1959年就类似出土的陶片纹样，曾精辟地指出，"这类纹样极为罕见，它们大多刻划比较细弱、潦草、拙稚，很像从什么东西上临摹下来的"，"是从某种工艺品上仿效而来"（刘敦愿：《论山东龙山文化陶器的技术与艺术》，《山东大学学报》1959年第3期，转引王青《西朱封龙山文化大墓神徽饰纹的复原研究》尾注11，文第173页。刘敦愿后来对此又补按，"过去认为仿铜器的刻纹，不无可能仿自玉器"，参见刘敦

愿：《美术考古与古代文明》，人民美术出版社，2007年7月，第80页）。插图采自良渚博物院、山东博物馆：《东夷华彩：大汶口文化·龙山文化特展》，浙江摄影出版社，2015年，第112页。

[76] 插图采自山东博物馆、良渚博物院：《玉润东方：大汶口-龙山文化·良渚玉器文化展》，文物出版社，2014年，第80页。

[77]《说文解字》圭，"瑞玉也。上圜下方。公执桓圭，九寸；侯执信圭，伯执躬圭，皆七寸；子执谷璧，男执蒲璧，皆五寸。以封诸侯。从重土。楚爵有执圭"。邓淑蘋认为圭的形制来源一为端刃器，即斧、锛、铲等，形制的演变没有太显著的变化，只有刃部逐渐消失，另一种由全刃器的戈，经"形式化的戈"，演变成"形式化的圭"［邓淑蘋：《圭璧考》，（台北）《故宫学术季刊》，第十一卷第3期，1977年1月，第49—91页］。夏鼐认为商代的圭、璋不是贵族们所用的礼器，战国时玉石圭、璋才盛行。《周礼》中许多不同的圭，不清楚，汉儒注释，多望文生义。《周礼》《诗经》"圭璧"连称，当为二物（夏鼐：《商代玉器的分类、定名和用途》，《考古》1983年第5期）。牟永抗认为探索玉圭的前身，是研究玉礼器的重要课题，"平首圭出现在前，尖首圭出现在后，两者之间没有直接的演变关系"，"平首圭身上除穿有小孔或在穿孔上下侧出现若干弦纹外，全器未见任何捆绑安柲的形迹，这是平首圭和斧锛钺等实用器在功能上的重要区别。一些传世的平首圭底端饰有与刃部同向的人形头像雕刻，表明了平首圭使用时的方向"，"平首圭是不需安柲的礼器。我们可以发现，玉礼兵源自新石器时代工具安柲的传统，在经历了豪华型安柲、象征性安柲之后，最后走向自己的反面，演变为不安柲的结局。平首圭的出现，既是象征性安柲的发展，更是玉质礼仪性兵器的升华，所以平首圭实质上就是不安柲的钺。在它的背后隐匿着当时社会的权力结构中，原先以钺为代表的职权产生了分化，暗示着某种凌驾于玉钺之上的社会职能出现的信息。我们认为，可将平首圭的出现，作为礼制发展完善的一个标志"，"平首圭仅是玉钺功能的升华，实际上并未取代玉钺。在平首圭出现以后，玉钺的种类倒反比原先丰富，常见两侧饰有小齿的那种，可称之为戚式钺"，"比较钺、戈的青

铜和玉质制品，玉钺的个体均较铜钺为小而卞戈的个体则明显大于铜戈。另外还有镶嵌铜内的玉戈，说明玉戈所处的重要地位。不难想象，那些大型玉戈在礼制中的位置，决不会在玉钺之下。玉圭由钺型的平首圭转化为戈型尖首圭的原因，可能与此有关"（牟永抗：《南丫岛"牙璋"探微——关于玉礼兵的若干思考》，见《庆祝郑德坤教授从事学术活动六十周年论文集〈南中国及邻近地区古文化研究〉》，香港中文大学出版社，1994年）。遂昌好川遗址"那一件虽然算作采集的刻有完整走兽纹的石圭，也应认作源于良渚玉（石）钺的高等级制品"（牟永抗：《长江下游地区文明起源考古学研究的回顾与思考》，见上海博物馆编：《长江下游地区文明化进程学术研讨会论文集》，上海书画出版社，2004年）。

[78] 插图采自邓淑蘋主编：《故宫玉器精选全集》（第一卷《玉之灵·Ⅰ》），台北故宫博物院，2019年，第445页。

[79] 中国社会科学院考古研究所山东队：《山东临朐朱封村龙山文化墓葬》，《考古》1990年第7期。中国社会科学院考古研究所、山东省文物考古研究所、山东临朐山旺古生物化石博物馆：《临朐西朱封：山东龙山文化墓葬的发掘与研究》，文物出版社，2018年。杜金鹏主编：《临朐西朱封龙山文化玉器研究》，科学出版社，2015年。李新伟认为西朱封M202∶2簪体由连续的如蝉身体的亚腰和如蝉颈部的平行凸棱组成，可能是对蝉的简化表达，M202∶3顶部勾曲，如同谭家岭W9∶60的顶部，是对蝉幼虫的表现，杆部两个报告认为是"人面"的雕像，也应为蝉，下部有表现腹部的横线，翅膀部分似未充分展开，是待变之蝉（李新伟：《中国史前昆虫"蜕变"和"羽化"信仰新探》，《江汉考古》2021年第1期。

关于西朱封玉冠饰绿松石镶嵌，1997年王青撰文也提出同样的意见，并进行了神徽镶嵌效果复原，认为海岱地区以神徽为代表的玉器传统源远流长，且特征鲜明，邵望平提出的"海岱系古玉"观点确能成立。2004年王青又补充修订，认为卜字眼是龙山文化时期神像眼睛的典型形态之一，三代时期大量镶嵌绿松石作品找到了史前的工艺源头（王青：《镶嵌神灵——西朱封龙山文化大墓出土玉冠饰纹饰的复原》，原载《刘敦愿先生纪念文集》，山东大学出版社，1998年；王青：《西朱封遗址龙山文化玉冠饰纹饰的复原补正》，原载《中国文物报》2004年1月26日，原题为"再议朱封镶嵌玉神徽的纹饰复原"。现载王青：《远方图物：早期中国神灵考古探索》，上海古籍出版社，2019年，第18、23页）。

[80] 临沂文物组：《山东临沂大范庄新石器时代墓葬的发掘》，《考古》1975年第1期，第14页。王永波：《关于刀形端刃器的几个问题》，（台北）《故宫文物月刊》（135），1994年第十二卷第3期。于秋伟：《山东沂南新发现的牙璋和玉器》，（台北）《故宫文物月刊》（179），1998年第十五卷第11期，第78、84页。

[81] 香港中文大学邓聪教授曾组织两次关于牙璋的大型会议，汇编文集有邓聪编辑：《南中国及邻近地区古文化研究》（庆祝郑德坤教授从事学术活动六十周年论文集），香港中文大学，1994年；邓聪主编：《牙璋与国家起源：牙璋图录及论集》，科学出版社，2018年。另2016年香港中文大学中国考古艺术研究中心、北京大学中国考古学研究中心主办，郑州市文物考古研究院承办的"东亚牙璋学术研讨会"，可参见方向明：《2016郑州东亚牙璋学术研讨会纪》，"浙江考古"公众号，2016-11-21。吴倩、温雅棣：《"东亚牙璋学术研讨会"在郑州召开》《郑州"东亚牙璋学术研讨会"续会及闭幕》，"社科院考古所中国考古网"公众号，2016-11-02、2016-11-03。关于牙璋的性质，孙庆伟认为就是《尚书·禹贡》"禹锡玄圭，告厥成功"、《史记·夏本纪》"第锡禹玄圭，以告成功于天下"的夏代"玄圭"，参见孙庆伟：《礼失求诸野——试论"牙璋"的源流与名称》，原载陈光祖主编：《金玉交辉——商周考古、艺术与文化论文集》，（台北）历史语言研究所，2013年；《再论"牙璋"为夏代的"玄圭"》，原载杨晶、蒋卫东执行主编：《玉魂国魄——中国古代玉器与传统文化学术讨论会文集》（六），浙江古籍出版社，2014年，现载孙庆伟：《礼以玉成：早期玉器与用玉制度研究》，北京大学出版社，2022年。关于牙璋起源等综述，参见邓淑蘋：《牙璋探索——大汶口文化至二里头期》，《南方文物》2021年第1期。以石峁城址为中心的区域，囊括了已知牙璋的所有种类，

神木新华还有没有牙的"璋"，石峁王国不仅极可能是牙璋的起源地，也应该是二里头夏王朝牙璋的来源地，同时，这也是与石峁古城隔河相望的陶寺古国不出任何形式牙璋的最好解释，参加方向明：《浅议牙璋的形制和使用》，"浙江考古"公众号，2021-05-12。

[82] 2020年9月24日国家文物局"考古中国"重大项目进展工作会，湖北省文物考古研究所所长方勤介绍石家河考古新发现，提出石家河遗址四个发展阶段：第一阶段，初兴阶段，距今5900—5500年，主要分布在谭家岭，油子岭文化中晚期；第二阶段，谭家岭古城阶段，油子岭文化晚期至屈家岭文化早期，距今5500—4800年；第三阶段，石家河城阶段，屈家岭文化晚期至石家河文化时期，距今4800—4300年，聚落面积达8平方公里，120万平方米的石家河城兴起；第四阶段，肖家屋脊文化期（亦称后石家河文化）阶段，距今4200—3800年，石家河城不再使用，遗址中心东移，出现瓮棺葬和大量精美玉器，玉器当进入夏纪年时期（方勤：《石家河考古新发现》PPT）。与2017年孟华平介绍的石家河遗址群年代分期认识有所不同，"目前石家河遗址考古学文化序列与谱系比较清晰的是距今5900年至4000年这一阶段，其文化发展序列是油子岭文化（距今5900—5100年）—屈家岭文化（距今5100—4500年）—石家河文化（距今4500—4200年）—后石家河文化（距今4200—4000年）"（孟华平：《石家河考古发现与研究》，中国考古网，2017-01-23）。

关于肖家屋脊文化或后石家河文化，参见何驽：《试论肖家屋脊文化及其相关问题》，《三代考古》（二），科学出版社，2006年。

[83] 湖南澧县彭头山遗址"棒状坠饰整体呈细长条状，少数顶端穿孔，个别饰刻符号或网状划纹。石质可能是一种油页岩类，一般为黑色或灰黑色，近似墨炭石，细密光滑，个别还闪闪发亮。硬度较低，指甲都能划出印痕，硬度大致在摩氏3—4度。数量虽多，但多残断"，"T13③:14和T15③:16棒饰的底端面还各刻划有'交叉双线刻划纹和'网格状纹''"。八十垱石棒饰和棒饰半成品形式比彭头山多样，系孔绳槽形式的棒饰仍是主流，还发现一类顶部一周宽凹槽缚扎的棒饰，另外，棒饰的一面起脊棱也是彭

头山所不见（湖南省文物考古研究所：《彭头山与八十垱》，科学出版社，2006年，第178、179页）。邓聪提出彭头山管珠在8000年前已经出现，彭头山棒状坠饰在湖南新石器时代文化中的去向尚未明朗，如果把这种棒状坠饰置于东亚早期玉石饰物中考察，可呈现重要意义，彭头山棒状坠饰与所谓平坦型箅状垂饰接近（邓聪：《东亚玦饰的起源与扩散》，山东大学东方考古研究中心编：《东方考古》第1集，科学出版社，2004年，第30页）。

[84] 四川长江流域文物保护委员会文物考古队：《四川巫山大溪新石器时代遗址发掘记略》，《文物》1961年第11期。四川省博物馆：《巫山大溪遗址第三次发掘》，《考古学报》1981年第4期。重庆市文物考古所、重庆市文物局、巫山县文物管理所：《巫山大溪遗址勘探发掘简报》，见重庆市文物局、重庆市移民局编：《重庆库区考古报告集·2000卷上》，科学出版社，2007年。大溪文化出土玉器资料也可参见王方：《远望大溪——对大溪文化出土玉器的几点观察与思考》，载浙江省文物考古研究所编：《崧泽文化学术研讨会论文集》（2014），文物出版社，2016年。插图采自重庆市文化遗产研究院、巫山县文物管理所：《重庆市巫山县大水田遗址大溪文化遗存发掘简报》，《考古》2017年第1期。

大溪文化还出土了一些人形和动物形等的圆雕，如1959年大溪M64出土的黑色火山岩雕成的正反两面人面（李水城：《从大溪出土石雕人面谈几个问题》，《文物》1986年第3期）；秭归刘林溪遗址大溪文化地层中出土的黑色软质石料圆雕人像（国务院三峡工程建设委员会办公室、国家文物局编：《秭归柳林溪》，科学出版社，2003年，彩版一）；巫山大水田大溪文化墓葬黑色板岩人和动物形饰和玉鸟等（重庆市文化遗产研究院、巫山县文物管理所：《重庆市巫山县大水田遗址大溪文化遗存发掘简报》，《考古》2017年第1期）。

关于柳林溪石雕人像，其坐姿非常接近博物馆典藏的可能属于红山文化的玉人，也非常接近河北滦平营坊村"蛙面石人"、滦平后台子蹲坐式小石人的姿势，值得关注（赵志厚：《河北省滦平县营坊村出土兽面石人》，《文物》1985年第2期）。

[85] 湖北沙洋县城河遗址王家塝墓地，已发掘的112座墓葬，属屈家岭文化早、中期，其中6座大型墓均为同穴多室合葬墓，独木棺内随葬大量陶器及玉石钺、漆器等，M155∶1玉钺，平面略呈梯形，长22—25厘米（中国社会科学院考古研究所、湖北省文物考古研究所等：《湖北沙洋县城河遗址王家塝墓地2017—2018年发掘简报》，《考古》2020年第6期）。又湖北省文物考古研究所、保康县博物馆：《湖北保康穆林头遗址2017年第一次发掘》，《江汉考古》2019年第1期。

[86] 吴小红、赵朝洪等：《肖家屋脊遗址石家河文化晚期玉器玉料产地初步分析》，见钱宪和客座主编：《海峡两岸古玉学会会议论文集》，台湾大学理学院地质科学系印行，2001年，第561页。

[87] 肖家屋脊W6是迄今为止石家河文化晚期出土玉器数量最多、种类最为丰富的瓮棺葬，随葬品共59件，其中玉器56件，"计玉人头像6件、虎头像5件、盘龙1件、玉蝉11件、飞鹰1件、璜2件、管10件、坠1件、珠5件、圆片2件、笄2件、柄形饰5件、碎块5件"［湖北省荆州博物馆、湖北省文物考古研究所、北京大学考古学系：《肖家屋脊》（天门石家河考古发掘报告之一），文物出版社，1999年，第296页］。新近出土玉器参见湖北省文物考古研究所、北京大学考古文博学院、天门市博物馆：《石家河遗珍：谭家岭出土玉器精粹》，科学出版社，2019年。会议文集参见湖北省文物考古研究所编：《纪念石家河遗址考古发现60年学术研讨会文集》，科学出版社，2019年。

[88] 杨建芳把后石家河文化玉人头分为"玉神人头"和"玉人头"（杨建芳：《长江流域玉文化》，湖北教育出版社2006年，第179页）。玉神人头，也可依邓淑蘋"神祖面纹"定名，即意为古人思想中"神祇与祖先的共像"，简称"神祖"（邓淑蘋：《雕有神祖面纹与相关纹饰的有刃玉器》，见山东大学考古学系编：《刘敦愿先生纪念文集》，山东大学出版社，1998年，第155页），或将这类人头像特指称为"神祖头像"，刻纹称之为"神祖面纹"或"神祖面像"。

[89] 插图采自荆州博物馆编著：《石家河文化玉器》，文物出版社，2008年，第

25—27页。秦岭注意到从出土情况看，似乎每个发掘地点都仅见一件"神祖"，而玉人头则相对普遍，出土数量不等，参见秦岭：《龙山文化玉器与龙山时代》，北京大学考古文博学院、北京大学中国考古学研究中心：《考古学研究》（十五），文物出版社，2002年，第530页。

[90] 插图采自湖北省文物考古研究所、北京大学考古文博学院、天门市博物馆：《石家河遗珍：谭家岭出土玉器精粹》，科学出版社，2019年，第30、52、70、109、111页；湖南省文物考古研究所、澧县博物馆：《湖南澧县孙家岗遗址墓地2016—2018年发掘简报》，《考古》2020年第6期。

牟永抗1991年6月未刊稿《蝉鸣的遐想——良渚古玉研究札记》（中国考古网，2020-02-25，http://kaogu.cssn.cn/zwb/xsyj/yjxl/qt/202002/t20200225_5092969.shtml），全文录入如下：

夏季，大地尽情拥抱着骄阳，让万物迸发出最旺盛的生命力。高亢的蝉鸣，作为生命向自然的反馈，谱写了火一般炽热的奏鸣曲。它歌颂太阳，歌颂生命，也同时歌唱着光明。蝉声给人带来烦躁，也仿佛感受到收获的来临。它是那样地自负、自信、自得其乐地一声长啸，从这棵树冠飞向另一株高树的尖顶。这又给人以怎样的启迪？

现在还不知道人与蝉的交往始于何时，至少它是华夏祖先在动物界结识最早的朋友之一。在已知的商、周青铜器上的昆虫纹样，以蝉纹独占魁首。玉是高尚、纯洁和美好的象征，以玉琢蝉，反映了古人对生命的理解。宋、元之间爱好古玉的金石学家，已经研究著录汉代的玉蝉，并考证它们是葬仪中纳入死者口中的琀。这一认识为以后包括朝鲜乐浪在内的许多汉墓所证实。汉代琀蝉的琢雕工艺已臻成熟，刀法简练，寥寥数笔就刻划出蝉的形态特征，唯体形较扁薄而已。有的仅为形似，连纹饰都没有。琀为什么琢成蝉形？有的学者认为："人之死，其尸体有似于蝉之蜕，而又不能食，古人或因即用为琀玉耳。"这是第一次从观念形态上作出解释。实际上，古玉蝉并非全作琀用，但直到晚清的著名学者吴大澂仍然将蝉形之玉，都归入琀。本世纪中叶前后，古玉鉴赏家将钻孔的玉蝉从琀的概念中分离出来，名为佩蝉，并推论有缝缀在帽子上的"冠蝉"。此时的考古发现证明，玉蝉的年代可早到商、周，雕琢具有较多的写实性，蝉体亦较厚宽，两翅后端稍稍翘起，匠心独具地发现了蝉鸣鼓翅时的动态效果。《荀子·大略》云"饮而不食者，蝉也"，司马迁在《屈原列传》中写道"濯淖淤泥之中，蝉蜕于浊秽，以浮游尘埃之外，不获世之俗垢"，《淮南子·精神篇》也有"蝉蜕蛇解游太清"之句，应是青铜时代对蝉鸣遐想某种踪迹的文字记录。

1977年，苏州的张陵山遗址发现了一件良渚文化的玉蝉。此蝉体形较大，玉质晶莹，正视如蝉而倒视若蛙，或许是一种双重的构思。1986年，在杭州附近的反山墓地又发现了一只良渚文化玉蝉。此器全长2.3厘米，厚0.95厘米，宽1.6厘米。体形大小与最善鸣叫的现生种"小炸蝉"相若，是一件写实的圆雕作品。1988年在湖北省石家河文化的一个瓮棺中，又发现了一件玉蝉，从而将玉蝉的出现时间推前到距今四五千年之前。良渚文化分布在太湖周围，石家河文化分布在长江中游的江汉平原，连同分布在辽西、内蒙古间的红山文化都是著名的用玉文化，三者共同构成了古代东方特有的玉器时代的主体。青铜时代的玉器已经演进到人格化、礼仪化的阶段，在玉器时代，玉是神化了的物质。古人云："夫玉，亦神物也。"以玉琢蝉，给生物蝉蒙上了神的面纱。

蚕是人类最早饲养的昆虫，它的起源或许比来自植物培育的农业、来自动物驯养的畜牧业晚一些。蚕作为昆虫属于动物，而饲蚕的桑却是植物。农业和畜牧业是解决人类生存问题的头等大事，而养蚕的起源无论如何不是为了吃。蚕丝是古代东方对人类的杰出贡献。半个世纪以来，雕琢得惟妙惟肖的玉蚕、玉蛹和丝织品的印痕，在商、周时期的不少大墓一起发现。1958年在浙江湖州钱山漾良渚文化遗址中，发现了丝织品的原件。1977年又在浙江余姚的河姆渡遗址，发现了六七千年以前雕刻在象牙制品上的蚕纹。近年又在内蒙古巴林右旗出土了两件红山文化的玉蚕。这两件玉制品体形短胖丰满，身长7.5至9厘米。首端以双圈纹饰作蚕目，背部以数道弦纹表现躯体，无翅，可知非蝉。说明蚕和蝉的玉制品在华夏大地上是同时出现的，人们对它们都怀有崇敬的心理。蚕的汉字读音can和野生的蝉是那样的相近，说明在华夏祖先的心目中，这两种昆虫有着相似的功能。在先秦典籍中，与蚕有关的桑、桑林、桑木、扶桑的含义，往往和爱情、生育及至沟通天地等神圣事业联系在一起。只要稍稍留意一下，从养生保健到人生哲理一系列传统观念中，例如葛洪在《抱扑子》中，将神仙分为天仙、地仙、尸解仙三等，"先死后蜕，谓之尸解仙"；佛教传入中国以后，出现了主张"性净自悟"，提倡主静禅定修炼模式的教派——禅宗；直到宋代理学家以习静才能去私欲合天理、与天地合其德等等，到处都能见到蚕或蝉休眠作茧、羽化升天对中华民族思想文化的深刻影响。因此，作为春蚕生命的结晶——洁白而有光泽的丝及其织品的主要功能，好像不应该局限在御寒蔽体的衣着范围。1949年在长沙战国墓出土的帛画和缯书，是丝织品功能最明确的最早资料。从内容及书写形式看，丝织品具有简牍以外，另一种表达、传递人类感情或信息载体的功能。70年代在山西侯马发现的晋国盟书，这些为天地神明共察的神圣文书，书写在源自戈兵的圭形玉片上。可见在中国古代，文字的内容与书写材料之间有着内在的联系，从本质上看，甲骨文的内容与载体之间，也是这种关系。在发掘侯马盟誓遗址时，有不少没有遗物的空坑，可能一些与盟誓有关的有机质资料未能保存下来。如果我们将盟誓和成语中"化干戈为玉帛"联系起来，并依此推论有些盟誓的内容可能书之于帛，当然论据欠缺，但古人曾赋予玉、帛有相似的社会属性，大概不会有很大的错误。有的研究者认为："藏传佛教的内涵与蒙古社会的原始信仰萨满教有相似之处。"在现今藏传佛教地区，"哈达"是奉献的神圣物品，丝织品的本义可能与"哈达"相去不远。

鸟的飞翔远高于蝉，先秦玉雕中鸟的形象更为多见。良渚文化、红山文化和石家河文化中都有玉鸟。每当研究者讨论上古时代的鸟形时，无不提及"天命玄鸟，降而生商"，而且从东方部族的鸟崇拜联系到鸟图腾。图腾是史前时期自然崇拜和祖先崇拜的混合产物，而应具有强烈的内向性。图腾并不一定见诸形象，也不与多神崇拜相斥，至少和现代生物学分类没有共同之处，崇拜对象不等于图腾。红山文化的玉鸟，形似鸭，两翼平展作飞行状，鸟首向下凝视大地，腹部琢有蜷曲的爪，是一种仰视的构图。良渚文化的玉鸟形如鸽，双翼展开而鸟首朝前，两眼琢于头部上方而腹部不琢鸟爪，构思者的立足点比鸟高得多。在那件著名的大玉钺上，神人兽面像高踞上方，飞鸟则布置在下角，形象地衬托出以神人兽面图形的神遨游苍天的崇高地位。在江淮地区出现的玉鸟又往往表现为侧视的图形，联系到河姆渡文化象牙雕刻的鸟形图像，都突出地表现其强大的喙。可见每种鸟的形象，各自寄寓着各地社会群体的感情和信念。这些图或形，在一定意义上是文字出现以前，记录古人精神生活最原始的视觉信息。虽然目前我们还不能正确地读识，如果按照天人合一的观念，估计不会距离飞翔或攀登的主题太远。

良渚、红山和江淮之间的古文化共同拥有玉雕的龟，人所共知。在华夏祖先的心目中，龟是具有灵性的生命，《史记》云："略闻夏殷，欲卜者乃取耆龟。"占卜是古代东方天人交往的重要渠道，构成了巫术活动的主体。河南舞阳贾湖遗址的发现，将龟灵信仰的起始推到八千年以前。玉雕的龟，只是这种信仰新的发展。可见古人认为有灵性的动物不只是会飞的鸟和蝉。

有位国外研究者认为，中国古代艺术品具有宗教和政治意义，艺术品上的动物纹样是巫觋通天的工具。近十年良渚文化的考古学研究表明，以大量玉礼器随葬的死者，具有巫觋的身份；在四五千年以前已经出现拥有神权、军权和财权的显贵阶层。联系到东北等地萨满教的法衣，其下缘或飘带上，每每绣有动物图形或钉有铜片，犹似现代的腰铃舞。在反山、瑶山等良渚文化墓地，玉蝉、玉鸟和玉龟都发现在死者腰部以下，每件的背或腹部均有隧孔，应是一些缝缀在衣着下缘的饰物。商代的国王是群巫之长或自兼贞人。当周武王战胜殷纣王时，这位自兼贞人的商王帝辛"登鹿台，着宝玉衣，赴火死"。鹿台可能是巫师作法的专用场地——祭坛。赴火或许是燎祭，乃是这位群巫之长在履行禀告先巫和上苍的最后职责。这袭宝玉衣也就是缝缀着蝉、鸟、龟等玉器的法衣。蚕、桑、丝的本义与巫术是相通的，殷纣王的这件宝玉衣可能是丝织品，以丝织品作衣料似乎是巫术的衍生物。看来将丝织品服装形容为"飘飘欲仙",并不完全是现代文人的凭空想象。

人类在生产物质财富的同时,也创造着自己的精神生活,制造工具只是人区别于动物的物化标志,人有高级思维活动,还有精神生活。人类对于包括自身在内的自然界,永远处于似解与不甚解之间。原始宗教是古人对众多自然想象不理解的结果,也是人类高级思维活动的精神产品。将未被认识的自然力赋予人的意愿,并借此驾驭自然,在心理上协调对大自然认识的缺陷。本世纪初的国学大师王国维认为,礼字的本意"象二玉在器之形,……为以玉事神之器"。以事神致福的礼仪活动在古代的东方源远流长,并构筑了中华礼仪之邦的思想基础。国内一位同事说:"要多花一些精力去思索考古学遗存中所含的精神领域的问题。"良渚文化、红山文化和江淮之间的古文化是东亚大地上三支各有渊源并自成系列的考古学文化,它们之间在物质文化面貌上的区别也是清楚的。但是它们却共同地孕育了华夏古文化,并组成了早于夏商的玉器时代。蝉鸣的遐想,旨在探索蕴藏在蝉、蚕、鸟、龟背后古人精神生活的沉积,或可拨开远古东方神秘面纱的一角,窥见华夏上古文明的点滴真谛。

[91] 方向明:《再论肖家屋脊瓮棺葬出土的相关玉器》,见湖北省文物考古研究所编:《纪念石家河遗址考古发掘60年学术研讨会论文集》,科学出版社,2020年,第215页。

[92] 澧县孙家岗遗址,1991年发掘,清理33座新石器时代墓葬,共出土196件陶器和26件玉器。2016—2018年发掘,清理肖家屋脊文化时期墓葬193座(仅1座为瓮棺葬),出土一大批陶器和玉器,墓地延续使用时代不超出居址区文化堆积公元前2200—前1800年的时间跨度(湖南省文物考古研究所、澧县文物管理处:《澧县孙家岗新石器时代墓群发掘简报》,《文物》2000年第12期。湖南省文物考古研究所、澧县博物馆:《湖南澧县孙家岗遗址墓地2016—2018年发掘简报》,《考古》2020年第6期)。

[93] 插图采自湖北省文物考古研究所、北京大学考古文博学院、天门市博物馆编著:《石家河遗珍——谭家岭出土玉器精粹》,科学出版社,2019年,第

120页。

[94] 应为"后石家河文化"或"肖家屋脊文化"。参见何驽：《试论肖家屋脊文化及其相关问题》，见中国社会科学院考古研究所夏商周考古研究室编：《三代考古》（二），科学出版社，2006年；王劲：《后石家河文化定名的思考》，《江汉考古》2007年第1期。方勤提出石家河遗址群"后石家河文化"年代距今4200—3800年，见前文注释。

[95] 湖北省文物考古研究所、北京大学考古文博学院、天门市博物馆：《湖北天门市石家河遗址2014—2016年的勘探与发掘》，《考古》2017年第7期。插图采自中共石家河镇委员会等编：《上古迷城石家河》（内部资料），白线示意最新考古成果，石家河古城城址由内城、城壕（护城河）、外郭城构成，总面积348.5万平方米。参见《石家河古城最新考古成果发布：规模与良渚古城相当》，"湖北考古博物馆"公众号，2023-03-10。

[96] 甘肃省博物馆：《武威皇娘娘台遗址第四次发掘》，《考古学报》1978年第4期；中国社会科学院考古研究所甘肃队：《甘肃永靖秦魏家齐家文化墓地》，《考古学报》1975年第2期；《甘肃永靖大何庄遗址发掘报告》，《考古学报》1974年第2期。皇娘娘台，"M48是皇娘娘台发现规模最大的三人合葬墓，墓坑长2.6、宽4.8、深达1.15米，经过鉴定，居中者仰身直肢系男性，左右两侧侧身屈肢系女性，骨架上也均有红色颜料，83件石璧、1件玉璜均随葬在男性身上，其脚下方还另有小石子304颗。以M48三人合葬墓为中心，周边分别有随葬璧11件和璜1件的M41、璧9件和璧芯3件的M50、璧11件的M59等"。

[97] 邓淑蘋：《"华西系统玉器"观点形成与研究展望》，见张忠培、徐光冀主编：《玉魂国魄：中国古代玉器与传统文化学术讨论会文集》（三），北京燕山出版社，2008年，第92—134页。20世纪90年代，经过邓淑蘋引荐，戴应新在台北故宫博物院《故宫文物月刊》连续发文六篇，详尽介绍了历年来石峁玉器的征集情况，而邓淑蘋则以《也谈华西系统玉器》六篇相辅相成，最早揭开了陕北玉器研究的序幕［戴应新：《神木石峁龙山文化玉器探索》（一）—（六）；邓淑蘋：《也谈华西系统的玉器》（一）—（六），

(台北)《故宫文物月刊》(125—130)，第十一卷第5—10期]。

[98] 陕西省考古研究所：《龙岗寺》，文物出版社，1990年，第74、86页。

[99] 青海省文物考古研究所：《民和阳山》，文物出版社，1990年，第37页。
阳山墓地共出土臂钏5件，出土于4座墓中，其中最大的3件还出土于随葬陶鼓等特殊随葬品的大墓中，如M147:23，高12.8、外径8.5、臂厚0.3厘米；M60:27，高7.9、外径8、臂厚0.5厘米；M68:35，高5.3、外径7.6、壁厚0.5厘米。

[100] 插图采自北京艺术博物馆等著：《玉泽陇西：齐家文化玉器》，北京美术摄影出版社，2015年，第27、28页。
齐家文化被归属到夏、商王朝周边地区的考古学文化，其年代与中原地区夏代纪年相当，年代上限或略早于夏代，可以分为东、中、西部三个区五个类型，其中东区分为师赵村和七里墩两个类型，中区称秦魏家类型，西区分为皇娘娘台和柳湾两个类型（中国社会科学院考古研究所编著：《中国考古学·夏商卷》，中国社会科学出版社，2003年，第535—558页）。出土玉器较为丰富的青海民和喇家遗址，与甘肃天水七里墩遗址为代表的齐家文化"七里墩类型"较为相似，七里墩类型年代距今4000—3800年（中国社会科学院考古研究所甘青工作队、青海省文物考古研究所：《青海民和喇家遗址2000年发掘简报》，《考古》2002年第12期）。张雪莲等对喇家遗址碳十四测年初步分析，认为喇家灾难事件的年代在公元前1900年前后，而喇家遗址齐家文化偏早阶段的年代集中在公元前2300多年—前2000多年，喇家遗址齐家文化偏晚阶段年代为公元前2000多年—前1900多年。张雪莲等同时提到夏商周断代工程确定的夏的始年为公元前2070年，喇家遗址齐家文化公元前1900年的年代下限，早于不早过公元前1750年的二里头文化第一年代（张雪莲、叶茂林、仇士华、钟建：《民和喇家遗址碳十四测年及初步分析》，《考古》2014年第11期）。

[101] 插图采自陕西省考古研究所、榆林市文物保护研究所编著：《神木新华》，科学出版社，2005年，彩版四。

[102] 插图采自邓聪主编：《东亚玉器》（Vol.Ⅲ），香港中文大学中国考古艺术研究中心，1998年，第49页。

姬乃军：《延安市发现的古代玉器》，《文物》1984年第2期。姬乃军：《延安市芦山峁出土玉器有关问题探讨》，《考古与文物》1995年第1期，第23、27页。又陕西省考古研究院等：《陕西延安市芦山峁新石器时代遗址》，《考古》2019年第7期。

关于芦山峁琮的眼睛，邓淑蘋提出这类琮，"用凸弦纹勾勒的手法，似桃形眼又略带变化的风格，都相似于山东龙山文化的作品，所以也归之于东夷系玉器"（邓淑蘋：《晋、陕出土东夷系玉器的启示》，《考古与文物》1999年第5期，第22页）。芦山峁玉琮眼睛部位纹样与良渚文化玉琮完全不同，与石峁古城石雕和肖家屋脊相关玉雕眼睛纹样接近，极有可能是这一地区先民创新性雕琢。

[103] 插图采自《发现石峁》第72、130页及《考古》2020年第7期。最近几年神木石峁古城考古资料：

1. 陕西省考古研究院、榆林市文物考古勘探工作队、神木县文体广电局、神木县石峁遗址管理处：《发现石峁古城》，文物出版社，2016年。

2. 陕西省考古研究院、榆林市文物考古勘探工作队、神木市石峁遗址管理所：《陕西神木县石峁城址皇城台地点》，《考古》2017年第7期。

3. 陕西省考古研究院、榆林市文物考古勘探工作队、神木市石峁遗址管理所：《石峁遗址皇城台地点2016—2019年度考古新发现》，《考古与文物》2020年第4期。

4. 孙周勇、邵晶：《石峁遗址皇城台大台基出土石雕研究》，《考古与文物》2020年第4期。

5. 陕西省考古研究院、榆林市文物考古勘探工作队、神木市石峁遗址管理处：《陕西神木市石峁遗址皇城台大台基遗迹》，《考古》2020年第7期。

6. 孙周勇等：《石峁遗址的考古发现与研究综述》，《中原文物》2020年第1期。

[104] 插图采自中国社会科学院考古研究所、香港中文大学中国考古艺术研究中心编：《玉器起源探索——兴隆洼文化玉器研究及图录》，香港中文大学中国考古艺术研究中心，2007年，第130页。

[105] 卑南遗址位于台东卑南山的东南麓，日据时代，日人鹿野忠雄、金关丈夫和国分直一曾做过调查和试掘，1980—1990年台湾大学对此进行了13次发掘，2001年，台湾史前文化博物馆在卑南落成。

关于台湾地区史前玉器和卑南文化考古资料，参见：

连照美：《卑南遗址第109号墓葬及其相关问题》，《台湾大学文史哲学报》第31期，1982年。陈仲玉：《台湾史前的玉器工业》，见邓聪主编：《东亚玉器》Vol.1，香港中文大学中国考古艺术研究中心，1998年。刘益昌：《台湾玉器流行年代及其相关问题》，见《史前与古典文明》（第三届国际汉学会议论文集历史组），台北"中研院"历史语言研究所，2003年。连照美：《台湾新石器时代卑南研究论文集》，台湾历史博物馆，2003年。台湾史前文化博物馆：《馆藏卑南遗址玉器图录》，2005年。洪晓纯：《台湾史前玉器在东南亚的分布及其意义》，见中国社会科学院考古研究所：《华南及东南亚地区史前考古——纪念甑皮岩发掘30周年国际学术研讨会文集》，文物出版社，2006年。连照美：《新石器时代台湾南端的玉器——垦丁寮1931年发掘陪葬玉器之研究》，《考古人类学刊》，2006年。宋文薰、连照美：《卑南考古（1986—1987）》，（台北）南天书局，1987年9月再版；也即《卑南遗址第9—10次发掘工作报告》，《台湾大学考古人类学专刊》第八种，台湾大学文学院人类学系1987年7月出版。宋文薰、连照美：《卑南遗址第11—13次发掘工作报告》，《台湾大学考古人类学专刊》第12种，台湾大学文学院人类学系1988年12月出版。

[106] 石峡出土有角玦的M31、M113，报告归属于三期晚期，参见广东省文物考古研究所、广东省博物馆、广东省韶关市曲江区博物馆编著：《石峡遗址——1973—1978年考古发掘报告》，文物出版社，2014年，第532页。1983年浙江衢州西山西周土墩墓中清理有36件玉玦，其中4件有角玦饰，

外径1.1—2厘米不等，参见金华地区文管会：《浙江衢州西山西周土墩墓》，《考古》1984年第7期。近年，浙江省文物考古研究所和衢州市衢江区文保所在西山土墩墓所在的庙山尖、孟姜村发掘多座西周时期高等级墓葬，并在上溯邵源溪约5公里处发现石角山古城，参见黄昊德等：《十大考古终评项目：拼凑"姑蔑"记忆——浙江衢江西周高等级土墩墓群》，"文博中国"公众号，2022-03-20。浙江东阳前山春秋晚期D2M1出土63件体量微小的绿松石有角偏心玦，参见浙江省文物考古研究所编著：《浙江越墓》，科学出版社，2009年，第35、36页。广西平乐银山岭15座战国墓出土玉玦40件，其中6件为有角玦，参见广西壮族自治区文物工作队：《平乐银山岭战国墓》，《考古学报》1978年，第245页。贵州赫章可乐M341:6有角玦，战国早中期，参见贵州省文物考古研究所编：《赫章可乐二〇〇〇年发掘报告》，文物出版社，2008年，第107页。从东北地区小南山、兴隆洼文化玦的起源，到向长江下游地区马家浜、河姆渡文化玦的扩散，至凌家滩、崧泽文化玦的高峰，良渚文化早期之后玦式微，最后商周时期玦复兴，这期间有角玦等新的玦形制，其起源、传播和影响需要从更大的时空范围来考察，以石峡三期晚期M31为代表的岭南和珠江三角洲地区、以衢江孟姜村高等级土墩墓群为代表的浙西"姑蔑"遗存、以三星堆和金沙为代表的古蜀文明等，可能存在彼此交融的情况。有关有角玦的讨论，另见张强禄：《论有角玦的起源和传播》，《文博学刊》2019年第2期。

[107] 石峡M105:1琮，矽卡岩；石峡M10:11琮，矽卡岩；石峡M57③:26钺，透闪石。参见广东省文物考古研究所、广东省博物馆、广东省韶关市曲江区博物馆编著：《石峡遗址——1973—1978年考古发掘报告》，文物出版社，2014年，第661页。封开鹿尾村，后改为禄美村，参见杨式挺：《封开县鹿尾村新石器时代墓葬》，见中国考古学会编：《中国考古学年鉴》（1985），文物出版社，1985年，第201、202页；杨式挺、邓增魁：《广东封开县杏花河两岸古遗址调查与试掘》，见《考古》编辑部编：《考古学集刊》（6），中国社会科学出版社，1989年，第70、71页。广东英

德岩山寨岩背地点新石器时代晚期墓葬，出土琮、钺、环、玦、璧、锛、锥形器及圭形器等玉器，参见刘锁强等：《重大新发现聚焦文明起源：英德岩山寨闪耀史前岭南》，"广东文物考古"公众号，2021-12-02。1984年广东海丰田墘圩盐场挖贝壳时，出土4件玉器，其中2件为大射孔琮，参见毛衣明：《海丰县田墘圩发现新石器时代玉器》，见中国考古学会编：《中国考古学年鉴》（1985），文物出版社，1985年，第202页。插图采自浙江省人民政府、故宫博物院：《良渚与古代中国：玉器显示的5000年文明》，故宫出版社，2019年，173—175页。

[108] 秦岭：《龙山文化玉器与龙山时代》，见北京大学考古文博学院、北京大学中国考古学研究中心：《考古学研究》（十五），文物出版社，2002年。

[109] 黄翔：《广富林遗址出土玉石琮》，见杨晶、蒋卫东执行主编：《玉魂国魄——中国古代玉器与传统文化学术讨论会文集》（六），浙江古籍出版社，2014年，第259—266页。

[110] 插图采自王春法主编：《礼出东方：山东焦家遗址考古发现》，北京时代华文书局，2019年，第98、99页。

[111] 浙江省文物考古研究所、北京大学考古文博学院、北京大学中国考古学研究中心、良渚博物院、杭州市余杭博物馆编著：《权力与信仰——良渚遗址群考古特展》，文物出版社，2015年。

[112] 插图采自潘吉星著：《天工开物校注及研究》，巴蜀书社，1989年，第549页。台北故宫博物院根据清代资料，由当代画家周以鸿绘制的琢玉十二个步骤图，参见袁旃主编：《玉石器的故事》（邓淑蘋文字撰述），台北故宫博物院，1999年，第65—79页。

[113] 牟永抗：《关于史前琢玉工艺考古学研究的一些看法》，见钱宪和、方建能编著：《史前琢玉工艺技术》，台湾博物馆，2003年。

[114] 南京博物院、丹徒县文教局：《江苏丹土磨盘墩遗址发掘报告》，《史前研究》1985年第2期。张敏：《治玉说》，原载《南京博物院集刊》（7），1984年。又南京博物院：《张敏文集》（考古卷·上），文物出版社，2013年。

[115] 河南省文物考古研究所等：《淅川下寺春秋楚墓》，文物出版社，1991年。

[116] 良渚文化玉器锯切割的深度有限，可能与切割工具有关。参见方向明：《史前琢玉的切割工艺》，《南方文物》2013年第4期。

[117] 不存在双向同时管钻的可能。出土的不少双向管钻玉石芯，往往两端的旋转中轴明显不在一条直线上，这与被加工玉石件固定不动，两侧管钻具同时施力旋转后截取的钻芯完全不符。当然也不存在管钻钻具不动，被加工玉件旋转运作的可能。钻具外径大小悬殊。良渚神像的眼圈往往为管钻旋成，外径仅2—3毫米。2004年湖州昆山M18:3玉管钻孔内壁明显的台痕，实际上就是小口径管钻而成，玉管外径5—6、内径2毫米（浙江省文物考古研究所、湖州市博物馆：《昆山》，文物出版社，2006年，第42页）。2016年浙江省文物考古研究所在良渚古城内钟家港河道清理发掘时，出土了大量外径仅2毫米左右的小玉钻芯，可见小口径管钻在良渚文化管钻中应用极为广泛（浙江省文物考古研究所：《良渚古城城内考古发掘及城外勘探取得重要收获》，《中国文物报》2016年12月26日）。

[118] 南京博物院：《江苏句容丁沙地遗址试掘钻探简报》，《东南文化》1990年第1、2期合刊；南京博物院考古研究所：《江苏句容丁沙地遗址第二次发掘简报》，《文物》2001年第5期；方向明：《良渚塘山金村段2002年度的发掘——良渚晚期制玉遗存的发现》，见浙江省文物考古研究所：《浙江考古新纪元》，科学出版社，2009年。浙江省文物考古研究所、德清县博物馆：《浙江德清县中初鸣良渚文化制玉作坊遗址群的发掘》，《考古》2021年第6期。

[119] 鲨鱼牙齿不能作为徒手雕刻的工具。

[120] 未能找到出处。

[121] 朔知：《凌家滩玉器综论》，见中华玉文化中心、中华玉文化工作委员会编：《玉魂国魄——凌家滩文化玉器精品展》，浙江古籍出版社，2011年，第21页。

[122] 王明达：《介绍一件良渚文化玉琮半成品——兼谈琮的制作工艺》，见钱

宪和、方建能编著：《史前琢玉工艺技术》，台湾博物馆，2003年，第88页。

[123] 福泉山吴家场墓地M204参见浙江省文物考古研究所、南京博物院、上海博物馆编：《良渚考古八十年》，文物出版社，2016年，第237、243页。

[124] 三叉形器是良渚文化玉器组装形式最为复杂的器件，形制多样，如两叉一面有缀孔，底部外缘多圆弧或也有台形者，中叉贯孔之两侧或有卯孔，两叉上方有透孔，甚至两叉上方是为卯销孔状，背面有刻纹或有凸块。良渚古城遗址西部的吴家埠遗址，20世纪70年代曾采集的三叉形器，背面平整，正面弧凸，也没有贯孔，应作为粘嵌使用。

[125] 郭大顺认为勾云形玉器在牛河梁遗址积石冢墓葬随葬时的位置有规律可循，缀孔不是缝缀在人体衣服上，而是有与之相配的另一附件，推测是缝缀在另一或有把柄的附件上的复合器，其功能可能与执于手上的斧钺一类武器有关，作为通神权杖一类的器物被使用和随葬。郭大顺：《红山文化勾云形玉器再研究》，原载中国社会科学院考古研究所编《二十一世纪的中国考古学——庆祝佟柱臣先生八十五华诞学术文集》，文物出版社，2006年；又郭大顺著：《郭大顺考古文集》，辽宁人民出版社，2017年，第118、119页。

[126] 何驽：《黄河双雄的"恩怨"：陶寺与石峁，友谊的小船是怎么彻底翻的?》，"文博山西"公众号，2020-12-27。何驽认为：从根祖文化看，陶寺文化与石峁集团的老虎山文化出自同一渊源——庙底沟文化。陶寺文化的主脉前身是庙底沟二期文化，大本营在豫西晋南。庙底沟二期文化前身是庙底沟文化，核心区在豫西与关中平原。庙底沟文化北上至内蒙古南部和陕西北部，形成了白泥窑子类型，经仰韶文化三期海生不浪类型（相当于晋南的西王村三期），发展为阿善三期类型（相当于晋南庙底沟二期文化），再发展为老虎山文化。陶寺文化早期（距今4300—4100年），两地来往并不密切，但已开始接触。陶寺文化中期（距今4100—4000年），随着陶寺文化重要炊器釜灶被老虎山文化系统的肥足鬲变种所取代，两地都开始营建大城，石峁开始大行玉器，并向陶寺渗透，陶寺

与石峁交流密切。陶寺文化晚期（距今4000—3900年），从陶器文化面貌上，石峁集团的老虎山文化因素对于陶寺文化产生了强烈的冲击，催生了陶寺文化晚期文化面貌的巨变，石峁集团征服了陶寺文化。陶寺遗址是"尧舜之都"，最后是石峁结束了陶寺遗址与陶寺文化的生命。

[127] 王国维：《观堂集林》，朝华出版社，2018年，第251—252页。

[128] 目前已确认的嵌玉漆器有觚、翘流壶、圆形器等，这里的"盘"应该是指反山M12:68的"圆形器"。

[129] 牟永抗：《璧、琮功能研究》，大维德第十八届年会论文，待发。中文稿首刊，牟永抗：《关于琮璧功能的考古学观察——良渚古玉研究之一》，见浙江省博物馆编：《东方博物》第四辑，浙江大学出版社，1999年。牟先生文章插图为方向明在他的指导下绘制。

[130] 浙江省文物考古研究所：《良渚古城综合研究报告》，文物出版社，2019年；浙江省文物考古研究所：《良渚王国》，文物出版社，2019年。

[131] 插图采自良渚博物院编著：《良渚文化刻画符号》，上海人民出版社，2015年，第592—595页。关于文字起源和良渚文化原始文字，1990年中国社会科学院考古研究所中国文明起源研讨会上，任式楠就文字系统指出："因早期文明社会掌握和使用文字的范围甚窄，即使在王都也不可能处处出土文字资料，倘能在都邑以外的地方偶见个别文字，便很难得，应予重视。"牟永抗认为："在表意画到意音文字之间，可能有一个大体和东巴文相似的原始文字的阶段。按照目前的材料，这阶段很可能在良渚文化或崧泽文化晚期就开始了。"（《中国文明起源研讨会纪要》，《考古》1992年第6期）牟永抗：《良渚文化的原始文字》，见余杭市文物管理委员会等编：《文明的曙光——良渚文化》，浙江人民出版社，1996年。2022年9月浙江省文物考古研究所、平湖市博物馆举办"史前符号和早期文字"学术报告会，参见朱雪菲：《新石器时代是否已经出现了可以读懂的文字——"史前符号和早期文字学术报告会"后记》，"文博中国"公众号，2022-10-17。

[132] 闻广：《谁首先提出"玉器时代"?》，《中国文物报》1999年6月16日。闻

广补充说明"玉器时代"最早提出者是章鸿钊，见1922年《地质学会志》第1卷的英文《玉石在中国历史上之价值及其名称》专节"玉器时代"（The Jade Age），因此章鸿钊是最先提出讨论玉器时代的现代学者。

[133] 根据邓淑蘋梳理，1959年张光直就主张石器时代分为普通石器时代和加入玉器的时代，1986年张光直正式提出"玉器时代"。参见邓淑蘋：《黄帝之时，以玉为兵——我对"玉器时代"一说的看法》，《黄帝与中国传统文化学术讨论会文集》，陕西人民出版社，2001年。关于"玉器时代"的论述，主要有：

孙守道：《论中国史上"玉兵时代"的提出——红山文化玉器研究札记》，原载《辽宁文物》1983年总第5期，又孙守道著：《孙守道考古文集》，辽宁人民出版社，2017年，第174—178页。孙守道、郭大顺：《论辽河流域的原始文明与龙的起源》，原载《文物》1984年第6期，又孙守道著：《孙守道考古文集》，辽宁人民出版社，2017年，第109—117页。张光直：《谈"琮"及其在中国古史上的意义》，见文物出版社编辑部编：《文物与考古论集》，文物出版社，1986年，第259页。1959年，张光直就《越绝书》风胡子与楚王的对话，就指出"中国人在使用铜器之前曾使用石器，用石器的时代可分两期：（1）普通石器时代，（2）加入玉器的时代"，参见张光直：《中国新石器时代文化断代》，原载《中央研究院历史语言研究所集刊》（1959）30，又载张光直：《中国考古学论文集》，生活·读书·新知三联书店，2013年，第45页。陈星灿：《青铜时代与玉器时代——再论中国文明的起源》，见中国社会科学院考古研究所编著：《考古求知集'96考古研究所中青年学术讨论会文集》，中国社会科学出版社，1997年，第33—34页。又"'玉器时代'这个概念的提出虽不一定能被普遍接受，但反映了考古学界对中国历史特点进行概括的可贵尝试"[陈星灿：《考古学就在我们身边》，原刊《读书》1996年9期，又陈星灿：《考古随笔》（二），文物出版社，2020年，第283页]。

依牟永抗先生回忆：1989年拍摄《文明的曙光》，苏秉琦先生在拍摄提纲上亲笔加上玉器时代的副标题，还让导演鲁明捎口信，要他在这方面写点文字。1990年5月吴汝祚先生带着《试论玉器时代》初稿来杭，特别说明是苏秉琦先生要他们两人一起写完稿，再由苏先生安排在他主编的《考古学文化论集》第四辑刊出。由于成稿与刊出的间隔，所以提前在《中国文物报》1990年11月1日公布一份提纲（牟永抗：《忆念苏先生》，2009年10月15日初稿，11月16日改定稿）。牟永抗、吴汝祚关于"玉器时代"的讨论，参见：《试论玉器时代——中国文明时代产生的一个重要标志》，原载《考古学文物论集》，文物出版社，1997年；《水稻、蚕丝和玉器——中国文明起源的若干问题》，《考古》1993年第6期；《再论玉器时代》，1995年未刊稿；《中国历史上的玉器时代》，《明报月刊》1997年4月号；《关于〈试论玉器时代〉一文的若干说明》，原载《中国文物报》1999年12月29日、2000年1月5日；《玉器时代续议》，原载《海峡两岸古玉学会论文专辑Ⅰ》，台湾大学，2001年；《良渚玉器和中华文明起源研究》，原载日本大修书店《史学》1994年第4期；《东方摇篮中的奇葩——中华史前古玉研究再思考》，原载《庆祝何炳棣先生九十华诞论文集》，三秦出版社，2008年。以上均收录牟永抗著：《牟永抗考古学文集》，科学出版社，2009年。

[134]《试论玉器时代——中国文明时代产生的一个重要标志》，载《考古学文化论集（四）》，文物出版社编印中（依据原文）。

# 东方摇篮中的奇葩

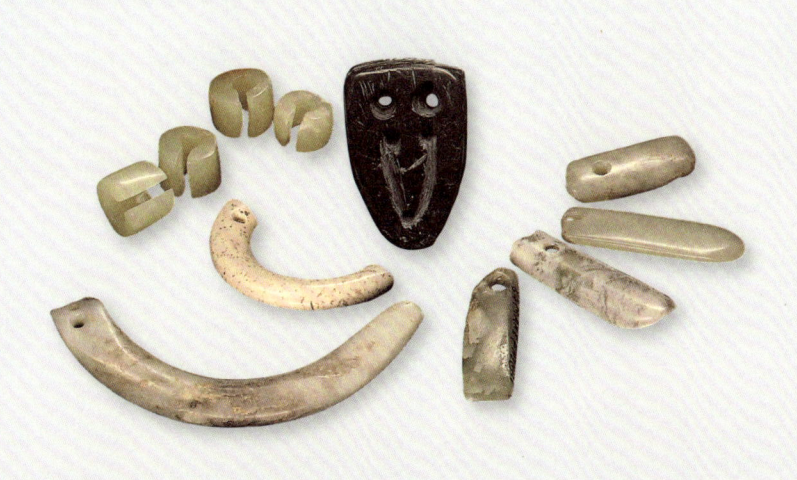

—— 中华史前古玉研究再思考

1975年冬，为第二年河姆渡遗址现场学术讨论会的召开，奉命与三位年轻伙伴草拟《河姆渡第一期发掘的主要收获》。从此开始，我等在那场史无前例的运动中，有机会冷静思考以往发掘资料所萌发的思路重新见诸文字。没过几年就听说，1975年何炳棣先生以"东方的摇篮"为题的学术巨著出版。看来，东亚史前文化及其文明化进程在海内外学术界逐渐得到重视，并成为众多学者关注的焦点问题。到1995年10月我赴美访问前办完退休手续之间的二十年，又曾对此命题阐述了一些想法，这是在职之年的分内工作。赋闲以后，在众师友的支持和鼓励下，又让我有机会重新检讨以往文字的局限、失误，似可认作学术生涯的第三阶段。去年下半年应台南艺术大学邀请，为该校研究生和本科生分别讲授了史前玉器和青瓷史等三门专业课程，实际上是对自己以往三阶段探索的又一次反思和小结。月初接兴邦老师手书，得知今年是何炳棣先生九十大寿，并嘱为文纪念。借此良机再思以往对中华史前古玉探索的历程，求教学界。

## （一） 东亚古玉是探索东方观念形态的重要载体

大家都知道乌拉尔山脉是旧大陆欧亚两大洲的分界线。它和以喜马拉雅山、帕米尔高原为界，将亚洲分为东亚和西亚，在人类文化史上的作用好像不能同日而语。现有的地质资料证明，随着印度板块挤压而不断上升的喜马拉雅造山运动，大约和人类的出现同时起步。现今已被称为世界屋脊的地方就成为地球村中可以与南、北极并立的第三极。这就使它和浩瀚太平洋西岸之间的地域，成为欧亚非旧大陆上相对封闭、独立的地理单元。既然这里的生存条件是人类出现以后形成，那么它又对随后来到这里的人们产生过什么样的影响？其中最显眼的是，在这块由西北向东南倾斜的扇面形三级阶地上，出现了一对由西向东同源同归的双子河——长江、黄河。正是这一对柔和移动的河水不遗余力的努力，才将这三级僵硬的阶地贯穿成和谐的一体。由于日本列岛阻断了太平洋的暖流，使得这里形成了地球在同一纬度上夏季最热、冬季最冷温差最大的地方。同时又带来了太平洋季风，因而产生热、水共济的气候特征，十分有利于谷类作物的生长。随着最后冰期结束及全新世以后全球性气温上升，在这里成功地培育出大米和小米。但在喜马拉雅以西的幼发拉底和底格里斯另一组双子河流域，却在禾本科中培育大麦和小麦另一类作物，雄辩地证明东、西亚是两支独立起源的文化谱系。在稻作农业起源研究中可以看到，农业不仅在经济生活上将以往依赖大自然赐予的自然经济，发展成以改造自然为手段的生产型经济，同时也极大地丰富了人们精神层面的内涵。正因为农作物在人们物质层面上的重要性，才使得各种以祈求丰收为主旨的巫术活动活跃起来，实际上增加了人们对大自然的依赖和恐惧。迫使人们对自己还无法认知的许多自然现象作出解释并采取应对措施，这就是原始信仰。其中固然包含着许多迷信的成分，从科学的发展观来看，任何一种自然或社会现象在取得正确解读之前，必然出现过各种各样认知的探索过程。以巫术为表象的原始信仰，至少可以认作在当时认知水平下在精神层面上主宰自然现象的心理过程，激发壮大了取胜的信念和勇气。我们还应该看到，属于意识形态范围的财产和财富观念至少也在农业出现以后发展起来。从财富的积蓄储存到包含着奉献、凝聚或交换、掠夺在内的财富流动过程，恰好是文明化进程的一个重要侧面。或许这就是地球上几个文明起源中心都根植于农耕社会的原因所在。所以西亚和东亚这两对不同的两河流域，在各自进入文明社会之前，不但创造出各自不同的农业和物质生活，也逐渐形成了各有所源的思维领域。如果承认东亚这块相对封闭的地理单元，曾经在某种程度上制约或影响着生活在这里人们的生存模式，致使长江和黄河这对双子河出现自己特有稻和粟的农耕社会，那么出现在这一地理单元的观念形态中，是否也可能产生一些相近或相似的因素呢?! 随着农业而来的定居生活，使农人固定在各自不同的地区劳动生息，因而发展成新石器时代区、系和类型。以往我们在区、系和类型关系中看到的特征，往往是物质层面上的差异，并且表现出自成体系各有所源的先后承袭关系。但是不能排除人们在各地定居之前，已经在思维领域出现某些相近或相似因素的可能性。上世纪三十年代在北京周口店山顶洞发现在死者身上撒有赤铁矿粉末的埋葬习俗；七十年代在辽宁海城小孤山遗址出现刻划有光芒状短线的小蚌饰，并且将圆形蚌片上镂刻的短线涂染成红色，不能不令人联想到模拟太阳形象。小孤山洞穴堆积距今约四万年，在先秦文献中，也曾出现太暤、少暤、祝融、曦和、帝俊乃至高阳、重华、炎帝和黄帝等多种多样与光有关的尊号，时间也在传说时代。如果说，后羿、夸父等故事的背景是在农业或定居出现之前，在东亚大地上曾出现过许多处以太阳或光芒为主旨的原始信仰，小孤山发现的这件标本就成为这一推测的重要物证，那么随着冰原的退缩，追赶着冰上大型动物向北挺进的部族，在穿越白令海峡之前应该也存在着相似的观念。在造纸、火药、印刷术和指南针四大发明之前，这里就是丝绸之国、瓷器之国。中华民族也是世界上最早使用玉器和漆器的民族。玉、丝、漆、瓷是古代中国的四大土特产，也是我们祖先物质文化上对人类的最早贡献，而且玉、丝、漆三者都出现在新石器时代。就其自然性状而言，玉是坚硬致密的岩石，丝则柔软轻盈，而漆则是液态的涂料，三者的物质形态相去甚远，然而它们却共同让人们感受到温润、莹泽、明亮这些以柔润淡雅的光为特征的愉悦和享受。而且这三者分别在矿物、动物和植物——自然界的三大群体中各选其一，应该不是偶然的巧合。玉既有材料坚硬所体现的刚，又有质地温润所反映的柔，这种刚柔共济的特性使它位于三者之首。稍后出现的瓷器，无非就是通过火——高能量的光，致使器表形成原本不存在的玻璃相光亮层，在外观上达到类似漆膜的效果。从这个层面上去思考，那么炼铜术同样也通过火使得铜矿石变成了具有金灿灿光泽的铜料。尽管炼铜术并不最先出现在东方，或许这就是我们的祖先，将珍贵的青铜用来制造不能直接创造物质财富的事神之器——礼器的原因所在。至少说明在东亚出现炼铜术之前，这里已形成以光、光泽或特定光芒为特征的观念形态，所以用自己的观念来解读、对待新生的外来事物或技术。在东亚最早的冶铜和制瓷出现在不同地区，目前还无法具体判读两者的先后。但两者共同地运用火的力量改变原本材料的性状，转变成观念形态的视觉效果，在技术的层面上是继玉、丝、漆之后都属于第二阶段的产品。在前三项物质中，丝是有机质材料，大部分漆器的胎料也是有机物质，都很难长时间保存下来，所以遗留在东亚大地上的史前古玉，就成为学术界赖以探索东方观念形态的重要载体。

## 二 古玉在中华文明化进程中的贡献和作用

现代宝石学中的玉，包括辉石类和透闪石阳起石系列的两种非单晶体链状硅酸盐矿物。前者为钠铝硅酸盐，简称辉玉或硬玉，俗称翡翠，它在中国出现的时间甚晚。后者为钙镁硅酸盐，简称闪玉或软玉，是中国古代的传统用玉。它是一种具有显微纤维结构的矿物集合体，它的纤维愈细、堆集密度愈大，其致密程度就愈高，加工之后的润泽感就越佳。在自然矿物中，它的韧度仅次于黑金刚石。但却无法采用某种客观的计量标准来评估或判断其品位和价值，这就是东亚大地上出现"黄金有价玉无价"的原因所在。在古代人们也不可能按照现代矿物的标准来认识或鉴别玉料。据《说文》："玉，石之美，有五德。"这是汉代及其以前古代中国人对玉的认知。美和德都是意识形态领域的概念，如何通过物质层面可量化的标准加以界定、读识，就成为古玉研究中一项醒目的标志。如果我们将美这一概念暂时锁定在"人们透过五个感官系统获得，并在一定群体中得到认可的一种愉悦的感知，而且以自己特定的行为模式再现这种愉悦，这些再现愉悦感受的行为有机地组构成这一族群特有的观念形态"这一框架之内，那么玉这种物质形态应可认作是人们通过视觉系统获知对某些光所特有的愉悦，同时也包含着一定程度的触觉和听觉得到的感知，并且还将这种情感和产物转化成界定人们社会行为的标准——德。这就使得玉成为古代东方观念形态物化的重要载体，并且也是中华民族作为古代东亚的主要族群，形成崇玉、爱玉民族情结的原因所在。很明显，非但后代人无法用美和德这等抽象的观念形态去界定哪些石料被古人认作玉，同时也很难用简单直观的方法去解读蕴藏在古玉身上的观念形态。大家都知道，工艺技术是人类劳动技能的主要表现之一，也是当时人们对加工对象的价值取向和制成品社会地位的重要标志，因而成为寻觅在此制成品上被古人赋予美与德的观念可供读识的物化证据。西北师范大学斯维至教授认为："古人所谓德行与今人的观念也不同……同姓则同德，异姓则异德……秉承效法祖先之性行就是人生最高的准则。因而具有'德以柔中国，刑以灭四夷'的功能，不同部族集团，可以有不同的德行。"据《山海经》一书，当时产玉的地点就有二百多处，比现代人已知的透闪石软玉的地点还要多得多，说明史前时期曾有不同的矿物，分别被不同部族选奉为玉。将透闪石软玉推奉为真玉，是古人长期筛选的结果。所以我们提出必须从：1.矿物学属性；2.具有超越物质生活需要的社会功能；3.有别于石器制作的工艺技术三项标准来界定读识古代的玉器。玉器采用三维定性的读认模式，使它和可以用材质、功能或工艺任何一项加以定性的物质遗存形成了鲜明的区别。在反映其研究层面的复杂性和难度的同时，也从侧面显现其研究成果的重要性。

玉器是我国最先被研究的几种古物之一，从北宋开始的金石学就将古玉列为研究对象。瓷、铜、玉、石就是我国传统古器物学的基本分类。现有许多资料可以证明，早在金石学研究之前，人们就屡获古代的玉器。例如从上世纪六十年代开始，在杭州老和山、湖州杨家埠和江苏涟水三里墩等地汉墓发现的史前古玉，应可说明当时已经出现古玉的欣赏和收藏，从另一侧面反映出爱玉、崇玉民族情结的传统。在上世纪苏州严村"窖藏"之后，近些年又在无锡鸿山越国墓地中，发掘到良渚文化的玉器，至少应将接触史前古玉的时间，追溯到公元前四五世纪的吴国和越国。从严村那件被重新切割的良渚玉琮看，似乎不宜将鸿山墓地所见玉璧简单地认作在建造越国大墓时破坏或扰动原先埋葬在这些土墩上良渚大墓的意外所获。很可能当时对这些古玉的价值认知仅限于珍贵玉材的再利用，并未关注它们的历史文化价值。由于金石学研究是以"证经补史"为目的的考据之学，不能不依靠文字为研究的主要依据。一百多年前著名金石学家吴大澂先生，就有"好古之士，往往详于金石而略于玉，为其无文字可考耶"之感叹。在某种程度上古玉被纳入金石学研究，也可认作中华民族爱玉情结在经历了漫长岁月之后的升华。以"刀工"为特色的琢玉工艺考察和以玉材次生变化为内涵的"沁色"研究，又说明当时的古玉在质料众多的古器物研究中，除了形制、装饰纹样等共同课题之外，已经开始形成自身特有的方法和探索模式。鉴于"刀工"研究的时代局限，致使人们误认为只有出现金属工具才能制作玉器。这就是当年出现唯砣方能琢玉，非砣雕琢之品不能认作玉器，以及将中国古玉器的年代上限定在周、汉之际这两项判读的主要原因所在。更由于金石学研究自身缺乏直接获取研究对象的可靠手段，只能通过他人之手得到研究标本，因而推动了以赢利为目标的古玩市场和收藏热潮，也使仿伪古玉成为市场的货源之一。为了包装这些仿伪古玉器，自然也会出现某些宣传舆论混杂在研究产品之中。

尽管马可·波罗曾在游记中写过中国玉器，但欧洲人接触东方玉器源自哥伦布时代，他们很难理解，为什么这些不能闪现强烈反射光芒的矿物，会在印第安土著心目中被认作与黄金同样珍贵的肾石（玉）。随着殖民战争的进展，在十九世纪末叶，又从中国掠夺到的宝物中，也存在着这类以柔润淡雅光泽为特色的艺术品。正是这些陌生的艺术品，诱发了西方人对既遥远又神秘的东方观念形态的好奇心。通过矿物学的检测结果，得知这些外貌十分相近的矿物，在结构上分别属于辉石和透闪石两类，而且在硬度上也有区别，从而在西方开始了以玉、铜、瓷诸器为主体的汉学研究。进入上世纪二十年代以后，又凭借其经济实力和强国优势，采用多种手段获取中国的古代玉器。从总体看，这些收藏家的学术视野虽然没有超越金石学的框架，或许西方人士缺乏欣赏"熟坑"古玉那种特有的感受，偏爱收藏"生坑"古玉，使得现今还保存在不少博物馆的当年收藏家的藏品中，还保留着不少不曾被研究者读识其真实年代的珍贵标本。

上世纪二十年代，西方近代考古学传入中国。虽然西方考古学缺乏古玉研究的传统，但是田野发掘的科学方法，正好弥补金石学无法直接获取第一手研究标本之缺陷。当年殷墟发掘不但将青铜器的研究推向新的高峰，也将古玉研究的年限扩展到《周礼》以前的商代。由于当时"左"倾思潮造成对社会生产力概念的片面理解，以及一些传统观念的制约，影响着考古界对古玉学术价值的正确评估，仍然不能掩盖或抵消自五十年代开始日益频繁的考古野外作业中古玉被发现的客观事实。随着南京北阴阳营、湖州邱城、嘉兴马家浜、巫山大溪、天门罗家北岭、泰安大汶口和余杭安溪苏家村等地一系列考古发掘记录的增加，终于迎来了1974年苏州草鞋山的发掘，将一向认作周、汉遗物的琮、璧、钺等古代玉器确认为史前良渚文化的产品。如果说在经历了六十年代的沉寂和深思之后，出现区、系、类型理论标志着中国考古学觉醒的新态势，那么史前古玉的确认似可认作新态势下最早升空的亮星。接着又从江苏武进寺墩、南京江浦营盘山、常州金坛三星村，上海福泉山到浙江余杭反山、瑶山、汇观山，辽宁朝阳牛河梁、阜新查海、沈阳新乐和大连郭家村，内蒙古敖汉兴隆洼到黑龙江饶河小南山，广东曲江石峡、海丰田墘圩、珠海宝镜湾到澳门黑沙，湖南澧县孙家岗、丁家岗，湖北天门石家河、钟祥六合，江西新余拾年山，安徽潜山薛家岗、含山凌家滩、萧县金寨，山东胶县三里河、临朐朱村、五莲丹土，山西襄汾陶寺，陕西南郑龙岗寺、神木石峁、延安卢山峁和甘肃秦安大地湾这一广阔地区的一连串地点都发掘到史前时期的玉器，连同台湾省卑南到日本列岛，香港涌浪和大屿山这一串太平洋西岸岛弧上史前玉器的发现，这就显露出喜马拉雅山以东这块相对稳定、封闭地理单元中史前文化自身特色的第一束光芒。这一发现最先给人们带来惊奇的不仅是其中有些曾在早年金石学研究著录或东、西方收藏家的藏品出现过的东西；其中有些当年认作周、汉之器的年代可以向前推进将近一倍；最早的玉器出现在距今8000年以前。所以这一惊奇带给人们的直观感受就是隐藏在这些玉制品历史背后的研究价值，因而首先在海外又一次掀起中国古玉收藏和再研究的热潮。正因为海外人士无法直接获取或掌握以考古手段得到的第一手资料，古玩市场的供求关系直接诱发了仿伪玉制品行业的兴起以及多种形式的玉制品非法走私出口。

综合上世纪八十年代以后史前古玉研究的成果，各地已发现的史前玉器不但是各该地点所属那支古文化重要的组成因素，而且各该支古文化恰好在中华大地文明化进程中产生着重要的作用。正因为最后组成中华民族大家庭的各支古文化中，都包含成分或内涵各有特征的用玉内在因素，才使各自有异的多元文化取得一统的最后结果。

在历史跨越进二十一世纪的时候，如何在新的起点上进一步探索史前古玉在中华文明化进程中的贡献和作用，已经义不容辞地落在我们大家的肩膀上。

## 三 以古玉为出发点去观察各该区、系

回顾自上世纪八十年代以来史前古玉研究的历程及成果，从区、系的整体出发，玉只是组成诸因素之一，而且往往从物质文化层面去关注；如果能以古玉为出发点去观察各该区、系，或许会使我们从另一角度看到古玉在各该区、系中的层次和作用。

以辽河为中心的东北地区大体相当于燕山南北长城内外，包括内蒙古东部和河北北部的地区。在古代就有产玉的记载。辽宁境内的宽甸就蕴藏着透闪石软玉，更是全国著名的蛇纹石——岫岩玉的产地。这里的史前古玉可分前、后两段，前段又可分东西两区块。西区早期玉器发现在辽宁阜新的查海和内蒙古敖汉的兴隆洼，代表性器型是玦和长条凹槽形的匕，而不见与实用性生产工具有关的斧和锛。同类器还发现于内蒙古的白音查汗和天津宝坻的牛道口，玉料为透闪石软玉，通体未见打制或锤击痕迹，而在玉玦的缺口部位，明显地保留着以砂为介质的片切割和线切割两种琢玉专门技艺的痕迹。玦身两面对穿的孔，还保留着钻具出现前，以掏搅方式钻孔的

特征。玉匕正面的浅槽，应是某种硬性棒状物带动砂粒进行推蹭的产物，都表明当时当地已经形成多种有别于实用性生产工具的琢玉工艺。兴隆洼文化年代测定为距今8000年前后，这些玉器就成为中华大地目前已知年代最早的史前玉器。东区最早玉器发现在沈阳的新乐和辽东半岛南端的小珠山下层、郭家村下层。新乐遗址中有长条形玉凿、玉斧和圆凿式双刃雕刻器等小型工具；长海广鹿岛小珠山下层出土的玉斧体形厚重；旅顺郭家村下层出土了更多的玉斧和玉锛，它们的年代均晚于西区，大约在距今6000年。但是这些器物却不采用西区已出现的那些琢玉专门技艺，而保留制造石器的压制法剥片或锤击的痕迹，同时也没有发现用玉材来制作类似西区那些超越实用性质的饰品。值得注意的是，前面提及太阳形蚌饰的海城小孤山遗址，那里还发掘到玉质的砍砸器，应可认作这一地区出现玉质生产工具的前身。这就说明在玉材产地虽然已经出现与太阳有关的信仰或崇拜，但是不一定最先将玉材这种司空见惯的柔润淡雅的质感和自己心目中崇敬的对象联系在一起，并且赋予它们观念形态层面的社会价值。西、东两区早期玉器价值取向上的差异，反映了东北地区史前玉文化读识构架上的复杂性。

红山玉器是东北史前玉器晚段的杰出代表，自1985年正式公布以后，立即得到国内外研究者的高度关注。红山文化分布区大体与前段西区相当，而红山玉器的影响却比前段大得多，几乎遍及东北三省。红山玉器的用料主要有透闪石，也有蛇纹石，仍然保持较高的品位并富有光泽。除少数体量较小的玉器可能直接采用籽玉外，多数先将玉料剖割成片状再雕琢成器，以期最大面积地展现其柔润的光泽，而且使其器缘尽可能多地体现柔和的弧曲。器类明显增多，多种动物的造型占据着红山玉器的首要部分，另外还有不少以表现圆或弧形的饰品，唯独不见前段西区的玦和匕，在功能上也不属东区那些斧、锛、凿等具有实用价值的生产工具。在雕琢工艺上，以整体造型取胜，已经出现了整体圆雕、局部浮雕、透雕等多种技法。这些总体形态以宽扁片状体为主的玉器，均经仔细修磨，基本上没有保留开料剖割的痕迹，只在有些玉猪龙的口部及个别马蹄形箍形器的内壁可以看到柔性线切割的残痕。器表除少量用以表示獠牙或鸟头、羽翅部位的细阴线外，都大量地出现柔和流畅的浅凹槽（洼沟）以及由相邻两凹槽之间形成稍稍凸起的弦纹。如若仔细观察，就会发现这些浅凹槽的两侧坡面，既不规整，也不对称，而且缓陡多变，显然不属机械旋转的痕迹。正是这许多貌似无序的手工推蹭工艺有效地调整了原本剖料工艺滞后造成欠规整的器表，使全器更加丰富地呈现柔润的质感，从中折射出人们对这种柔润光泽的追求和向往，正好体现出当时玉器的价值取向。在红山文化不少造型抽象玉器宽平的两面，几乎都可以见到以圆弧或旋涡为母题的浅凹槽，亦当渊源于此。在众多具象的动物造型中，兽类占据着重要地位，猪龙的造型还保留着出生前在母胎中的体态，说明当时当地农业尚欠发达，与狩猎或畜牧相关联的生育繁殖状况直接制约着人们的物质生活。各种鸮鸟或包括猪龙在内的各种兽类的头部，都以夸张的手法突出地表现双眼，再联系到女神庙发掘到的那件泥塑女神头像的眼眶中还特地镶嵌着两颗有光泽的玉粒，这就说明凭借视觉感观传递获取信息，正是人们寄寓在玉制品身上一项神圣的使命。很有意思的是在这群动物玉雕中，竟然还不止一件似蝉或蚕的昆虫，体形特征正处于从静态的蛹向成虫（蛾）转化的最后瞬间，背部的双翅还不及蛹身之半，表现出在"羽化登仙"前所凝聚的无限的生命力。大家都知道，人类驯养动物最初的动力是获取食物，昆虫的幼虫或蛹固然不能排除在人类食物名单之外，这些玉雕所反映的价值取向，却远远超越物质生活需要之上，呈现与天有关的生命价值。应该说，当时的红山文化和良渚或石家河文化并不存在时空上的关联，但在后两个文化区内却都发现了表现形态各有特点的玉蝉。至少说明昆虫生命周期中特有的静与动的互变关系，在定居之前就被东亚史前多个部族所关注，最后成为东方特有的天人合一观念中的众多组成因素之一。马蹄形箍形器虽然通体光素无纹，却代表了红山玉器的最高境界。这种纵向上宽下窄，横截面呈现圆角梯形的中空体，没有任何物质形态可供复制。按照牛河梁地点Ⅱ冢1M4和M21的出土部位，其功能应是位于头端用作束发的专用品（图一）。如果将此器在真人头顶加以复原，那么这件器高约占人头一半到三分之二的玉箍，其体量足够将整集成束的全部头发贯穿

图一 牛河梁地点Ⅱ冢1M4、M21箍形器出土状况（采自邓聪编：《东亚玉器》Vol.Ⅲ页22、23，香港中文大学中国考古艺术研究中心1998年）

东方摇篮中的奇葩——中华史前古玉研究再思考

其中。它最初产生的直观视觉效果，就是在人类智慧最集中的宝库——大脑顶部浓暗的基座上，耸立着色调淡雅的冲天光柱。原本乌黑有光泽的发丝，经历发箍集约成束后，顷刻间演变成柔润莹泽的光柱。强烈的色差对比，充分展现了玉所具有的无比神威。在发丝与光柱的突变中，正好寄寓着这一部族人们在观念形态中对光或光的赐予者——上苍、天，无比的崇敬和无限的祈求。玉箍采用上大下小的体形以及在上端呈现一个尽可能接近圆周的大体量斜向空间，正好体现了人们仰望天空——上苍的

图二　牛河梁地点Ⅱ冢1M4：2箍形器（采自辽宁省文物考古研究所等编：《牛河梁遗址》，学苑出版社2004年，页35）

真实表现（图二）。红山玉鸟腹部的爪和良渚文化玉琮上大下小的造型都是这种仰望视觉的代表作。圆角梯形的柱形体，是一种通过减弱厚度以增加宽度的手法，尽可能扩展正视效果的立体造型。从工艺技术层面上观察，当时可能还没有掌握孔径与深度均超过10厘米的管钻技能。但是能运用线切割技艺进行旋转型掏空作业，在已知史前玉器尚无他见，绝非技艺平庸之辈胆敢问津的领域。敢在玉料最宽最厚的一端裁截一个倾斜的坡面，正好说明这个尽力使其周边接近圆周，全器最大面积的圆形空间——天或上苍，在当时人们的心目中，远比视若珍宝的玉料还重要得多。此时以物质形态表现的玉器，已经成为社会观念形态的载体。连同坛、庙、冢这类超越物质生活需要的营建工程都说明红山文化拥有那一套"人神交往、天人合一"的社会观念，已经摆脱起初时的朦胧阶段。

　　内蒙古敖汉大甸子的发掘证明，东北地区的史前玉器在发展到夏家店下层的时候，不但保存着许多红山文化玉器的因素，同时还保留从兴隆洼文化开始使用玉玦的古老传统。说明东北地区是我国

215

史前玉器独立的起源地之一，但在这一区系内，同样存在各项文化因素发展的不平衡性，红山玉器曾经对周边诸文化产生过很大的影响，但不能排斥区内各地仍然保存着当地各自原有的用玉传统。

长江下游是我国史前玉器又一个重要起源地，包括江苏、浙江、上海二省一市及安徽省的一部分，重点是江南的太湖附近地区。按照五十年代开始积累的资料，自七十年代后期开始，考古学界将太湖地区的史前文化分为马家浜、崧泽、良渚三个阶段。钱塘江以南的河姆渡一期和二期，大体与马家浜相当；南京北阴阳营下层墓地、金坛三星村，大体相当于马家浜晚期到崧泽早期；长江以北的江浦营盘山和安徽含山凌家滩，约与崧泽相似；南京附近昝庙或苏北的花厅墓地，应与良渚同期。这一地区的史前玉器，在本世纪之初，也大体以此分为早、中、晚三期。早期玉器出现在距今七千年左右，数量少，种类不多，体形亦较小，器型主要是玦、璜、管、珠。以玦为主，璜较少见，均为一些光素无华的粒状或条状体，未见具象造型，为意念形态的佩饰，可能还没有形成特定组合的单件挂饰，多数采用石英、玛瑙或萤石、蛇纹石等质料制作。中期玉器的品种和功能大体与早期相似，新出现体型较小的环镯、璧和少量具有特定形象的雕件，年代约在距今五六千年之间。最大的变化是选用透闪石软玉为原料，且使用频率迅速增高，玉器平面明显增宽而厚度相对减薄，说明开料技艺有很大进步，可称为片状玉器。北阴阳营和凌家滩墓地都发现，先将玉料对剖，再行拼接成面积倍增的桥形璜就是其实例。中期有些玉器的器表或外缘，还曾出现若干粗疏的装饰性线条。随着玉玦的减少，玉璜数量明显增加，条形璜的两端逐渐减薄增宽，随后出现了圆心角明显增大的桥形璜，最后演化成外缘呈锯齿状的半璧璜。凌家滩墓地发现坐和立两种形态的人像玉雕和那件铭刻有八角星纹的玉版，是中期玉器的杰出代表。后期的代表是良渚玉器，此时透闪石、阳起石系列软玉已上升为玉料的主体，并在溧阳小梅岭找到了此类玉矿。体形的最大变化是出现了方形的块状玉器。虽然许多玉器都保留着圆或圆弧的外缘，但却具有整齐平直的面或边廓。新涌现的器型丰富多彩，琳琅满目，使玉器阵容得到空前的大发展。琮、钺、锥形器、带钩和冠状器、三叉形器、半圆形饰及形态各异的杖端饰，连同鸟、鱼、蝉、龟等小型具象圆雕，都是备受各界关注的研究对象。除琮、璧等单体成件的特殊品种外，均以组装、串缀或镶嵌等模式将多个玉质的单体组合成器。在充分利用已获取玉材和尽可能扩大玉质优美的展现空间的同时，突破了原先玉制品只能局限在非容器领域的框架，成为人们心目中最高等级的物品——礼器的体现者。以端饰、镦、龠为标志的豪华型玉钺和嵌玉涂朱漆杯、漆盘，似可作为礼器群的代表。器表的装饰手法除圆雕、半圆雕、浅浮雕、透雕之外，还出现了细如发丝的繁密阴线刻。在画面处理上，将繁密阴线刻和浅浮雕巧妙结合在一起，创造出由主体纹、装饰纹和地纹三重组合的装饰章法。这一章法一直向后延续到商周时期，并成为青铜礼器装饰纹样的基本模式。在构图上着重刻画头部的形象，在夸张式扩展的同时，还特别地突出双眼，有时甚至省略了嘴巴。眼睛是心灵的窗户，明亮的眼神直接传递着思维活动最微妙的信息。虽然良渚和红山的玉鸟都夸大地表现鸟头和双眼，而红山鸟均雕有鸟爪，良渚鸟则表现鸟背，表明它们分别是仰视上苍和俯视大地两种不同视觉效果的产物，不一定存在着时空上的传承关系，但却共同地传递着生活在大地上的人们渴望在观念上与上苍沟通交往的信息。良渚文化时常用阴线刻的鸟纹来表现神兽的眼睛，正好表明鸟与光都承担着以大地和上苍所代表的人神之间传递信息的重任。从某种意义上讲，鸟可认作被特化了的光的载体〔图三〕。

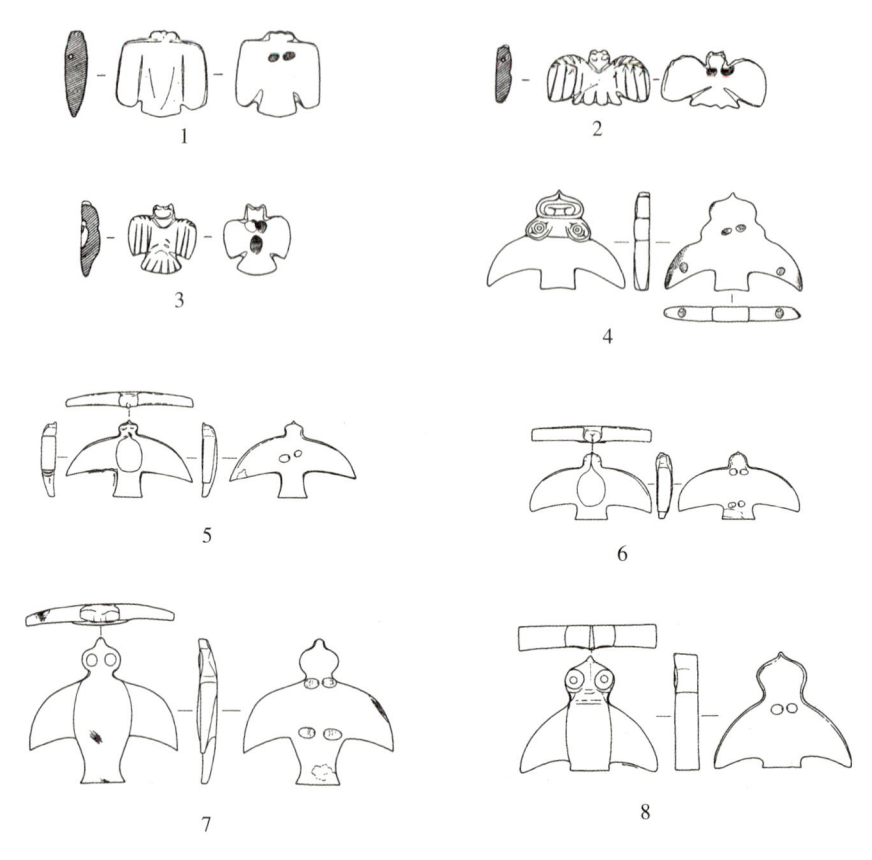

1—3.阜新胡头沟M1出土的玉鸟（采自《文物》1984年第6期，页3） 4.瑶山M2:15玉鸟 5.反山M15:5玉鸟 6.反山M17:60玉鸟 7.反山M16:2玉鸟 8.反山M14:259玉鸟（4—8采自浙江省文物考古研究所：《瑶山》，文物出版社2003年；《反山》，文物出版社2005年）

图三 玉鸟

良渚玉琮具有某种沟通天地的功能，是多数研究者在二十世纪八十年代以后的共识。包括笔者在内的不少研究者往往重视四角的纹样构图而忽视四面直槽的功能，直到1995年为大维德年会论文绘出玉琮仰视展开图之后才省悟到，玉琮上大下小体形特征所构架的正是由四道直槽和中心孔所组成五条无阻拦的通天道。反山M12:98这件大玉琮每条直槽都精心装饰着两幅微雕的神人兽面像，形象地显示出无阻拦通天道的潜在功能。但是在琮的四角上下两组以立体图形表现的神人兽面纹的两侧,却都出现了飞鸟的形象。飞鸟的有无就成为直槽和四角两种神人兽面像构图在功能上有所区别的标志,再一次说明当时存在着比飞鸟更快捷的载体——柔润莹泽的光。这就是无阻拦的通天道,将浅浮雕和阴线刻虚实有别的神人兽面像和谐地布置在方寸之内,就雕琢工艺而言,堪称史前微雕之瑰宝。它以画面被极度微缩为表象,在艺术效果上将画面赖以存在的载体——玉料的有限体积,加以无限的夸张、扩大,突破了视觉有限空间的制约,在观念形态上将崇拜对象推举到至高无上、无所不在的境界。这些微雕图像中最重要的部位,莫过于神人头顶的装饰。最初我们曾将横向弯弓形浮雕上的阴刻线条解读为插羽披茅的羽冠。随后我们又在贴近倒梯形神人头部辨认出风字形的帽子,在头部或帽子上插饰羽毛固然可以在许多民族志资料上看到,但在羽毛之上再戴上一顶横向弓字形的帽子就很难理解了。常识告诉我们人不能同时戴着两顶不同的帽子,羽毛好像也不能倒向装饰在帽子的下面(图四)。最后在云南纳西族保存下来的古老的东巴文中找到这个横向

图四 反山 M12:98 玉琮雕刻图案

弯弓形图像就是"天"字，可以作为古代东亚大地上确有将这种图像认作"天"的实证。因此刻划在天盖范围内那些阴线条只能解读为光或光芒，那么理应隐藏在风字帽下面乌亮的发丝和帽外丝束状的光芒有什么样的关系？为什么这些显示光芒的线条不是从天盖起始由上向下发射，恰恰反向以风字形帽子为基础向上伸展呢？联系到前面关于红山箍形器的讨论，很有可能良渚神人头上的光芒也是当时观念形态对头发功能特化后的产物。玉器上的横向弓形浮雕和马蹄形箍形器，只能观念形态上将乌黑光亮的发丝转化为柔润淡雅的光束两种不同的表现形式。如若此议有几分道理，那么在中华大地上的史前时期，各地对这种柔润莹泽特性的物质——玉赋予人神交往、天人合一的观念已经逐渐形成，虽然各地对这种光的转化形态存在些差异，但在总体观念上的特性是大体相近相似的。因为形

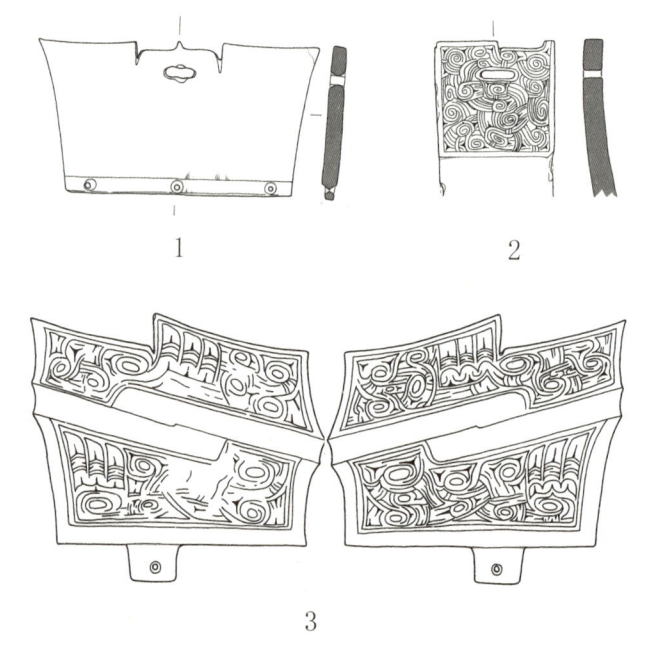

1. M12-2850 冠状器　2. M12-2837 匕形器　3. M7:31 玉钺帽

图五　瑶山出土玉器（采自浙江省文物考古研究所：《瑶山》，文物出版社，2003年）

态酷似横向弓形图像，这是当年我们对冠状器命名的主要依据。其实配置在玉钺柄端的玉龠，只是横向弓形图像对折后的侧视图。在瑶山 M12 收集到的玉器标本上，侧视的横向弓形图像，也可以出现在像匕、勺等日常生活用品的顶端。可见这种特定的图形并不是某一种物质形态用品专有的装饰，而是赋予这些用途各异的物品在观念形态上共有的特殊身价。很有可能良渚文化中的三叉形器、半圆形饰等已具有自己特定形态的玉器，也是以光为核心内容的人神交往、天人合一等观念形态的物化（图五）。对比红山文化的箍形器，良渚文化玉器所体现相关的观念形态要丰富得多，抽象化的进程也许要快一些。在良渚陶器上出现多例呈平面展开的表意性铭刻符号，预示着正规文字行将出现的同时，在琮和璧这两种单体成件的特殊玉器上，也发现了二十多例风格相同的铭刻符号。但是各单元符号之间呈现与陶器铭刻不同的重叠套合模式，似可认作人神交往和天人合一的观念又进入了新阶段。

越来越多的考古资料证明，长江下游广大地区存在着多支史前时期的考古学文化。即便当年曾认定为马家浜、崧泽或良渚命名的遗址，也存在着被区分开来重新命名的可能性。那时玉器在各支文化、各个时段发展的差异和不平衡性就会更多、更明显地涌现出来。

黄河下游的海岱地区是指以泰山为中心的山东及其邻近地域。目前还没有发现相当于前两地区早段的史前玉器。已知最早的玉器属大汶口文化中、晚期，其年代大体与良渚文化相当。重要的器类有钺、锥形器、多联环、多种形态的环镯和胶县三里河发掘到的牙璧。多联环应受红山文化的影响，钺和锥形器与良渚文化同类器十分相似，玉质锥形器最先出现在哪里，尚待进一步研究。到目前为止，虽然这一地区还没有正式发掘到玉琮，但在鲁南的五莲、安邱和滕州都发现过短筒形玉琮，河北滦平博物馆也在当地采集到玉琮。

现藏国家博物馆有铭刻的十九节高琮，最初就得自青岛，目前只好将它们暂记在良渚文化的名下。三里河发掘到的这件牙璧属大汶口文化（图六），前人曾将此器名为璇玑，确实没有什么证据将其认作"浑天仪中所用之机轮"，好像也不是"商代玉匠喜于玉器边缘刻出有齿牙的扉棱"和"璧的三分法或四分法，两个来源汇合一起来"的结果。就其形态整体而言，应是某种非具象物体的动态表述，特别是周缘三或四道凹槽，无一例外地向同侧作弧形倾斜的态势，形象地表现出某种物体正在同向连续旋转的动态过程。这种凹槽的特定走向，不但完全可以和钺、戈、璋、刀上的扉棱区分开来，而且绝对不见于三或四分环、璧的分割部位。"运转者"三字是当年吴大澂有关玉璇玑论述的精华所在，应非信手拈来之语。如果承认"玉匠喜于"的背后，隐藏着当时观念形态的作用，是否可以将这种与扉棱或裁割环璧有区别的凹槽理解成人神交往、天人合一这一观念形态中，存在着以光的旋转为特征的交往模式呢？三里河这件牙璧属大汶口文化，是已知年代最早的牙璧，此外在海阳司马台和五莲等地都有发现。看来这种以光的旋转为特征的人神交往模式，最先是海岱地区的古代部族加以物化的。前些年临朐朱封大墓的发掘及两城镇兽面纹玉圭，临沂大范庄、五莲石场万家沟的玉璋等发现，显露出海岱地区龙山文化玉雕的生命力。朱封大墓所出土的透雕玉冠饰，

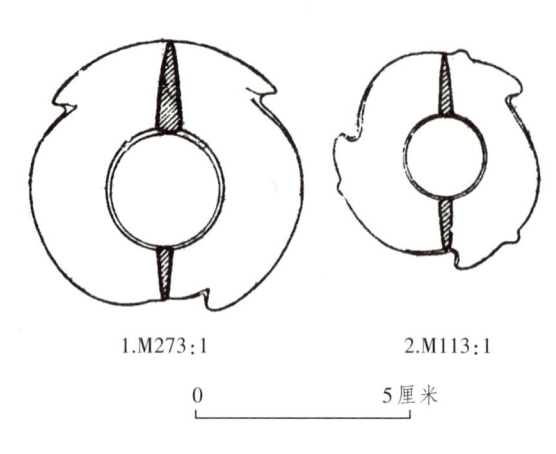

图六　胶县三里河牙璧（采自中国社会科学院考古研究所：《胶县三里河》，文物出版社，1988年，第44页）

再用绿松石加以镶嵌，无论哪一方面均在良渚玉质冠状器之上。圭和璋都是继豪华型安柄的玉钺之后，原本实用性的武器在功能上分化和升华成不再安柄的礼器。这些多见于夏商墓葬玉器的初创时期，应该提前到龙山时代。地处南北两支用玉部族之间的海岱地区，或可以作龙山文化玉雕工艺突破或变异的策源地。

长江中游地区主要是湖南和湖北两省，这里的新石器时代大体分为四个阶段。目前还没有在最早的彭头山或城背溪阶段发现真正的玉器。第二阶段大溪文化的玉器，主要发现在四川巫山的大溪遗址，器型有玦、璜和环镯、管、珠等，玦的年代稍早，晚期主要是形态较多的璜，可能较多地受到下游地区的影响。石家河文化玉器在这一地区属第四阶段，显示出本地区玉制品的重要作用。多数制品个体较小巧，而造型多样，构思巧妙，富有创造性。这些玉器多数出自瓮棺葬，石家河肖家屋脊第6号瓮棺发现人头雕像、盘龙玦等玉器56件，这里是全国史前玉质人头像发现最多的地方。另外还有兽面形雕件和蝉形玉雕，这三种雕件背部平直光素，有的稍稍内凹，两侧时有销钉孔，应属用作镶嵌的专用雕件。这些镶嵌用玉非但单个体量空前增大，除去光素的承嵌面以外，已雕琢成主题鲜明的整体圆雕。比照良渚文化用作镶嵌的细小玉粒，以及由这些小玉粒组成的花纹图案，石家河文化镶嵌玉器已经跃升到一个更高的层面。如将人头像、兽面和蝉作上下三层布列镶嵌，这件嵌玉的载体就具有权杖后某种神圣崇拜对象的意义了。石家河文化玉器的精品还有盘龙玦、凤形环、鹰形笄以及湖南澧县孙家岗透雕的龙形佩和凤形佩等以动物为主题的饰件。非但在构图上突破了红山或良渚的玉鸟非仰视即俯视的局限性，也为商代玉雕出现以侧视为主体的鸟兽形象奠定了基础。石家河的凤形环和妇好墓的玉凤正好表现出两者之间的传承关系（图七）。

1. 肖家屋脊W6:7玉鹰（采自石家河考古队：《肖家屋脊》，文物出版社，1999年，第327页） 2. 妇好墓350玉凤（采自中国社会科学院考古研究所：《妇好墓》，文物出版社，1980年，第165页）

图七

西北地区包括黄河上游的陕西、甘肃、青海及宁夏等省区。这里以彩陶闻名于世的史前时期，仍然有着自己的用玉传统。陕西南郑龙岗寺遗址在仰韶文化半坡类型的墓葬中，发现了斧、铲、锛、凿、镞等玉器24件。就其形态而言，和实用的生产工具没有明显的区别，而且不少制品残留着打制的疤痕。但是这些玉制品都没有使用痕迹，而且还有一些制品的一侧或两侧保留着由两面对磨的切割痕迹。考虑到同一遗址年代早于这些玉制品的M411发现的白色穿孔玉珠和年代稍晚的M314发现长达22厘米的桥形璜，我们应该在功能上将这些玉制品和前已论及辽东地区具有实用意义的同类器区分开来。尽管现在还不知道这些玉料是否产于当地或附近，以及此前这一地区是否出现过实用功能的玉质生产工具，保留在器侧的切割痕有力地证明人们对玉材的珍惜，说明这种没有实用功能的玉质生产工具，在当地是一种观念形态的产物，并且在这一地区保留下来。青海民和阳山墓地，属马家窑文化的半山、马厂类型，在发掘的218座墓葬中发现5件没有使用痕迹的扁平石斧，虽然其质料为"铁质石英细砂岩",而其制法为"斧身一面有用切割对剖然后掰断所留下割痕及一道疤痕……通体打磨较精并经过抛光",显然采用了玉器的制作工艺。所以发掘报告认为"大型石斧……具有'礼器'或'权杖'一类器具的性质……非普通人所拥有";"墓主人身份与墓地中其他人有所不同。"齐家文化玉器是西北地区史前时期晚期玉器的杰出代表,虽然保留着与生产工具体形相同的斧或铲和长条形多孔刀,但体态修长、扁薄,已成为完全失却实用意义的礼仪之器。同时还出现了璧、璜和琮等外来器种。这里的玉料常常间杂着各种不规则的圆形斑纹或不同色泽的条纹,很有地方特征,目前似乎还不能认作来自新疆的和田玉。在琢玉工艺上擅长片状切割工艺,常常在器面留下错位崩断的条痕。除体形高大的玉琮外,均采用单向钻孔,故在穿透面的边沿常常留有崩缺。器表素净,多数未作抛光,即使玉璧的两面,也绝对不见如良渚那样的玻璃光。透过纤薄器壁所呈现柔润淡雅的通透质感,与本地区原先那些器表色彩艳丽的彩陶形成了强烈的反差。经过两到三次剖割减薄,将体量较小的玉材拼缀成三联或四联的环、璧,更是齐家文化专有的琢玉特技。在西北地区以彩陶为主体的考古学文化中,这枚柔润淡雅的玉质光环显得格外鹤立鸡群。

台湾和华南地区是指东亚大陆东缘,从日本列岛到菲律宾之间分布的岛弧和包括珠江三角洲在内的岭南地区。从上世纪初开始在不少岛屿上发现了以玉玦为代表的史前玉器。在日本列岛和玉玦共存的有个体硕大的玉珠和近似红山风格的勾玉。其玉料是与透闪石软玉有别的辉石类硬玉。考虑到前面论及辽东地区古玉的性状,目前似乎不宜将日本列岛发现的玉玦和辽西及内蒙古东部的玉玦简单地联系在一起。台湾的卑南遗址,先后发现了各种形态的玉玦1300多件,年代距今3800—2400年之间,玉料来自附近的花莲县。一种外缘有四枚突起的玦，其突起部位最后演化成C字形，曾先后发现于台湾的兰屿、绿岛和香港各地，在这串岛弧的南段很有代表性。在大陆这种玉玦曾见于广东石峡的第四期墓葬和广西银山战国墓、浙江衢县的西周土墩墓。另外在广东石峡第三期墓葬，以及海丰田墘圩、封开鹿尾村等地都发现以琮、璧、环、璜为代表的史前玉器。其原料虽是与透闪石软玉有别的高岭岩，比照全国各地出土文化属性明确的史前玉琮，在风格上最接近良渚文化的就集中在岭南的粤北地区。

## 四 思维活动是人类最本质的特征

思维活动是人类最本质的特征，也是人和动物的根本区别。正因为有了意识思维，有了精神活动，才使人从动物群体中分离出来。大家都知道劳动创造人，劳动创造的成果包含着物质生活和精神生活两大门类。在人类所有活动中，思维活动是最迅捷的活动，从本质上讲，大凡有意义的劳动，都是在思维活动的指引下进行的。思维活动也有一个由低级向高级、由简单到复杂的发展过程。思维既受经济基础及社会结构的影响，但是思维的演进有其相对的独立性，在主观能动性与现实社会之间存在着一定的距离或间隙。思维也可以在一定范围和一定程度上超越实践。所以不同的思维方式会对同一事物作出不同的读识。其实思维本身就是一种劳动的方式，这种劳动方式就是大家所熟知的脑力劳动。一般地说人类思维方式经历由感性思维向理性思维的进步过程。早期人类思维方式虽然有了理性思维的萌芽，但感性思维仍占据着主导地位。在形象—抽象—形象—抽象不断反复的过程中，从分析与分类的需要中逐渐厘清概念，从跳跃性的杂乱无章的思维中慢慢地确立起合乎逻辑的思维。有学者将早期人类思维的演进，划分为蒙昧、混沌和理性三个阶段，虽然目前还没有区分三个阶段的明确特征和标志。人类原始思维的早期阶段大体上与物质层面的生产活动联系在一起，对所认识的事物还没有必要的区分和概念的分析。第二阶段的原始思维不完全和物质生活等同在一起，开始了简单的分类和概念，并从中逐渐形成思维的特定模式。最后是人的自身理念开始觉醒，将人和自然区别开来，构建成天国神灵为代表的另一个世界。随着以思维活动为特征的脑力劳动与单纯物质层面生产为核心的体力劳动的分化和分离，人类迈进了文明时代。

从东亚大地在出现玉器之前就已形成埋葬习俗看，当时在思维领域已逐渐形成生存、生命（生或死）的概念，新石器时代的到来，更是人和自然的关系认知的一个飞跃。人们的思维活动已经进入混沌的阶段，对于一切因果关系都认为由某种神秘的力量所决定。"天人合一""人神交往"等原始概念，就是在探索此类神秘力量的思维过程中逐渐明确起来，并在文字出现以后见诸记述。东亚史前玉器正是混沌阶段原始思维的物化标本。综合本文第三部分的表述，东亚大地上各区系史前玉器，都具有十分鲜明的自身特征。虽然各区系之间也存在着某种程度的联系或交流，似可说明各区系古人的心目中已将这种显现柔润淡雅的光泽并源自山岳的硬质材料，赋予超越自身自然属性的社会功能。这种社会属性大体围绕着人类自身的生存、生命以及人类与自然界关系的天、神相关相近，但又不完全相同，而且相对模糊的思维概念。当然随着农业和定居，各区系之间非但表现在物质生活层面的自身特征和差异十分明显，而且还可能存在着另外一些属于观念形态领域，如隐藏在彩陶、戳印白陶和蛋壳黑陶背后的视觉愉悦的感知等区别。随着新石器时代物质层面生产的发展，固然促进了各区系之间的联系和交往。隐藏在物质形态表象的玉、丝、漆背后，对以柔润淡雅光泽的崇敬为核心，既相似又相对模糊的观念，更起到催化酶的积极作用。随着红山文化女神头像上的玉睛以及束发用的马蹄形玉箍、良渚文化以神人头像为主题的器种及装饰图像，表现出由崇拜对象的人格化向人形化的转变，与"天人合一""人神交往"有关的思维概念也逐渐地明朗起来。这种天堂与神灵概念的建立，似可认作人类思维方式的又一个巨大进步，意味着思维自身理念的觉醒。正是这种精神领域的思维活动，最后终于实现了以思维活动为主体的脑力劳动和体力劳动的分离，跨进文明社会的门槛。

　　回顾本文第三部分的表述，大家都会发现在黄河中游地区，也就是历来被传统史学家认作发展水平高于四周的中原区域，只在屈指可数的地点发现过若干玉制品。即使经过大规模揭露的晋南陶寺遗址，尽管出土有琮、钺和簪等以外来为主的玉器，好像还不能认为已经形成自己特色的用玉体系。从空间的分布来看，似乎处于用玉诸区系的包围之中。这种现象尽管可以认作发展的不平衡性加以解释，但是在进入文明时代以后的夏商周时段，原先出现在周边地区的璧、琮、璜、玦等史前玉器品种，也陆续在这里涌现出来，并成为此后中原玉文化传统的重要支柱。值得注意的是这几种玉器早在史前时期就已经超越原生地开始在相关区系中流传，并且在功能、形态、装饰纹样及先后序列上发生了多方面的变异。只能认为在东亚大地这对双子河流域史前各区系考古学文化之间的交流与交往，并不单纯地表现为某一强势文化向外的辐射扩张或单向的传播，在观念形态的层面似乎是另一种以吸收、凝聚为特征的动态过程。包括多种对柔润淡雅光泽的信仰或崇拜相似、相近但又不完全相同的模糊观念，应是这种吸收凝聚得以实现的社会基础。在漫长的文明化进程中的不断磨合厘清，才使这些观念得到发展、完善和巩固。她和血缘纽带一道，始终贯穿在东亚文明化的全过程。也许这就是东亚大地上出现连续性文明的原因之一。中华民族之所以形成爱玉、崇玉的民族情结也许渊源在这里。

应该说每一件劳动产品，都包含着制造者思维活动的若干因素。史前时期的工艺美术品，更是一种以物质形态表现出来的精神产品。如何透过以物质形态表现的工艺美术品，从中探索业已消亡的原始思维活动及其精神产品，已经历史地落在当代考古和历史学家的肩上。虽然许多史前工艺美术品，具有物质生活层面的使用价值，但也有不少工艺品并不担负此类实用的使命，两者思维活动的含量及层面也有所区别。在一般情况下，原材料加工制作的难度，以及它在持有者心目中的地位，往往和此类工艺品所包含的思维活动的信息量及其价值成正比。没有物质层面的使用价值又要高难度技艺制作双重身份的玉器，在不可能出现大功率、高速度机械设施的史前时期，只能凭借身心贯注的精力与全部智慧相结合的双重力量，才能以手工劳动的方式创造出来。虽然目前学术界还没有对不同质料，运用不同方式创造出来的工艺美术品层次、品位的评价标准，但是无论是齐家文化中虽然光素无纹但却纤薄规整，又具有透影性的长条形玉刀；还是良渚文化玉器上在方寸之中，运用浅浮雕与阴线刻两种手段，细致地表现一幅完整神人兽面像的微雕作品的艺术造诣，非但在本区系，甚至在东亚大地各种质料制成品的评比中，都可以称为上乘之品。如果我们按照相同的年代为标准来比较、评估世界各地史前艺术品，东亚史前玉器也应名列其榜首。在这里我们将她称作一支奇葩插入东方摇篮之中，并以此庆祝何炳棣先生九十华诞。

  应该说，在喜马拉雅山以东这块相对封闭、独立的大地上，经历着漫长的岁月，在这里劳动生息的古代族群，在创造富有特色的物质财富的同时，也通过群体认可的愉悦感知，形成族群的习俗和礼仪，并逐渐形成对包括自然界及生命价值在内的众多思维活动的成果。随着经济全球化模式的逐步形成，东方观念形态的自身特征也就日益显现出来。这支由多种因素组成的东方观念，正是上述感知、习俗、礼仪价值取向和概念的结晶，并且在农业革命文明化进程中发挥着积极的作用。本文讨论以物质形态表现的玉器以及隐藏在她背后那柔润淡雅的光环，仅是组成古代东方观念形态众多因素中的一个因素。论述中的错误和不足，恳请学界诸师友的批评指正。

  限于篇幅，有关这束柔润淡雅的光，是以怎样的运动模式在孕育"人神交往""天人合一"等观念的过程中发挥作用的，丝、瓷和铜又有哪些光的表现和特征，就不在这里讨论了。

  本文的构思及成文过程中，台南艺术大学的黄翠梅和我的同事芮国耀、方向明这几位新生代学者中的后起之秀，分别与我多次进行深入的讨论、交流，并给予多方面的启发、帮助和支持，成文后黄翠梅又再次进行了修改和补充，这篇文章应是我们四人的共同成果。

2007年8月8日上午9时45分完稿于锦昌文华新舍

# 怀念牟永抗先生
## ——中国考古玉学研究的上下求索

◎邓聪

二十世纪八十年代,牟氏主张长江下游是中国古老玉器起源地。当时国内外学术界普遍认为河姆渡遗址出土玉玦扩散到东亚各地。2003年12月在日本"环日本海の玉文化始源"会议上,牟氏主张长江中、下游并不是玦的原生地。本照片是牟永抗先生当日在日本演讲的情况。

**笔者按**：这篇文章初稿,本来是为2015年出版《良渚玉工》而执笔,为此也反复学习了《牟永抗考古学文集》中的论文,受教益良多。本文的初稿,部分也曾面呈先生指正。然而,因为自己对文稿的结尾并不满意,其中原想从西伯利亚更新世晚期玉器出现的情况,讨论玉器定义问题,但资料相当繁杂,要加入文中有点不胜负荷之感,而其他工作又接踵而来,最后也就搁置,处于尘封状态。今年2月10日早上从浙江省文物考古研究所方向明先生微信惊悉,牟永抗先生仙逝,噩耗传来,深感震惊,悲痛欲绝。自二十世纪九十年代相识以来，与先生在香港、杭州两地互动频繁。2000年前后，我在澳门黑沙和珠海宝镜湾发掘及整理新石器时代环玦玉石作坊，先生亲临考察指导。从2003—2004年间浙港双方合作"良渚玉器及其影响"，香港中文大学考古工作队得以在浙江省内杭州、桐乡、遂昌、温州等地博物馆顺利开展工作，牟先生的大力支持，起了很重要的作用。2003年12月10—15日间，笔者有幸与牟先生和中国社会科学院考古研究所刘国祥一同出席环日本海玉文化始源会议，会后共同考察了新潟县西颈城郡青海町翡翠峡谷和糸鱼川市翡翠博物馆等地。这几天得与牟先生日夜相处，执卷问学，也趁机抓拍了先生演讲和观察玉器的风采玉照。现今睹像思人，尤觉得先生亲切和可敬。这篇拙文本来为先生生前所写，遗憾未及完善就搁笔，竟成为纪念先生的文字。这次把文章最后一段加添几笔，文字上略作调整，删除注释，勉强成文，甚感内疚！最后我对先生玉学方面的贡献认识不深，今不自揣浅薄，抛砖引玉。"故人入我梦，明我长相忆。"

# 一、良渚玉器与牟氏良渚玉学丰碑

我国自身考古学的开始，就是为了"要挖掘出中国的历史"。国外考古学史研究者特里格（Trigger B.G.）将近代中国考古的性质，定性为民族主义的考古学。这个意见显然是有点以偏概全，但却颇切中要害。无可否认，任何一时代考古学的阐释，往往仅能反映当代社会学术的主流倾向。陈星灿先生从中国考古学史的角度指出，"中国文明起源的探索因考古学而来，又随考古学发现而不断深入"。他概括了近百年中国考古思想的趋势，指出自上世纪二十年代出现中国文化来源西来说，到三十至四十年代有东西二元对立说，五十至七十年代又有一元说，到八十年代以来出现多元说的变化。

据此自八十年代以来，中原以外考古学的兴起是从一元说脱胎到多元说变化的重要阶段，其中南中国和东北等地考古学的发现如雨后春笋，对传统中原一元说思想挑战起着破旧立新的作用。此中浙江省考古学代表人物牟永抗先生，就是推动一元说到多元说转变的主角。牟先生是近代浙江省考古学的开创者，也是中国新石器时代玉器研究的奠基者。良渚文化有着精美绝伦的玉器和被誉为空前绝后的玉工技艺。良渚文化玉器的发现与研究，牟先生有开创性的贡献。他对良渚玉器丰富的论著，以及在全国特别是江浙一带所树立的考古玉学研究学风和团队，已成为中国考古学研究中一道亮丽的风景。

众所公认，考古学是研究人类物质与遗迹的科学。考古学本身的终极目的也是研究人类行为和思想。然而，真正意义上的考古学并不终止在田野的发现，更重要的是对考古工作思想上的变化。牟先生所创立的史前玉器的体系，代表着现今中国玉器文化研究中最重要的思想理论。

牟先生自我回顾生平的学术，尝感叹"外喜内忧的准悲剧式的多少往事"，其中种种经历的见证，令人非常感动。他生平中的喜与忧，遗留着时代历史鲜明的烙印。

## 二、牟氏与浙派玉学形成背景

早在牟氏1991年的访谈中，话题主要是"长江流域考古与中国古代文明"，反映了他考古终极的目标，并为此奋斗前进，衣带渐宽终不悔。上世纪五十至七十年代，在文明起源一元说横行的时期，中原以外的地区同样遭受到一些不平等的待遇。借用牟先生当时的语言表述："当时只有中原才是正史的一部分……""良渚发现以后，把良渚的年代及其文化来源都归结到龙山文化，形成了既承认东亚文明为独立的起源，强烈地反对传播论，但在东亚内部，却表现了强烈的传播论理念。"这是先生批判文明起源一元说的时代哀音。这种"被夸大中原地区史前文化对四周传播和影响"的观点，到今日已为考古学界所放弃。牟先生无疑是打破一元论的时代先锋。浙江省文物考古研究所的同仁综合先生考古研究成果，总结为三方面最重要的贡献：

1. 从田野考古建立浙江省史前时期考古文化区系类型。
2. 中国史前玉器及其中国文明起源的研究。
3. 浙江瓷窑址考古学的探索。

然而，对考古学整体来说，牟先生对中国考古学的贡献，尤以探索长江流域史前考古与中国古代文明起源的问题为重，并获得开创性的成果。众所公认，他以独特的角度对良渚玉器的研究取得了非凡的成就，显示长江流域对中国文明起源的重要意义。从这样的角度说来，牟先生选择以长江下游新石器时代文化序列和特征作为重要的切入点，正是剖释中国古文明渊源的关键。

牟先生玉学方面的研究，独树一帜。国内外同行和后辈与他亲近熏炙过的，都强烈感受到先生学问上敏古好求、诲人不倦之风。在江浙一带，尤其浙江省文物考古研究所内，公认"一直以来，牟先生十分关注本所年轻学者的学术进步，指导年轻学者的野外发掘和考古学研究"。受到牟先生良渚玉器研究思想所感染的后学，比比皆是。一些由牟先生所提倡的玉器工艺上独特的思想和术语，在目前中国史前玉器的研究中逐渐渗透，产生了很大的影响。这种带有浙江学派的玉学特色，或可称为浙派玉学，正在逐步发展壮大，蔚然成为长江流域考古学的特色。

从学术上系统理解牟先生考古学方面的成就，近年来出现一些比较有利的条件。2009年浙江省文物考古研究所编集《牟永抗考古学文集》的付梓出版，收录了他一些重要的著作，难能可贵的是《牟永抗考古学简历》的披露。此外牟先生自道早年考古训练班及良渚、马家浜考古的回忆，几次生平自述等，都为了解先生的学术心路历程提供了重要根据。我认为对牟先生史前玉器研究业绩的理解，有几方面的背景是比较重要的。

第一，对近代中国文明起源诸说的理解。作为长江下游史前文化的奇葩，良渚出土丰盛的玉器，对中原文明起源一元说挑战起着冲击性的作用。从长江流域史前独特玉文化的角度探索中国文明起源的节点，必须贯彻近代考古学思潮的演变，从而理解牟先生玉学思想的背景。

第二，熟悉田野考古的技术。牟先生长期从事田野考古学，玉器的分期与工艺变迁和功能等解释均建立在田野考古基础上。

第三，熟识良渚玉器研究。牟先生对中国史前玉器做过广泛的论述。他对良渚文化玉器的研究，绝大多数是直接细致发掘和观察玉器的成果。如果未有机会充分接触良渚的玉器，对牟先生玉学成果的理解，很容易流于隔靴搔痒。

第四，玉学工艺窄而深的知识基础。牟先生在良渚玉器的象征意义和工艺技术方面有丰富的著述。玉器象征意义方面必须探索重要的方向。然而，这方面的研究难免有见仁见智之处。玉器工艺科技史的技术方面具有较强的客观性，也是理解先生对玉学贡献最切实可行的途径。

第五，熟悉同代玉学研究状况。在上世纪八十年代以后，良渚、红山玉器重大新发现此起彼伏，中国新石器时代出土精美的玉器，一时成为文博、地质、历史、美术和考古等探索的热门课题，大量的丰硕成果不断涌现。各学科对出土玉器有不同的解释，互相切磋。故此，牟先生同时代的不同背景的学者，对先生思想的挑战与回应，是分析我国近代玉学研究史很重要的根据。

第六，掌握浙系玉学团队动向。受牟先生影响新兴起一代学人所形成的团队，已成为近年长江史前玉器研究的中坚力量。目前，这批中青年新兴的一代已经成为长江史前玉器发现和研究的主力军。他们的研究成果既是牟先生学术的传承，又展示着未来浙派玉学发展的方向。

以上六点是探索牟先生玉器文化方面成就的重要基础。诚如《荀子·劝学》谓"学莫便乎近其人"。如果能得长期亲炙先生的謦欬，这当然是最难得的机会。笔者二十多年来一直得到先生的厚爱和教育。另一方面，我对东亚玉器学习的视野，更多时间是专注于长江流域以外史前玉器的研究。这样对我来说，看长江的独特文明，就有一种旁观者的感觉，从不同角度管窥庐山的真面目。

## 三、从头角崭露到考古全才

牟家是浙江黄岩书香世代的家族。牟先生从20岁开始从事考古，坚持无间断，是纯粹的学者，考古一生，如玉人生，令人敬仰和羡慕。先生与考古的缘分，甚至可以从出生的当日计算。这个故事该从他的老师裴文中教授说起。1929年12月6日，裴文中抱着第一次发现的完整北京猿人头骨化石，进入北京协和医院解剖学科主任加拿大人步达生（Davidson Black）的办公室。1933年先生出生的医院，刚巧就是北京协和医院。

这里当时正是中国旧石器周口店遗址出土人类化石研究的大本营。牟先生曾受教于裴文中教授，学习旧石器方面的基础知识。裴老对牟先生学术起着重大的影响。先生所最得意玉学的研究基础必定与裴老所传授的石器知识有着密切关系。他日后多次强调玉器起源于旧石器时代，阐述打击技术与玉器制作关系等论点，可见其中的渊源。

先生出生于首都北京，当他7岁时日本全面侵华，被迫返回到故乡黄岩。少年一段的日子中，他在乡间上山下乡劳动，为日后适应艰苦田野考古生活的良好锻炼。他曾多次表示对自己年少在北京生活的思念。先生的回忆中，自谓"尽管我号称出生地为北京，仍然和其他年轻人一样，对首都充满向往和憧憬"。1954年先生在北京大学参加了短期考古训练班。1982年获邀重返阔别的北京大学母校，就长江流域考古作了六次专题演讲，为此先生兴奋不已，自称"我有生以来，思维最活跃的两个月"，对北京出生地依恋的感情，跃现纸上。晚年先生谈及中国考古学研究的组织，以中国社会科学院考古研究所代表"中央军"，省一级的考古是"地方军"。现实中先生虽生在北京，但未能有缘分做"中央军"。生平先生的考古，就是以"地方军"身份配合"中央军"的角色。二十世纪五十至七十年代"中央军"文明起源一元论思想占据主流，先生恰好据长江下游的考古资料，以文明起源多元论回应"中央军"。

牟先生在中学时代特别喜欢数学和物理，甚至被同学戏称"几何大王"。理工学科良好的基础对他后来重视玉器工艺痕迹形成的物理过程有一定的帮助。晚年他曾呼吁"加强考古学生源的理科知识"，显示先生对玉学研究的特色。在考古学习的开始，先生没有学院式的经历。1953年先生第一步迈进考古生涯，参加老和山遗址的发掘工作，得到曾在安阳发掘的老手王文林技师手把手的教导，学习如何分辨生土、熟土，陶片拼合修复等技术。从1953—1956年牟先生曾在多次田野考古工作中受教益于王文林技师。这是他从田野考古发掘到遗物观察技术的扎根时期，无疑也是后来对考古遗物工艺技术尤其重视的背景。这些早年工作的经验对他日后倾力在玉器、陶瓷工艺上的追求探索，草灰蛇线，有迹可循。

　　1957年先生24岁，正是如旭日初升，参加龙泉窑址的发掘工作。后来，独自主持大窑乙区及金村窑址的发掘工作，为宋代龙泉窑早中晚三期区分提供了断代依据的基础。骤眼看来，龙泉窑址的研究与史前玉器的分析似乎是南辕北辙。事实上在考古方法论上，两者有很密切的共通之处。他指出："瓷窑址考古是继瓷窑址调查之后，将传统古陶瓷研究逐步纳入考古学规范的又一个举措。""如何从制瓷工艺入手，从制品的自身演变中建立分期与断代谱系，应是瓷窑址考古研究的基础性课题。"就考古学方法而言，从动态遗物技术到形态变化精辟研究的方法，一直在先生考古学的研究中有所体现。1963年先生30岁，英姿飒爽。当时先生具备十年的田野考古经验。他当年的成就已头角崭露。这包括考古学文化序列的划分。1957年在吴兴丘城遗址，他发现上、中、下三层及中层墓葬组成的四个考古学地层单位，日后成为马家浜文化、崧泽文化、良渚和马桥文化划分的开创性基础。再者，1953年他在老和山遗址首次邂逅石英质玦饰；1963年在余杭安溪苏家村发掘良渚文化遗址，亲手挖掘一件半残的玉琮。这十年考古生涯中，从史前遗址到历史时期墓葬序列的建立，对陶瓷、玉器等的发掘和关注，隐约可见到牟氏后来学术研究的主要方向。

40—50岁阶段，他主要精力集中于长江下游新石器时代体系的建立。1973年余姚河姆渡遗址和1979年罗家角遗址的发掘，一方面是对长江下游新石器时代较早阶段系列原始文化的建立，包含早到距今6000—7000年前各种玉石的饰物，为当时中国新石器时代包含玉文化年代最古的一群。1977年夏鼐先生针对河姆渡文化新发现指出："这也使我们重新考虑我国新石器文化的起源是否一元的这个考古学上的重要问题。"无疑宣告考古思想上，从中原一元论开始向多元论巨大的变化。七十年代末期，牟先生有关河姆渡、马家浜和良渚文化等新石器文化系列细致分期的探索，为长江下游新石器时代玉器文化序列奠基工作。1979年先生所执笔的《三十年来浙江文物考古工作》一文中，构建了浙江新石器时代文化的谱系，并对青铜时代长江下游考古学文化作了全面探索。先生在考古起步最初二十多年间，在江浙各地遗址留下脚踪处处。45岁壮年阶段的先生有挫万物于笔端的气势，俨然已成为浙江考古界的领军人物。

## 四、玉器研究初试啼声

　　二十世纪八十年代中期以后，因为良渚文化反山、瑶山等遗址玉器的惊人发现，牟先生适逢此千载难逢机会，成就了在中国新石器时代玉器考古学开创的贡献。他以剖析玉器文化的手段，凸显中国文化的主要特色及其在世界史上的地位。

　　八十年代，我国古代玉文化发现和研究正是充满机遇与挑战的大时代，吸引了很多不同学科背景学者的参与，揭开中国古代玉学研究黄金时代绚烂的一幕。八十年代地质学家对古玉的研究，既是必要也是及时的介入。中国地质科学院地质研究所闻广先生从考古地质学立场，特别是从软玉矿物学角度对古玉研究的切入开创了考古古玉地质学重要的基础。闻氏得着先鞭，对东北地区辽宁查海、新乐、红山文化和江浙良渚文化的新石器时代玉器大量的鉴定，古玉系谱规模粗现。考古学上，夏鼐先生以其崇高学术的地位，从1981—1982年间对夏商周以至汉代玉器的研究方法、分类、定名和用途等研究。1983年夏鼐先生又对新石器时代龙山文化以来的牙璧，作了系统和功能的解释，都为中国古代玉研究开创之作。

八十年代初中国新石器时代玉器的研究发展异常迅速。在东北方面，辽宁省孙守道、郭大顺先生对红山文化中玉器的发现，提出玉兵时代概念。内蒙古三星他拉红山玉龙的确认，一时风靡。在东南沿海方面，上海的崧泽遗址，江苏的花厅、草鞋山、大墩子、寺墩、张陵山等，浙江的马家浜、河姆渡、罗家角遗址等，新石器时代从早至晚期阶段玉器的出土，如雨后春笋。在此期间，牟先生对玉器研究初试啼声，并很快在考古玉学研究领域中脱颖而出。

1982年是牟先生转向玉器考古学重要的转折点。是年的冬天，先生被邀请到上海福泉山工地考察，对崧泽与良渚间文化变化有了更深刻的认识。一方面由王明达先生主持吴家埠遗址的发掘，成功分辨剥剔出26座良渚文化墓葬和玉器。吴家埠遗址曾出土大型良渚玉琮中孔的玉芯。日后牟先生对良渚玉琮管钻穿孔技术破解，这是很关键的资料。在1982年5、6月间，他应北京大学考古系之邀请，重返北大讲学，就长江流域下游新

怀念牟永抗先生——中国考古玉学研究的上下求索

石器相关专题的六讲，是对江浙地区新石器文化深入思考的良机。也因为在京的机会，同年冬天牟先生应邀为北京大学举办的全国古玉研究班授课，为此撰写《长江下游地区新石器时代玉器》。先生日后对此文的记忆，自谦表述："是我在反山、瑶山发掘之前一次涉及古玉研究的文字记录，比较真实地反映出一个考古工作者初次涉足该领域专题研究前，对有关专业知识的幼稚、无知和缺失错误。"从学术史角度来考察，这篇文章毫无疑问是中国新石器时代玉器体系奠基之作，也是先生迈开古玉研究的第一步，意义深远。

牟先生在观察日本朝日贝冢出土翡翠大玉珠，长16.5厘米，重470克，为日本绳纹时期中期国宝级文物。牟先生以手电筒背光透视大玉珠孔内壁的加工痕迹，探索硬度如此之大翡翠，绳纹人如何穿孔的技术。

三十多年后再捧读先生《长江下游地区新石器时代玉器》文章，犹觉得珠玉纷呈，胜义迭出。这是我国新石器时代玉器第一篇系统的论述。我们甚至认为，这篇文章与夏鼐先生在1982年所发表的《商代玉器的分类、定名和用途》，可以互相媲美。前者牟先生所专注的是新石器时代玉器渊源的问题，后者夏先生是三代玉器研究示范之作。两者文章从时代上自史前至历史时期相互衔接，都是以考古学方法研究出土玉器的力作，异曲同工。

综观《长江下游地区新石器时代玉器》一文的重要性是多方面的。正如作者所指出的，"长江下游从河姆渡文化（距今

7000年）到良渚文化（距今约4200年）都使用玉器。其上下限为距今7000—4000年前。当时玉器的品种与制作技艺似已形成规律，在全国范围内似乎处于某种领先地位"。长江流域从河姆渡以至良渚文化新发现早期的玉器，在当时中国以及东亚玉器起源问题上，头角崭露。牟先生此文有两重点：其一，是建立长江下游新石器时代玉器时、空序列及对其内涵变化的分析；其二，从长江早期玉器出现，扩大至中国玉器文化源流的探索，视野广宽。文中主要的论旨，仍然是贯彻史前玉器文化，思索长江流域考古对中国古文化形成的贡献。

第一点：有关长江下游新石器时代玉器出现，从地域上分宁镇、太湖、宁绍三个地区分别讨论。太湖地区新石器时代早晚阶段玉器系列，从马家浜文化、崧泽文化以至良渚文化的发展轨迹，清晰可辨。先生综合其中的特色，如人体佩饰用玉的玦、璜和礼仪用玉的琮、璧的出现年代、密集程度，均居全国首位。因此，他认为，玦、璜、琮、璧四种玉器起源于长江下游，大致不会有很大错误。

上世纪八十年代以来，以上牟先生的论断成为中国以至东亚考古学界长期公认最权威的看法之一。现今看来，我们当然知道东北地区兴隆洼文化包含更古老的玦饰玉文化。然而长江流域的玦、璜、琮、璧，仍然是代表我国用玉最早的地区之一。牟先生在我国史前玉器研究发轫的阶段，对于长江下游史前玉器的定位独具慧眼。他甚至指出，长江下游史前玉器的环、镯等很可能是来自黄河下游的影响。按我们今日对东北亚早期玉器认识来说，牟先生的环、镯北来说仍然是十分重要的观点。

第二点：长江史前玉器与中国文明起源关系。牟先生认识到黄河流域仰韶文化并不具备玉器起源的传统。"玦、璜、琮、璧在中原出现的时间都比较晚,我们认为,我国中原地区商、周文化的玉器,不少品种来自东部、东南部族原始文化。""二里头文化中包含有若干良渚文化的因素。""中原地区的印纹陶应属于来自东南地区的影响,那么,玦、璜这两种配饰用玉,是否也可能和印纹陶一起融入中原的商文化之中呢?"

三代中原存在东南地区史前玉器文化的一些影响,这是现今大家公认的事实。不过,牟先生的深意在指出,其中商文明因素内所包含的长江史前玉文化的传承,也就是长江流域反过来对中原华夏文明的回馈。牟先生一再指出长江流域的古代文化中的精华,以玉、丝、漆、瓷四者代表,尤以玉居首,构成长江流域新石器时代以来最重要的文化特征,确为掷地有声之卓见。

## 五、应对文博与地质学的挑战

在1982年以后,牟先生精力集中于浙江新石器时代文化的研究。从1984至1988年间,牟先生担任浙江省文物考古研究所二室(史前考古)的主任。举世瞩目的良渚文化王墓等级的反山和瑶山遗址,就分别在1986、1987年发掘的。这两个遗址之骄人发掘成果,用牟先生的语言来表达:"单就玉器而言,在数量、品种或花纹上均超过全国以往历次发掘所得良渚玉器之总和。而且还发现了许多新器种、新纹饰,成为良渚玉器一次轰动性的空前大发现。"同时,牟先生高瞻远瞩,深刻认识到反山、瑶山良渚玉器的发现,一方面使"玉和玉文化研究成为具有中国特色的研究领域中一门崭新的课题,以成组的玉礼器出现为标志的玉器时代,就是中华文明曙光的最强光束"。

1986年5月31日上午,反山良渚十二号大墓97号玉琮射口刚露头,是否确实为玉琮,关系到是否可作为良渚大墓性质的判断,迫在眉睫。当日下午一时,97号玉器环状射口刚被剥出四角时,"蹲在墓边的王明达不顾一切地一跃跳进墓坑,一边大喊:'快叫牟永抗,快叫牟永抗'"。王明达先生是反山遗址发掘的领队。"快叫牟永抗"并不单是反山遗址对牟先生的呼唤,更是其后瑶山等一连串良渚文化遗址空前发现大时代对牟先生的召唤与期待。从1986年以后,牟先生的所有精力都集中于良渚及中国古玉方面的研究。这是中国考古学黄金时代给予先生的使命。

从1988—2007年约二十年间,先生先后发表二十六篇玉器相关文章,三十多万字,其中主要的三个问题包括:1. 良渚玉器象征意义和工艺的技术;2. 中国新石器时代玉器的体系;3. 玉器时代与中国考古学的特色。

如果说传统上对古玉学术研究始于宋代,下延至清末吴大澂的《古玉图考》作为传统古玉研究的总结,科学的玉器研究要等待到二十世纪我国考古学的诞生后才出现。二十世纪上半段除了一些历史时期如殷墟考古玉器的出土外,史前时期玉器发现乏善可陈。一直到上世纪八十年代,从东北内蒙古、辽宁,沿海山东、安徽、江浙、上海,以至南海岭南、台湾等地,数千年前以至近万年前的古玉,纷来沓至,时而更蜂拥而出。二十世纪后半段迄今,为中国古玉科学研究的黄金时代,崭新的

怀念牟永抗先生——中国考古玉学研究的上下求索

牟先生曾对笔者谓："在八十年代初期已从河姆渡玦饰玦口中，观察到以砂绳切割的痕迹。"本照片中牟先生在日本以手提放大镜观察玦口内部情况，是牟先生精细观察玉器的见证。

中国玉器历史有待重建。

牟先生玉学思想的形成，在上世纪八十年代后新出土古玉风潮中，不同学术角度之间互相激荡中产生。对于牟先生学术思想的挑战，除了当代考古学思潮本身以外，艺术史及地质学等方面的刺激尤其明显。首先是来自文博界，被具体标签为"以传世玉器为研究主体的新一代传统古玉研究者"。他们关心古玉考古发现的资料，但是与考古学的方法、视野和研究目的等方面都存在差距。两者间有一定的合作空间。然而，牟先生认为："总体认识上存在某些共同的局限性。"这种共同的局限性究竟是什么呢？牟先生并未有进一步的说明。然而，我们从上世纪九十年代由文博与考古学共同合作编著的《中国玉器全集》（1—6卷，1992年出版）内容中，可以略见端倪。

传世玉器是文博界学者研究的强项，以故宫博物院的著名学者杨伯达为代表。2006年学界为杨先生庆祝八十大寿出版《如玉人生》，文集是对上世纪七十年代以来古代玉器研究过程的综合反映。1989年《故宫博物院院刊》登载杨氏《中国古代玉器面面观》论文，其中有关和阗玉料和砣具加工技术，对当代玉学的研究引起争论。

其一，有关玉料方面，杨先生对新疆和阗玉料尤其重视，"我国玉器历来指和阗玉而言"，"和阗玉是我国玉材的精英"，"是我国古玉的主流"。另一观点是有关玉人和砣具关系。他认为新石器时代晚期红山、良渚玉工都以原始旋转性工具砣机械加工，甚至认为"这种认识在考古界和文博界古玉研究中是得到公认的"。上述杨氏对玉料和史前玉砣工艺的观点，长期以来在学术界有很大的影响。

对于以上两个观点，牟先生有自己的看法——虽然玉原料矿物学并非他所长。在1992年由杨伯达主编的《中国玉器全集》第一集《中国史前艺术的瑰宝》文章中，他谈到，"国内有的对玉器研究造诣很深的学者，以和阗玉作为我国用玉的标准，这是对玉料和玉器的更高要求"。这无疑是对当时"和阗玉是我国古代玉器主流说"隐约的怀疑。在2001年牟先生《玉器时代续议》中，就开宗明义指出："二十世纪八十年代以来，我国古玉研究有了长足的发展。其中很重要的一项成果是从概念上冲破了唯新疆和田所产才能称作玉器和凡是玉器一定要用砣机加工制作两大禁区，为古玉研究在认识上逐步摆脱古玩鉴赏，纳入考古学研究创造了广阔的前景。"

作为古玉研究进展概念上两项重要的突破，玉原料问题是矿物学的工作，而后者则是考古学物质技术层次上的认识。在矿物学角度，1986年中国地质科学院地质研究所闻广在科学分析苏南草鞋山、张陵山东山、武进寺墩等良渚玉器报告中，已明确指出："一百多年来，西方学者对中国古玉原料来源问题……自汉武帝时张骞通西域（公元前139—前126年）后，以和田为代表的昆仑软玉才传到中国内地，而内地不产软玉。事实上并非如此……中国内也并非没有软玉。"

同样是1992年，闻广在《文物》发表《辨玉》文章。闻氏晚年告诉笔者，他有鉴于当时文博和考古学界对玉的科学概念认识的不足，才有《辨玉》之作。根据他的科学测定，红山、良渚等大量玉器，都明显与新疆和阗玉间并不相关。此前，有些意见认为"至于和阗玉与红山文化的关系，地望条件值得注意，出潼关向东北，经古燕地便可到达红山文化所波及的区域"，这当然是不攻自破。

另一个有关砣具旋转机械的问题。砣机的产生被认为是"我国古代治玉史上的一次技术革命"。八十年代以来，不少文博和考古学者曾论述红山、凌家滩、良渚出土精美玉器，是由砣机琢制而成，砣具几乎一时成为新石器时代晚期玉器加工技术的"定论"。对于这一方面，牟先生很早就据良渚玉器表面的痕迹，对砣机说提出质疑。他深入观察反山、瑶山出土的两千多件玉器后，指出良渚玉工最常见制玉工艺有切割和钻孔。"而切割痕迹中可以区分出硬性片状物切割和柔性线状物切割两种。"他指出："我们检视了反山和瑶山出土玉器痕迹，除反山M20:5瑗面上留下同心圆的轮旋纹及反山M20:157璧面外缘附近留下一处凹弧形台面外，均为线切割的痕迹。上二例也未必能定为砣割加工。"

虽然牟先生上文最后有"未必"两字，按这两件玉器表面痕迹看来，尚似有不作最后肯定的意思。他根据良渚文化最具代表性的反山、瑶山两千多件玉器表面的加工痕迹，认为是与砣具加工完全无关。长期以来，中国新石器时代晚期玉器是否由砣具加工，成为二十世纪玉器工艺技术上最具争议性的话题。2001年由台湾大学钱宪和先生所组织的一场"玉作坊研讨会"中，就仿佛是新石器时代玉作中"砣具"存否之对决大战。会议后发表的《史前琢玉工艺技术》论文集，诚如钱氏所指出，"很明显的意见的分歧，仍然主要是砣具的有无……"笔者当时幸得厕身于是次会议当中，并担当了"玉器工艺"小组讨论的主席。从会议后出版论文可见，主张新石器时代存有砣具的学者仍占大多数，以杨伯达、张广文、黄宣佩、张敬国、杨竹英、陈启贤、钱宪和、方建能等学者为代表，反对的仅有牟永抗先生一文。首先，杨伯达先生《关于琢玉工具的再探讨》文章，重点谈砣机玉石工艺分化，主要是砣机发明和应用，最早砣机是一种原始砣具，主张红山、凌家滩、良渚文化阶段创造了原始砣具。故宫博物院张广文、上海博物馆黄宣佩有论文，题目前者是《凌家滩出土新石器时代玉器上的"V""U"形截面加工痕与片状厚砣具的使用》，后者是《良渚玉器上砣研痕之研究》，明显主张新石器时代砣机使用。安徽文物考古研究所张敬国一组，更以显微拍摄照片，去"展示砣刻的痕迹"。地质学界代表钱宪和一组的《史前玉器的制造工艺技术》一文，否定凌家滩、崧泽、良渚玉器上弧状痕迹是线切割痕，而认为是与现代砣具深槽痕十分相似。

以上支持新石器时代晚期已采用砣机说的，包括两岸故宫博物院文博及田野考古各两名学者，地质学者一人；相形之下，持否定论的仅有牟永抗先生一人。当然我们知道学术上的争议，并不能以民主的大多数方式去决议。牟先生论文第一段就辞锋犀利地指出："唯砣具方能琢玉，成为阻碍玉器研究者学术视野的一条不成文的成规。"其中所谓阻碍视野的看法，例如如果相信只有砣具制作的器物才能成为玉器，长久以来人们相信我国玉器上限年代只能到西周。

牟先生通过良渚玉器表面痕迹分析，从线切割、片切割否定砣具存在，此文章末段，全都集中讨论砣具切割玉器的特征，如砣具切割玉料方向恰恰与线切割相反，砣具切割圆弧等径圆，而线切割近似平行抛物线形同心圆等。根据出土玉器表面痕迹与砣具切割特征对比差异，他否定砣具在新石器时代存在的说法。

笔者一直主张按玉器工艺技术特征判断砣具有无，并非可以人言人殊，如此玉器科技工艺科技研究，就变成一种伪科学。这是不能容忍的倾向。这只是反映目前古代玉器科技历史研究，仍然是处于起步阶段，各种术语概念未有共通的定义，才造成"相同的玉器上一些现象却有极端不同的解释"。一直到现在，学术界对于新石器时代晚期是否存在过砣机加工玉器的争论，未能达到最后的定论。目前按我印象所见，江浙一带中青年考古学者中，基本都支持新石器时代无砣机论，反之砣机说目前后继无人。1992年出版第一集《中国玉器全集·原始社会》是二十世纪中国玉器研究的里程碑，代表东北红山与江浙一带良渚玉文化两大玉文化体系的初步综合研究，也同时反映了文博与考古于玉器研究方法和目标方面存在的差异，也是"两支队伍相互合作的良好开端"，而合作上的"局限性"是不言而喻的。其中尤以新石器时代晚期"砣具"有无，争论迄今二十多年仍各持己见，成为中国新石器时代玉器研究的一桩暂时无法了结的公案，尚有待下一代学者的判断。

总结以上和田玉和砣具两者问题的提出，都是以历史时期玉原料和工艺去逆推新石器时期玉工的技术。玉料方面随着各地软玉原矿床的发现，新疆和田玉作为新石器时代玉器主流说法，破绽毕露。至于砣具问题的争论解决也是指日可待。

## 六、《三论》与《辨玉》商榷

　　玉器本身是一种矿物，又是由人工加工而成的器物。这样玉器在研究本质上就必须是多学科的结合。上世纪八十年代，地质学界对玉器研究积极的参与展开了中国古代玉器研究新一页。如众所周知，中国地质学开山鼻祖章鸿钊的《石雅》中第三卷《玉类》有关真玉、解玉砂以及历代玉器的大观，论述学术权威，既具备专门地质矿物专门知识，又兼具对传统文献历史玉器高深的造诣，对此后考古学出土玉器的研究起着重要的开导作用。

　　八十年代初，闻广先生继承先学成果，一方面在地质学矿物学上已经有三十多年研究经历，另一方面他有家学渊源，父亲是著名文史学家闻宥教授。八十年代初起二十多年间，闻氏全部精力均集中在出土古玉矿物学方面研究，影响巨大。牟先生和闻先生二人是相知。1991年初夏，闻、牟一同实地考察了浙江小梅岭玉矿的露头，虽然没有发现古代开采玉矿的痕迹，但为良渚人玉器原料产地问题的探讨提供了难得的线索。

　　1998年牟先生65岁，正当学术上的盛年，当年完成《试论中国古玉的考古学研究》，由1993年初稿先后改订至定稿，长达五年之久，充分反映先生从考古学角度研究出土古玉重要的思想体系。这篇文章引用最多的是闻广先生有关玉器的论点，论文中五处直接引用或讨论了闻氏对古玉的研究。牟先生对闻广先生玉器研究评价很高。他谓："闻广所进行的古玉地质学研究，都是富有成就的基础性研究成果。"这里所看到的地质学与考古学对古玉研究的合作，也隐藏着双方对古玉思想上的歧异，互相交流激荡以至争论。牟先生如何从矿物学古玉范畴中展示出考古学研究方法的特色，这是值得深入分析的课题。

闻和牟两位大致都是从1982年后，就一直与古玉研究结下终生不解之缘，可以说是与玉有缘。这里我们先总结闻广先生以地质学角度对古玉研究的成果，作为理解牟先生考古学为核心的玉学观点特色。

1983年闻先生完成《中国古玉的考古地质学研究——玉：中国古代文化的标志》第一篇古玉研究论文，其中就古文献、扫描电镜下矿物的特征，对软玉进行结构分析，揭示古玉科学研究基础。闻氏继承和更正了章鸿钊首倡中国玉器时代说法，"建议将我国新石器时代称作玉器时代"，并且指中国国内软玉来源，并不一定"全部来自昆仑"，又提出国内如何寻找软玉的问题。二十多年来，闻先生目验古玉数千，显微镜观察玉器也有约千件以上，如东北查海、牛河梁，西北大地湾，山西陶寺、曲村，江浙一带草鞋山、崧泽、南河浜、反山、瑶山、好川，历史时期的商代妇好、西周澧西、汉代南越王、汉代高邮神居山二号墓，国外越南长睛等重要古玉资料，蔚为大观，上下八千年古玉精华，均被网罗。

事实上，早在1989年闻先生完成的《中国古玉研究》论文，充分反映了他对中国玉文化地质学研究的主要成果。其中几个重要论点包括：

1. 玉矿物学概念界定，指出矿物学上"玉仅包括碱性单斜辉石的硬玉及钙角闪石的软玉"。并解释了软玉结构交织纤维显微透闪石–阳起石系列矿物集合体的特征，如加工难易、韧性差异、受沁程度与软玉晶体成束、组成纤维粗细相关。

2. 古玉中可以区分为真玉、假玉及半玉三类。此外，考古发掘出土石器中亦包含有真玉，如大甸子夏家店下层文化墓地中真玉制石器有十多件，良渚文化所用假玉应当是有意应用的，杂用假玉与否似乎反映了等级的差别。

3. 世界最早真玉。公元前6000多年的辽宁阜新查海，出土8件玉器全是真玉，当时人鉴别玉料水平甚高，已脱离用玉初期真假玉混杂不清的阶段。

4. 我国史前的玉器文化，总而观之，是自北向南与自东向西逐步发展，即愈西愈南，用玉起始越晚。

以上四点来自地质考古学的挑战，第一点，纯科学矿物学辨识；第二点，真假玉配合与社会阶段反映，已涉社会结构文化层次；第三点，是以查海遗址所构成软玉文化的成熟，预见更古老时期玉器存在的可能；第四点，是以真玉即软玉为中心玉文化起源传播的模式重建。

总观闻氏以上在1989年所形成的玉学思想，已从科学的玉器辨识延伸到玉文化起源及玉器社会考古学分析，这对于考古学古玉研究当然是很大的刺激和影响。考古学界如何面对地质学考古古玉的新形势而做出回应？

上述闻广《中国古玉研究》论文在《建材地质》第三期发表，由于专业不同，流通量少，所以较难受到考古学界的注意。而1989年3月，牟先生在《文物》所发表的《良渚玉器三题》

文章中，劈头的第一句"什么是玉？古人是怎样认识玉的？"作为破题，隐若透视出一种从考古学出发对玉器定义的探索味道。牟文章中引用闻广在1986年所发表的《考古地质学》及苏南玉器研究成果，从现代矿物学软玉定义介绍，指出"我们的祖先显然不可能按现代标准去选择玉材"。

那么牟先生认为玉器定义又是怎么样的呢？"玉除了本身具有的自然属性之外，又加上社会属性的成分。""玉器的定义中，除了客观的物质自然属性之外，还可以加上特定的制作工艺。"总之在1989年牟先生对玉器定义就建议从矿物、社会和工艺三者去斟酌。另一方面，牟先生等在1989—1990年完稿的《中国史前艺术的瑰宝——新石器时代玉器巡礼》（《中国玉器全集1·原始社会》1992年）一篇重要论文中，已经注意到闻先生视查海玉器为透闪石软玉的消息。但对中国玉器起源问题，牟先生等持有相反的意见。他指出："在我国史前玉器已知的时、空关系中，看不出由某一起源地区中心，向四周传播、扩散的迹象。"也就是说，1990年的前后，有关中国玉器起源问题，闻先生东北一源论与牟先生多源论两者对峙的状态，前者是地质矿物学，后者是考古学的背景。然而，我们最迟在2003年前后，见到牟先生承认河姆渡玉器很可能是受到东北兴隆洼文化的影响。这方面在牟先生2003年在日本发表的《长江中下游史前玉玦》（《环日本海の玉文化の始源と展开》，敬和大学2004年，页57—65）中有充分反映。

1992年7月闻氏同样在《文物》上发表《辨玉》一文，这篇文章注释中并没引用任何考古学者的文章，但明眼人很容易看出，这是对《良渚玉器三论》中有关玉器定义的商榷。

## 七、玉器定义的困难

　　二十世纪八十年代是中国古玉研究发展飞跃的时代，新石器时代出土的玉器层出不穷。夏鼐在1983年曾论述玉器"从新石器时代一直到今天，它经过了四千多年的发展"。到1989年的9月，地质学者闻广科学鉴定查海8件玉器均为软玉。这一下子把中国真玉文化推前到约八千年前。此外，此期间红山和良渚文化大量出土的玉器均被科学认定为软玉，提供了中国史前玉器研究最重要的资料。其中，考古学的发现和地质学的参与占据重要的角色。闻、牟两位先生不约而同地提出中国新石器时代中存在过"玉器时代"的意见。"玉器时代"的呼唤，对于以玉器为中华文明特征性标志的论点是十分重要的升华。对此，牟先生有专文《试论玉器时代》，副题就是"玉器为中国文明时代产生的一个重要标志"，就良渚文化中成组玉礼器出现、玉器出现与社会分化等进行了深入精辟的论述。他提出"玉质石器"与"玉器"的概念，把玉器从精神生活中特化出来，与物质生产工具区分开来，是玉器时代立论的重要方向。

　　无可否认，近三十多年中国玉器研究开展了过去数千年来所未有的新局面。考古、文博、地质等各方面合作是其中最重要的推进动力。虽然目前对于一些问题，如玉器定义、玉器时代等的认识尚有歧异，相信通过更多田野工作和科际间合作，对这些问题可能会有比较一致的看法。目前学界新动向一方面把新石器时代玉器的出现与旧石器时代晚期的象征主义起源挂钩，另一方面将中国玉器起源问题放置于欧亚大陆的范围去考虑。对于早期玉器社会进一步了解，兴隆洼文化时期农业发达，软玉矿物已被古人精确辨别，配合高超砂绳切割和旋转开孔技术，中国东北距今八千年前已出现玉器革命的变化。

谈玉器革命变化，首先有必要厘清玉器的定义。夏鼐先生1982年《有关安阳殷墟玉器的几个问题》的文章，内容却未有涉及殷墟的玉器，力主讨论"中国古玉料的质料问题"。夏先生有关玉概念的说明，很值得作为我们讨论此问题的基础：

"'玉'在中国古代文献中是指一切温润而有光泽的美石。汉代许慎在《说文解字》（卷一）中给玉下定义，便说是石之美者……这未免过于抽象，不能作为科学的标准。今日矿物上，玉是专指软玉（nephrite）和硬玉（jadeite），是二者的总称。玉字在今日中国有广、狭二义，广义的仍是泛指许多美石，包括汉白玉（细粒大理石）、玉髓（石髓）、密县玉（石英岩）、岫岩玉（蛇纹石，包括鲍文石）等；狭义的是比较严格的用法，也是专指软玉和硬玉。考古学中使用名词，应该要求科学性，所以我以为应采取矿物学的定名。"

这是迄今考古学界对玉定义奉为圭臬的解说。然而，把这个广、狭玉定义实际应用于中国以至东亚万年玉器文化历史分析上会遭遇自圆其说上的困难。夏氏主张在考古学上追求科学性，所以应采用矿物学的定名。这方面闻广先生在古玉研究上，完全奉行以矿物学准则去分析古玉的性质。1992年闻氏《辨玉》文章，就未有直接提及夏鼐广狭玉义的意见。根据闻氏的矿物学原则，玉只有真假，真玉又有软玉与硬玉之分，不是真玉的就是假玉，古代称之珉、碈。这样的玉狭义观，固然在处理上比较明快利落。牟先生也认为："考古学发展到现在，对玉的一些属性的确立，应该以现代矿物学的鉴定为基础，离开这个基础，每个评价者的印象感觉很难作为大家讨论的共同基础。"这番话显然也是同意考古学玉器辨析应采用矿物学的定名。然而，据此作为玉器社会属性即精神方面的问题，是否不论制作的是什么，只要是由真玉制成，就可以称之为玉器呢？这就是牟先生所提出，玉器社会属性与现代矿物学分类无法接轨的问题。闻广先生一直在矿物学立场论玉器，似乎对上述问题没有太多的讨论。他在1990年发表阜新查海8件玉器，全是真玉。其中7件（4件玦、1件管、2件匕）是透闪石软玉，另一件玉凿是阳起石软玉。玉凿作为工具是否也可称为玉器呢？

2007年，笔者和刘国祥先生在《玉器起源探索》（香港中文大学中国考古艺术研究中心，2007年）一文中分析兴隆洼、兴隆沟遗址出土众多软玉锛、凿器的刃部，就明显有长期使用破裂痕和线状使用痕。如果是这样，查海的软玉凿，本身很可能是一件实际使用的木工工具。闻广上述论文中曾提及："考古发掘分出的石器中有时亦含有真玉，如内蒙古赤峰敖汉大甸子夏家店下层文化墓地考古发掘出土石器中，就曾检出真玉十多件，其他遗址也有类似情况。"在1994年，闻广的《用玉的等级制度》一文余论中，谈到"……下辽河的辽宁沈阳新禾（SX）遗址，及辽东的东沟后洼遗址（DH）下层，庄河北吴屯（ZB）下层及长海小珠山（CX）下层，均出有真玉，且多以工具为主……"这样看来，这些石器形状和功能锛、凿为真玉的遗物，又不作为玉器去考虑。牟永抗先生对此也曾发表过类似的意见，他说："所以我们将器身布有麻点状锤击痕迹的大连郭家村遗址的玉质斧、锛和沈阳新乐遗址采用压片法成型的玉质凿等标本，称为玉质石器。"这方面意见与闻先生的有点不谋而合。然而，与上面玉器以矿物学基础原则是否有违背？究竟由真玉所制作的遗物是否该称为玉器的问题，我们参考一下国外的例子来考虑，似乎这个问题相当复杂。

首先，如俄罗斯西伯利亚方面来说，新石器时代较早阶段出土大量软玉质石锛、刀类的工具，这些器物是否都可以作为玉器？日本方面，绳纹时代中期开始，在新潟县糸鱼川市的周围，就发现了多处翡翠硬玉饰物制作的房子作坊。笔者有幸于2004年后多次作实地考察，所见如长者ケ原、寺地遗址玉作坊中，其中房址内出土大量翡翠原石，不少翡翠河砾石被作为敲打工具，用于制作玉珠。这样，大量硬玉锤当然没有分类在玉器的名下。另外一个与中国距离较远的例子，北美洲加拿大英属哥伦比亚的弗雷泽河（Fraser River）流域，距今三千多年前这里曾广泛使用了软玉作为制作工具的原料，主要是用作加工木材的工具。John Darwent通过深入调查，发现大型如超过20厘米玉锛一般均在墓葬中才有所发现，更可能是一种身份与象征性财富，富裕家庭才有足够余力以制作这些非实用性大型玉器。弗雷泽史前聚落所显示大部分由软玉制作的工具，并不能作为玉器的分类。

从以上俄罗斯西伯利亚、日本糸鱼川市流域、加拿大弗雷泽河一带史前时分别存在有软玉和硬玉的生活上工具，这些工具大部分欠缺当时人群社会赋予特殊精神方面的属性，学者们一般都没有把之分类为玉器之列。

以上的讨论，目的并非是否定夏鼐所主张考古学上玉器应以矿物学作为基准，更没有忽视闻广对史前软玉及多种古玉矿物的区分。然而，从逻辑上讲，玉料并不成为鉴定玉器的充分

259

条件。"玉是人们社会意念的物化，因此它的社会属性将远超过其矿物学的自然属性加以测定或分类。"牟先生词锋犀利，显得入木三分。那么如何确定玉器矿物学、社会学和工艺学三方因素成为玉器必要条件，具体上又如何进行鉴定，也是知易行难。玉器鉴定的三方面因素，包括：

第一个矿物学因素，以上已讨论。

第二个社会学因素，其实就是物质所代表的象征意义。首先如兴隆洼文化中出不少软玉制锛之类器物，当然也有大量石锛。这些玉锛上大多有明显长期用作木工的使用痕迹。这样，我们是否有足够条件，否定这些就只是一些普遍的生产工具，并不具备特殊的象征性意义呢？这肯定是难以遽下结论的。原因之一是兴隆洼文化时连大型聚落中的玉料也是极其稀少，兴隆洼遗址发掘面积达三万多平方米，出土玉器一共重量仅有三百多克。另一方面，这种玉锛在使用过程中，常被半份分割作为赠予的重器。这就说明至少兴隆洼文化中的玉锛，也可能同样具玉器的角色，也是属于玉器的范畴。另一方面，三代玉质的圭、璋、戈等，很明显就是具有象征性意义的东西。这些玉器是否就不具备实际上使用的功能呢？同样，如山东日照两城镇采集"兽面纹玉圭"是大家熟悉精美极致的玉礼器。笔者据实物所见，此圭刃部有十分发达的使用痕，肯定具有铲的功能无疑。我们没有可能因为这件"兽面纹玉圭"刃部有明显使用痕工具，就不把它放在玉器的范畴？

第三个因素是工艺学，牟先生把"琢"作为玉器的特定技术，就是使用解玉砂的见解研磨技术。按"玉不琢，不成器"，玉料不经过加工就不能称玉器，这是最简单的道理。但经过什么样的加工技术，才作玉器鉴定的条件，就十分复杂。简单来说，至少我们目前未见到有打制完成的玉器。一般早期的玉器都是磨制且常具有系孔。然而我们不能否定磨制玉器制作过程中，可能使用过打制技术。无论如何，玉器必定需要人工的加工，这个必要条件是可以成立的。

总之玉器三个必要条件中，矿物学软玉、硬玉是首先的必要条件，但不是唯一的。第二、三个条件其他物质上如木、石、骨角或各种有机物如贝类等，都具互通的技术基础。所以也不能说史前玉器社会属性特征远远超过其他矿物学属性。因为没有矿物学的基础，玉器无以成立。这又可见玉料本身对玉文化成立来说是不可缺少的因素。

以上有关玉器确定三方面因素的讨论，显示出问题的复杂性。如何确定玉器的定义问题，今后可能有必要具体从玉器出现的时间和空间历史发展过程中去探索。有关玉器确定，首先我希望借用闻氏"古玉"概念，用以涵盖一些古人曾使用的矿物，其中连同软玉和硬玉，还有如煤精、石英、绿松石、叶蜡石等二十多种矿物。目前，我们对三万多年东亚地区出现象征性意义人体矿物制作装饰物认识不足，对两万多年软玉饰物出现的资料掌握得太少，对一万年前后软玉饰物普遍在东北亚东北存在发现尚未综合整理。目前我国仅按照距今八千年前兴隆洼文化，及红山、良渚等文化的发现，但这些阶段玉器已进入非常成熟的形态，难以作为有数以万年以上玉器历史的根据，也就无从为玉器定义作出一个周全的考虑。

总之，夏鼐、闻广和牟永抗三位先生曾对玉器定义，已作出初步整理与界定，今后有待努力继承和发展。上世纪八十年代以来，学者们黄金时代玉器研究的轨迹很值得我珍惜学习。近年闻广和牟永抗先生先后去世，这是我国玉学研究巨大的损失。我虽然有野心要全面探索牟永抗先生于中国玉学的贡献，但施行起来有心无力。玉器已成为中国核心文化的重要部分，玉器所蕴含的精神象征对中国文化长期起着导向作用，因而玉器成为探索我国传统文化核心的基础，很值得深入分析研究。谨以拙文纪念牟永抗先生，感谢先生二十多年来如一日，眷顾和教育之恩，长铭五中。

（初稿2015年3月21日，改订2017年2月14日）

# 后记

牟永抗先生（1933—2017）是浙江考古的前辈，浙江考古事业的奠基人和学科带头人。牟先生长期从事田野考古调查发掘和研究，在浙江史前考古学文化谱系的建立、中国史前玉器研究、中国文明起源的研究，以及浙江瓷窑址考古探索等领域都作出了重要的贡献，取得了一系列重要的研究成果。

史前玉文化与中华文明起源研究是牟先生考古学事业的重要一块。如果从牟先生1982年应邀为在北京举办的全国古玉研究班讲课用的讲义《长江下游地区新石器时代玉器》算起，到2013年完成《光的旋转——良渚玉器工与艺的展续研究》，三十余年中，牟先生持续深入而系统地阐释中国文明时代产生的重要标志和动因，赋予"玉器时代"全新的定义，先后发表《试谈玉器时代——中华文明起源的探索》（1990）、《水稻、蚕丝和玉器——中国文明起源的若干问题》（1993）、《良渚玉器和中华文明起源研究》（1994）、《南丫岛"牙璋"探微——关于玉礼兵的若干思考》（1994）、《试论玉器时代——中国文明时代产生的一个重要标志》（1997）、《再论玉器时代》（1995）、《中国历史上的玉器时代》（1997）、《关于〈试论玉器时代〉一文的若干说明》（1999、2000）、《玉器时代续议》（2001）、《试论中国古玉的考古学研究》（2001）、《东方摇篮中的奇葩——中华史前古玉研究再思考》（2008）等重要文章。牟先生提出生产工具或武器礼仪化的代表——玉钺的出现，可作为"唯器与名，不可假人"

礼制出现的指示器，成组玉礼器的出现是社会生产力提高和社会内部结构产生一系列变革的结果，这些论断为中华文明起源的深层次探索，作出了开拓性的努力。

这篇1994年完成本拟作为全国性史前古玉图录专论，计划由文物出版社和台湾南天出版社联合出版的《中国史前玉器概论》，是牟先生继1989年与云希正先生为《中国玉器全集》第1卷《原始社会》所写的前言性总论《中国史前艺术的瑰宝——新石器时代玉器巡礼》的进一步阐释，那篇总论牟先生撰写了前后两部分，十二个分区的主体论述均由云先生执笔。

作为观念形态载体的玉器，在史前文化多元状态下，在不同时空条件中发生的融汇、凝聚或碰撞，在中华文明起源和发展过程中占据了极为重要的作用，宏观、动态地观察和把握这一进程任重道远。虽然近些年多有学者对史前玉器进行系统梳理，但是牟先生1994年完成的《中国史前玉器概论》依旧是一篇引人深入思考并可给人启发的好文章。

由于图录最终没有出版，文章也没有做注释，给一般阅读带来了一定的不便，这便是我计划配图、注释，并编写本集的主要原因。同时，为了能系统地了解牟先生对于中华文明起源研究的心得，本集选取了牟先生2008年《东方摇篮中的奇葩——中华史前古玉研究再思考》一文作为后续研究的呼应。牟先生从事考古工作六十余年，长期投身野外，学术视野开阔，研究的领域十分广泛，学术思维活跃，引领和指导了很多领域的研究。牟先生一直以来还十分关注年轻学者的学术进步、指导年轻学者的野外发掘和考古学研究；也教育培养了一批地方市县的文物干部，为浙江的文物考古事业以及中国的考古事业贡献了毕生的精力，作出了巨大的贡献。牟先生热爱考古事业，把一生都奉献给了考古事业。他为人真诚，对工作充满热情、充满激情，对事业的追求一直坚持到他生命的最后一刻。2013年《二十世纪中国知名科学家学术成就概览》（考古学分册）组稿，所里安排我配合牟先生撰写学术成就概览，在我整理前，牟先生通宵写了自传，后来以"有奋斗、有目标才是学科——牟永抗先生访谈录"为题刊登在《南方文物》，为了方便读者全面了解牟先生的学术和人生经历，我将本文也收入本集中。原香港中文大学教授邓聪先生是古玉考古学研究的大家，牟先生走后，邓先生以"怀念牟永抗先生——中国考古玉学研究的上下求索"为题，对牟先生在中国史前玉器与中华文明起源探索领域的成就进行了全面系统的回顾和总结，情真意切，征得邓聪先生的同意，也一并收入本集中。

本集插图，凡是考古简报、考古报告、文物图录等均在注释中注明了出处，未注明出处的，尤其是反山、瑶山等数码照片，多为2003—2004年浙江省文物考古研究所和香港中文大学合作"良渚玉器及其影响"课题组邓聪先生拍摄，特此感谢。本集的出版也得到了牟先生女儿牟睐女士的首肯，本月，牟先生家属还把牟先生藏书和大量信函笔记等捐赠给浙江省文物考古研究所，在此也向牟先生家属深表敬意。

"有奋斗、有目标才是学科"是《牟永抗考古学文集》出版后牟先生给我的赠言，必定铭记于心。

方向明

2022年3月18日于G33高铁返杭途中

图书在版编目(CIP)数据

中国史前玉器 / 牟永抗著；方向明整理. —杭州：浙江古籍出版社，2024.1
ISBN 978-7-5540-2809-4

Ⅰ.①中… Ⅱ.①牟… ②方… Ⅲ.①古玉器-考古-研究-中国 Ⅳ.①K876.84

中国国家版本馆CIP数据核字(2023)第219059号

# 中国史前玉器

牟永抗 著　方向明 整理

| | |
|---|---|
| 出版发行 | 浙江古籍出版社 |
| | （杭州市体育场路347号） |
| 责任编辑 | 徐晓玲 |
| 责任校对 | 吴颖胤 |
| 责任印务 | 楼浩凯 |
| 照　　排 | 杭州兴邦电子印务有限公司 |
| 印　　刷 | 杭州佳园彩色印刷有限公司 |
| 开　　本 | 710 mm×1000 mm　1/16 |
| 印　　张 | 17.5 |
| 字　　数 | 210千 |
| 审 图 号 | GS浙（2023）308号 |
| 版　　次 | 2024年1月第1版 |
| 印　　次 | 2024年1月第1次印刷 |
| 书　　号 | ISBN 978-7-5540-2809-4 |
| 定　　价 | 88.00元 |

如发现印装质量问题，影响阅读，请与印刷厂联系调换。